P. Bordedebat.

Notre-Dame de Garaison

DEPUIS LES APPARITIONS

JUSQU'A LA RÉVOLUTION FRANÇAISE

1500-1792

LOURDES

Imprimerie de la Grotte

1901

P. Bordedebat.

Notre-Dame de Garaison

DEPUIS LES APPARITIONS

JUSQU'A LA RÉVOLUTION FRANÇAISE

1500-1792

LOURDES

Imprimerie de la Grotte

1901

LK⁷

32990

Dépôt légal

P. Bordedebat, m. 1

IMPRIMATUR :

† FRANÇOIS-XAVIER,

Évêque de Tarbes.

———————◆———————

Que Sa Grandeur Monseigneur Schœpfer, Evêque de Tarbes, veuille bien me permettre, dès ces premières lignes et avant toute chose, de lui offrir l'hommage de mon profond respect et de ma respectueuse gratitude pour sa bienveillance à m'accorder l'imprimatur et à bénir cet ouvrage.

PRÉFACE

Molinier, qui rédigea la première histoire de Notre-Dame de Garaison, raconte quelque part son désappointement, lorsque, ayant voulu présenter à la reine douairière d'Angleterre un exemplaire de son *Lys du val,* il constata qu'il n'en restait plus et que l'édition était complètement épuisée.

C'est peut-être une tradition !...

Les éditions du *Lys du val* étaient épuisées en 1890. Une édition nouvelle était vivement réclamée par les dévots de Notre-Dame de Garaison.

On résolut de satisfaire à toutes ces demandes.

Il ne fut question, d'abord, que de compléter l'édition de 1847 par le récit des événements qui s'étaient écoulés depuis cette époque et qui se rattachaient aux développements du vieux sanctuaire restauré. Un premier travail, rédigé dans ce sens, fut même présenté au Conseil supérieur de la Congrégation.

Mais, bientôt, les ambitions grandirent.

On désira que la nouvelle histoire fût transformée dans son allure et considérablement augmentée. Au lieu d'une thèse où la Bible, l'histoire ecclésiastique et l'histoire profane, tiennent plus de place que les événements de Garaison; au lieu de ce genre qui fut goûté et qui fit du bien, mais qui n'est plus regardé du même œil, on voulait une histoire, où la parole serait principalement aux faits, où les faits de Garaison ne resteraient pas toujours isolés de ce qui se passait à la même époque autour de la chapelle, où viendraient prendre place des documents qui n'étaient connus jusqu'ici que des seuls érudits et dont la publication, peut-être inopportune autrefois, n'offre plus d'inconvénients à cette heure.

Ces documents existaient, ils étaient chez nous.

Le R. P. Duboé les avait cherchés laborieusement à travers les archives d'Auch, de Pau, de Toulouse et de Tarbes; il les avait transcrits de sa grande écriture, si caractéristique, aidé des indications et des lumières des divers archivistes qui avaient rivalisé de courtoisie et de bonne grâce pour lui signaler les pièces à copier, pour l'aider à déchiffrer une vieille ou une mauvaise écriture, capable de dérouter un débutant.

Pourquoi le R. P. Duboé n'a-t-il pas écrit cette histoire?

Nous en sommes réduits aux conjectures.

Il fut toute sa vie l'un de nos prédicateurs les plus recherchés. Il dut payer aux commencements de Notre-Dame de Lourdes un large tribut de dévouement par la parole et par la plume. Les dix années de son généralat furent remplies et surchargées de retraites aux Communautés religieuses, de directions, de visites canoniques, de ces mille détails d'administration qui dévorent les répits.

D'autres travaux historiques purent aussi lui paraître plus urgents, à cause des attaques auxquelles donna lieu sa *petite histoire de Notre-Dame de Lourdes*, et qui, sous prétexte de n'en vouloir qu'à la *légende,* poursuivaient la Congrégation tout entière.

Enfin, semblable au poète

Qui plait à tout le monde et ne saurait se plaire,

s'était-il formé de l'histoire de Notre-Dame de Garaison un idéal qui fuyait devant lui, à mesure qu'il essayait d'en faire une réalité, et qu'il désespérait de jamais atteindre? Ceux qui l'ont connu, auront peu de peine à le croire.

Et cependant il y avait dans ces dossiers un travail considérable et précieux;

Il y avait un grand amour de notre célèbre et bienfaisante Madone.

Ce travail serait-il perdu?

Cet amour resterait-il éternellement caché au fond de quelque tiroir ou dans un coin de quelque bibliothèque?

La Congrégation recueillit pieusement ce double héritage et chargea l'un de ses membres de cette publication, préparée avec tant de laborieuse sollicitude.

S'il n'avait fallu qu'un respect doublement filial et pour notre Mère, dont ces pages racontent la gloire, et pour l'ouvrier qui les lui avait destinées, l'auteur eût espéré de n'être pas trop au-dessous de sa tâche. S. Paul requiert du ministre de la parole et des sacrements *qu'il soit fidèle* (1) : dans la mise au jour de ces documents, nous nous sommes efforcé d'être assez *fidèle* pour en reproduire le sens et même *la couleur*.

Nous y avons joint quelques emprunts à des livres qui font autorité, à des revues rédigées par de vrais érudits, par des érudits de bon aloi. Nous leur avons emprunté les faits qui éclairent et complètent le fait de Notre-Dame de Garaison, l'aperçu qui le replace dans le cadre historique où il s'était déroulé. Nous leur avons fidèlement renvoyé l'honneur qui leur revient.

Ce n'est que probité.

Grâce à ces documents et à ces hommes, le domaine de cette histoire sera considérablement agrandi.

Un autre ira plus loin et fera mieux.

L'histoire n'est pas un panégyrique, et l'historien ne doit aux personnages dont il parle que la justice, telle que *le livre de vie* la fera

____

(1) *Hic jam quæritur inter dispensatores, ut fidelis quis inveniatur.*

un jour à chacun de nous. Mais, comme l'erreur s'attache aux pas de l'homme et que celui qui parle des imperfections d'autrui est lui-même imparfait, il lui sera toujours bon de faire la part de l'indulgence plus grande que celle de la rigueur. Obligé de blâmer certains actes, nous avons tu du moins, la plupart des fois, les noms des personnes, bien que le temps ait refroidi les passions de ce passé lointain.

Dans aucun siècle, ni en 1500, ni en 1858, les œuvres de Dieu ne se sont implantées sans opposition ni sans lutte; plus la lutte a été opiniâtre, plus le triomphe apparaît comme le signe de Dieu. Le catholique reconnaît avec bonheur cette main souveraine, abattant les obstacles et dirigeant les événements et les hommes avec cette *variété uniforme,* si l'on peut ainsi parler, qui trahit le même Ouvrier à travers les différences de temps, de lieux et de personnes. Que de rapprochements se présentent d'eux-mêmes entre ce passé et le présent, entre Garaison et Lourdes !

Puisse notre récit augmenter le nombre et la ferveur des dévots à la Vierge qui apparut dans nos landes à la petite Anglèse!... C'est le vœu de l'auteur. Le surcroît de leur amour ferait contrepoids à l'insuffisance du sien, et il lui serait pardonné beaucoup, s'il avait fait aimer un peu plus sa Mère, Notre-Dame de Garaison.

OBSERVATIONS

1º Nous tenons à faire, avant tout, la déclaration réclamée par le décret d'Urbain VIII. Le mot de miracle sera prononcé dans le cours de l'ouvrage ; les pièces justificatives reproduiront même un certain nombre de grâces plus ou moins miraculeuses, accordées par Notre-Dame de Garaison. Il reste bien entendu que le mot miracle sera toujours employé par nous dans le sens large et populaire, que nous ne prétendons aucunement décider s'il y a eu miracle ou non, et que nous réservons ce droit à l'Eglise, seul juge institué par Notre-Seigneur Jésus-Christ pour décider en dernier ressort relativement au miracle, comme sur la morale et sur la doctrine.

2º Nous citons trois éditions du *Lys du Val* :

La deuxième, imprimée à Auch, le 4 juin 1646, par Arnaud de St-Bonnet, imprimeur de l'Evêché et de la ville. Elle est citée : *Lys du Val*, édition d'Auch ou 2ᵉ édition, page.....
Les éditions de 1700 et 1847, qui seront citées : *Lys du Val*, 1700 ou 1847, page

3º Il y a quelques abréviations, par exemple m. i. c., pour missionnaire de l'Immaculée-Conception.

4º Nous avons à dessein allongé la table des matières, à la fin du volume. Ceux qui voudront la parcourir avec attention, y verront une analyse détaillée de chaque chapitre, qui leur permettra d'en embrasser l'ensemble d'un simple coup d'œil et de retrouver facilement un détail sur lequel ils seraient fort aises de revenir.

CHAPITRE I

—

Garaison avant les Apparitions
Les Apparitions

—

L'histoire de Notre-Dame de Garaison nous reporte à peu près à la première année du 16ᵉ siècle.

A l'ancienne limite de l'archidiocèse d'Auch confinant au diocèse de Tarbes et aux anciens diocèses de Lombez et de Comminges ; « à 55 kilomètres en- » viron d'Auch, à 50 de Tarbes, à 50 de Lombez, à 20 » de St-Bertrand-de-Comminges et de la Garonne (1) » ; au point où le plateau de Lannemezan s'abaisse brusquement vers la plaine du Magnoac et se rétrécit entre la rivière du Gers et les collines parallèles du Nord-Est, le passant de ces temps éloignés regardait, avec une compassion mêlée de terreur, un vallon sauvage et stérile, appartenant, alors comme aujourd'hui, à l'antique et petite ville de Monléon. C'était un désert inculte, au milieu duquel apparaissaient « deux ou trois maisonnettes, couvertes de chaume, » où l'on était plutôt à l'abri du jour et de la lumière » qu'à couvert de la pluie et du vent, tant était » grande la multitude des fentes et des crevasses » qu'on y voyait (2). »

Comme si tant de misère n'eût pas suffi, les environs étaient aussi mal famés que possible.

(1) *Lys du Val*, 1847, p. 2.
(2) *Lys du Val*, 1847, p. 5.

Les environs, c'était la sinistre *lande du bouc* (1).

Lane du bouc. Le plateau de Lannemezan contient près de neuf mille hectares de landes, dont trois mille sont encore d'un seul tenant (2). La grande lande porta d'abord le nom de *Lane du bouc*, parce que, d'après une croyance jadis populaire dans toute la Gascogne, le diable, sous la forme d'un bouc, y présidait les sabbats des sorciers. La sorcellerie eut durant des siècles de nombreux adeptes dans cette région. Froissart, qui chevauchait à travers ces landes en 1388, n'était pas rassuré complètement et il y trouvait *moult périlleux passages pour gens qui seraient avisés*. Parlant d'une sentence arbitrale, rendue en 1232 par le comte de Toulouse et Amanieu d'Albret dans la *Lande du bouc*, Marca note que « c'est une » lande diffamée pour ce qu'on pense qu'elle est le » rendez-vous des sorciers de Gascogne, sans que » pourtant on soit obligé de le croire. »

Principes et faits. Non, certes, on n'est pas obligé de le croire sans de fortes preuves, mais on n'est pas obligé non plus de le nier, malgré les preuves, avant tout examen. A toutes les époques, l'homme, pour assouvir ses passions, s'est détourné de Dieu qui les condamne et s'est bien des fois tourné vers Satan qui les provoque. Un pacte est conclu entre l'homme et Satan : l'homme

(1) Dans la transaction entre Bernard de Debant et les consuls de Monléon, la chapelle de Notre-Dame de Garaison est désignée de la manière suivante : « Capella Nostræ Dominæ Pietatis, *circa Lanna* » *de Bouc*, in jurisdictione et consulatu villæ Montisleonis ædificata, » chapelle de Notre-Dame de Pitié, bâtie *près la lande du Bouc*, » dans la juridiction du recteur et des consuls de la ville de » Monléon. »

(2) Beaucoup de détails seront empruntés à l'intéressant travail de M. Paul de Castéran, paru dans la *Revue de Comminges*, tome XIII, année 1898, 4ᵉ trimestre. Nous ajoutons que le défrichement de ces landes se poursuit d'une manière continue.

promet ses adorations; Satan, la satisfaction des passions les plus criminelles; et la justice divine a permis la réalisation de plus d'un de ces pactes. Il serait plus long que difficile de constater la permanence de la sorcellerie à travers les siècles. Saül qui pensait avoir exterminé chez les Juifs tous les sorciers et tous les devins, trouva facilement la pythonisse d'Endor pour évoquer devant lui l'âme de Samuel (1). Le paganisme, avec ses oracles, ses évocations, ses incantations, n'était qu'un perpétuel commerce avec les dieux qui, au témoignage de l'Esprit-Saint, *étaient tous des démons* (2). Quant à la forme sous laquelle Satan serait apparu dans sa lande, elle rappellerait le bouc de Mendès, l'une des principales divinités de l'Egypte, Dieu, d'un côté, l'obligeant parfois à ne se montrer que sous les dehors de la bête, afin de punir son orgueil et d'ouvrir les yeux de ses aveugles adorateurs, et, de l'autre, Satan lui-même, qui semble vouloir par la superbe élever l'homme au-dessus de sa nature, se plaisant à le ravaler au-dessous de la brute sous la forme de laquelle il se fait adorer.

Temps anciens.

N'oublions pas que l'Eglise admet *la possibilité* de ces pactes et qu'elle a parfois admis *le fait* lui-même (3). N'oublions pas que *la force* de l'intelligence ne consiste pas à prendre peur des faits les mieux établis et à les passer sous silence. Or, l'histoire nous montre, non pas au 13ᵉ et au 14ᵉ siècles, non pas dans une lande de Gascogne, mais en plein éclat du grand siècle de Louis XIV et en plein Paris,

Siècle de Louis XIV

(1) 1ᵉʳ livre des Rois, ch. 28, V. 7-20.

(2) *Omnes dii gentium dæmonia,* psaume 95.

(3) Inutile d'ajouter que la reine Jeanne d'Albret et les autres princes protestants ont porté contre les sorciers les lois les plus sévères.

quatre cents devins et devineresses, sorciers et sorcières, composant une vaste confrérie, rendant les pratiques de la magie de plus en plus courantes, vendant des remèdes étranges, des poudres mystérieuses, d'abjects onguents; tout un monde interlope de bandits, de démoniaques, en commerce réglé avec Satan. Rien n'y manque, pas même *la messe noire*. L'histoire nous montre Louis XIV obligé de former la *Chambre ardente* et de la présider lui-même, pour empêcher la divulgation des scandales et trouver des juges intacts; décidé tout d'abord à sévir avec vigueur, puis fermant bientôt cette *Chambre* devant laquelle il avait vu tristement s'effondrer la plus haute aristocratie, la beauté et la gloire. Une ordonnance royale, élaborée par Colbert et La Reynie, édictait la réglementation la plus sévère contre les devins et la vente des poisons (1). Sans doute, les habitués de la *Lande du bouc* ne pensaient pas à faire empoisonner le roi de France, ni la duchesse de Fontanges, et ils n'auraient pu offrir un million et demi pour semblable besogne; mais eux aussi sentaient bouillonner au-dedans d'eux-mêmes toutes les passions les plus violentes : la lubricité, la soif de la vengeance, le désir de briser un obstacle et d'atteindre leur but.

Temps actuels. Dans notre siècle, ceux que la foi ne gêne plus, ne vont pas chercher Satan dans la lande sauvage, mais

(1) On peut consulter le livre de M. Frantz Funck-Brentano, *Drame des poisons,* librairie Hachette, 1900. Ce livre a été composé d'après les notes de La Reynie, rapporteur général dans cette affaire. On y voit figurer, outre Racine et Mme de Montespan, le vicomte de Couserans (un nom du pays), qui *avait eu des ripailles quotidiennes* avec La Voisin. — On peut aussi consulter une série d'articles de Jeanniard du Dot : *Quelques procès de sorcellerie,* qui ont paru dans la *Revue du Monde invisible,* dirigée par Mgr Élie Méric, ainsi que *la mystique* de M. l'abbé Ribet, tome 3, ch. 18.

ils courront se mettre en rapport avec lui dans *certaines* loges maçonniques, dans *certaines* réunions extranaturelles d'hypnotisme (1), chez le devin ou la pythonisse à la mode (2).

Comme les criminels de tous les degrés et de toute condition venaient renforcer les maléfices des sorciers dans cette lande sinistre, Géraud d'Aure, qui en était le propriétaire, jugea bon de ne pas l'abandonner tout entière aux seuls malfaiteurs. Il bâtit *Lanespède au pied* de ces landes et *Lannemezan au milieu* (1274), comme ces noms l'indiquent. Montréal de Rivière (Montréjeau) en 1272 et Tournay en 1307 s'élevèrent aux extrémités et aux abords, avec le concours du roi de France, qui, en 1345, aida pareillement les Bénédictins à reconstruire Galan, détruit par les *routiers* un siècle plus tôt. La lisière de ces landes était bordée de plusieurs châteaux où, pour une modique redevance, on se réfugiait en cas de danger, et des fourches patibulaires, dressées au lieu dit *les Justiciers*, entre Mauvezin et Capvern, avertissaient les malandrins du sort qui les attendait après leurs crimes. La charité chrétienne même avait ses représentants au milieu de toutes ces désolations matérielles et morales : elle y avait construit un établissement, dont les gardiens remettaient sur leur route les voyageurs égarés et où ils offraient un gîte aux pèlerins de St-Jacques. Malgré tout, les landes restaient toujours infestées. Un autre Géraud d'Aure les vendit, en 1345, pour la somme de mille sept

Bastides construites pour débarrasser la lande de tous les bandits.

---

(1) Nous ne disons pas que *toutes* les séances d'hypnotisme soient extranaturelles et, partant, défendues; nous disons *certaines* loges, non pas *toutes*.

(2) Le tribunal en condamnait naguère, à Bourges, une qui se faisait 25,000 francs de rente, sans parler de Mlle Couësdon et de Mme de Thèbes.

cents livres (1), à Gaston de Foix. Elles devinrent alors *les landes comtales*, qui donnèrent leur nom un peu défiguré au petit hameau de *Cantaous* (2).

Mieux que toutes les bastides, mieux que les puissantes familles d'Aure et de Foix, la Vierge allait enfin purifier tous ces lieux. C'est avec une légitime fierté et une profonde reconnaissance que l'historien de Garaison écrivait : « Depuis la struc- » ture de la chapelle, on n'entend plus parler dans » tous ces quartiers de cette malheureuse engeance » de sorciers qui les souillaient auparavant par leurs » impiétés (3). » Quant aux autres malfaiteurs, ils disparurent eux aussi et nous ne retrouverons dans ces lieux d'autres bandes organisées que peu d'années avant la Révolution.

Chose étonnante, ce vallon, doublement sinistre, s'appelait *Garaison* (4) de temps immémorial ; ce qui paraissait un perpétuel défi à la réalité, n'était qu'une prédestination et l'annonce des *guérisons* innombrables et merveilleuses, qui devaient refaire en ce désert tant de corps et tant d'âmes.

Mais il y fallait une intervention plus qu'humaine.

Sous le pontificat d'Alexandre VI,

Maximilien 1er étant empereur d'Allemagne et roi des Romains,

Louis XII régnant sur la France,

Jean VI, cardinal de la Trémouille, occupant le siège archiépiscopal d'Auch,

(1) M. Jean Bourdette cite le notaire de Toulouse qui rédigea l'acte et les témoins qui le signèrent, *Revue de Comminges*, 3e trimestre 1900.

(2) Toutes ces particularités sont empruntées à M. Paul de Castéran, *loco citato*.

(3) *Lys du val*, 2e édition, p. 134.

(4) L'orthographe a varié beaucoup ; on trouve : Guaraison, Guarezon, Guarraizon, Garrazon, Garrezon, Garazon, etc. etc.

L'Immaculée Vierge Marie, qui est assez pure pour tout sanctifier, assez puissante pour tout ennoblir, qui *choisit*, comme son Fils, *ce qu'il y a de plus faible pour confondre ce qu'il y a de plus fort* (1), abaissa un regard d'amour sur le pauvre vallon et sur une petite enfant de ces pauvres cabanes.

La petite fille s'appelait Anglèse de Sagazan.

Elle était âgée de dix à douze ans (2) et gardait le maigre troupeau de son père, à moins de deux traits d'arquebuse de sa demeure (3). Elle s'était assise auprès d'une fontaine et, ajoute la tradition populaire, sous une aubépine en fleurs (4).

C'était environ l'an 1500 de l'ère chrétienne (5).

L'aubépine en fleurs indiquerait le printemps. L'époque où la nature se renouvelle, aurait été le moment choisi par la Vierge pour faire *fleurir* cette solitude et la remplir *d'allégresse et de louanges* (6).

L'année avait été stérile, et les années de disette, terribles partout alors, pouvaient être meurtrières dans un désert tel qu'était Garaison. L'enfant tira

Anglèse
de
Sagazan.

(1) S. Paul, 1re épitre aux Corinthiens, ch. 1er, no 27.

(2) Qui nous dira pourquoi les peintres et les sculpteurs ne cessent de la représenter comme une grande personne de 25 à 30 ans ?

(3) Ce détail semblerait fixer la place de la cabane Sagazan là où se trouve la maison qui sert en ce moment de pensionnat aux Sœurs de St-Joseph de Cantaous.

(4) La source jaillissait à l'endroit où se trouve maintenant le maître-autel. Elle déverse aujourd'hui ses eaux à dix ou douze pas plus loin, dans la demi-voûte où l'on descend par un double escalier et qu'on appelle *la Fontaine de la Bergère. L'aubépine* que la tradition place près de la source, avait disparu de bonne heure, comme *l'églantier* de Lourdes.

(5) On n'a découvert jusqu'ici aucune date écrite ni de l'année, ni du mois des Apparitions ; mais Geoffroy, les premiers chapelains et Molinier, l'auteur du *Lys du val*, avaient fait les enquêtes les plus sérieuses et les plus minutieuses. Nous prenons leurs conclusions. On discute bien encore sur la date exacte de la naissance de saint Ignace de Loyola...

(6) *Florebit solitudo, exultabit lætabunda et laudans,* Isaïe.

de sa panetière quelques morceaux d'un pain sec, très dur et très rude (1), les trempa dans l'eau de la fontaine et les mangeait en pleurant. Pleurait-elle sur sa misère, sur la misère de ses parents, sur la misère publique, sur les péchés qui provoquaient les châtiments de Dieu ?

Anglèse pleurait et priait, en prenant son pauvre repas.

Le ciel vint la consoler.

Première Apparition. Une Dame, à la démarche majestueuse, à la beauté sereine, au regard plein de grâce, vêtue d'une robe blanche qui descendait à longs plis jusqu'à ses pieds, apparut tout à coup devant elle. Tant de splendeur aurait trahi la Reine des cieux, ailleurs même que dans ce désert, auprès d'une personne plus habituée à l'éclat que la fille de Sagazan. Anglèse, d'abord étonnée, restait éblouie, ravie en extase, et n'osait ouvrir la bouche. La prévenant avec grande bienveillance et une douceur divine, l'Apparition lui déclara qu'elle était la Vierge Marie, mère de Jésus-Christ, notre Rédempteur ; qu'elle avait choisi ce lieu pour y répandre ses dons et que c'était là qu'on devait bâtir une chapelle ; qu'elle avertît son père d'en donner promptement avis aux habitants de Monléon.

Après ces mots, la Vierge disparut.

Anglèse courut à son père, lui raconta ce qu'elle avait vu et entendu, et lui transmit l'ordre d'aller trouver les habitants de Monléon. Sans autre preuve que la parole de sa fille, le père n'hésita pas à partir aussitôt. Mais les habitants de Monléon ne jugèrent pas la preuve suffisante et le renvoyèrent avec un

(1) Un vieux manuscrit lui garde le nom de *mesture*, qu'il porte dans le pays.

refus. Ils étaient dans leur droit et ne faisaient que leur devoir. Toujours prêt à s'incliner devant Dieu qui parle par lui-même ou par quelqu'un de ses envoyés, le croyant exige la preuve que c'est bien Dieu qui a parlé, avant d'ajouter foi à des choses extraordinaires. Dieu, d'un autre côté, fait tourner cette prudence chrétienne à sa plus grande gloire: les contradictions font mieux ressortir la puissance de l'intervention divine qui en triomphe, et ce qui paraissait tout d'abord ébranler les fondements, ne sert qu'à rendre l'édifice plus inébranlable.

Le père rapporta donc à sa fille le refus des habitants de Monléon, et l'enfant retourna le lendemain à la fontaine, avec l'espérance d'y revoir la belle Dame et de lui faire part de l'accueil fait à son père. La Vierge lui apparut de nouveau et de nouveau lui donna commission d'envoyer son père assurer aux habitants de Monléon que le Seigneur voulait l'érection d'une chapelle auprès de cette fontaine; qu'ils ne craignissent pas d'entreprendre ce travail dans une année de famine, par défiance de ne le pouvoir achever, parce que Dieu leur fournirait bientôt les moyens de le mener à terme, si leur obéissance en jetait les premiers fondements.

L'enfant se hâta de porter cette parole à son père, et le *bonhomme,* comme disent les vieilles chroniques, la porte aux consuls et aux habitants de Monléon, qui, bien qu'à demi ébranlés et par ce double message et par cette assurance de l'heureuse issue de l'entreprise, si peu naturelle dans une petite fille de cet âge et de cette condition, n'acceptent cependant pas encore la proposition et renvoient pour la seconde fois le messager de la Vierge et de la petite voyante.

Ces détails laissent entrevoir à travers les siècles la simplicité et la beauté de ces deux âmes : l'innocence de l'enfant qui, n'ayant rien à cacher, n'a jamais connu le mensonge ; la générosité du père qui, sûr de la sincérité de sa fille, compte pour rien les fatigues et les railleries que lui attire l'accomplissement de sa mission.

La Vierge devait donc présenter ses lettres de créance.

Troisième Apparition. Anglèse, bien triste, bien affligée, se rendit le lendemain auprès de la fontaine. Elle n'était plus seule, comme les deux jours précédents, mais accompagnée de quelques-uns de sa famille et du voisinage, conduits par la curiosité ou mieux par une disposition de la Providence qui voulait les rendre spectateurs et témoins de ses œuvres merveilleuses.

Dès qu'ils furent arrivés près de la fontaine, la Vierge apparut pour la troisième fois. Tous entendirent ses paroles. Anglèse seule la vit. La Vierge lui dit que, pour confirmer la divinité de son Apparition, elle allait changer son pain noir, rude et hérissé d'arêtes, en un pain très blanc, très beau à l'œil et très savoureux au goût ; que, puisque ses parents étaient dans une misère extrême, ils trouveraient leur coffre rempli de pain, mais qu'ils se souvinssent toujours de remercier Dieu de ses miséricordes et des consolations qu'il leur envoyait.

Ils vérifient aussitôt la réalisation de ce prodige. Le pain d'Anglèse est trouvé très blanc et délicieux. On court à la cabane de la bergère, on ouvre le coffre, on le voit rempli de pain, on crie : Miracle ! miracle !

Sans s'arrêter, on se précipite vers Monléon, on parle aux consuls. on montre à tous les preuves palpables du double prodige qui vient de s'accomplir.

Les consuls en réfèrent au recteur, le recteur vérifie le miracle, le doute se change en certitude, l'incrédulité en actions de grâces. En un moment, la petite ville est sur pied. Les prêtres revêtent leurs ornements les plus beaux ; une procession est organisée, la croix marche en tête, suivie du clergé, des consuls et du peuple ; les maisons restent vides ; les chemins se remplissent de pèlerins et de chants. Les villages voisins, avertis de la merveille, accourent joindre leur joie à la joie commune.

Quand la procession parvint à la fontaine de l'Apparition, la croix y fut plantée, au chant des hymnes, des prières et des cantiques.

Notre-Seigneur Jésus-Christ prenait possession du *val*, au nom de la Vierge Immaculée, Notre-Dame de Garaison (1).

(1) Tous ces détails sont empruntés au *Lys du val, passim.*

CHAPITRE II

—

La Chapelle et la Voyante

—

La visite de la Reine des cieux est, après celle de Notre-Seigneur Jésus-Christ, le plus grand honneur et la meilleure bénédiction qu'un lieu puisse recevoir. Elle opère en grand ce que font en petit les bénédictions de l'Eglise : elle soustrait ce lieu aux influences mauvaises et lui communique une vertu que par lui-même il n'avait pas. Permis aux incrédules d'ignorer et de railler ces croyances et ces pratiques, sauf à s'en rendre coupables eux-mêmes dans leur religion et leur piété *au rebours* (1).

Concours. Les malades des environs crurent qu'en foulant le lieu des Apparitions, la Vierge y avait déposé les germes des faveurs les plus extraordinaires. Ils y accoururent en foule avec cette foi : un grand nombre y trouvèrent la guérison, et les guérisons multiplièrent le concours.

Certains châtiments achevèrent d'étendre au loin la renommée de Notre-Dame de Garaison. On n'avait pas encore entouré la fontaine de la bergère du mur qui la joint à la maison aujourd'hui. Un gentilhomme

---

(1) Pendant que le triste Zola était à Lourdes, un vénérable sénateur descendit de Cauterets, et tous les *intellectuels* de tous les mauvais journaux de la région se joignirent à lui, pour complimenter le romancier pèlerin. Ils auraient rougi d'être les pèlerins de Notre-Dame de Lourdes : il fallait voir comme ils étaient fiers d'être les pèlerins de Zola !... Que de pèlerinages à la tireuse de cartes !... Que d'autres pèlerinages tout aussi mal placés !...

Increduli gens credula, religion et piété au rebours !...

du voisinage, Méric de Bazus, seigneur d'Espénan(1), allait à la chasse à travers les landes et, passant près de la fontaine auprès de laquelle la Vierge était apparue, il voulut y faire boire son cheval, non toutefois par mépris, dit l'auteur, mais *par inconsidération* (2) : des flammes sortirent du milieu des eaux, et, sans faire de mal au cavalier, brûlèrent le cheval qu'il montait et l'oiseau qu'il portait sur le poing. Quatre-vingts ans plus tard, le souvenir de ce prodige était encore vivant dans tout le Magnoac ; la tradition s'en était, à plus forte raison, conservée dans la famille d'Espénan, et la petite-fille du gentilhomme à qui l'accident était arrivé, l'attestait devant le Saint-Sacrement, en présence de Molinier, l'historien de Notre-Dame de Garaison. Une peinture fut exécutée dans la chapelle pour en perpétuer le souvenir (3).

Tous ces pèlerins apportaient des aumônes, et ces aumônes, suivant la promesse de la Vierge, permirent d'élever la chapelle qu'elle avait demandée ; mais cette première chapelle, sans art ni décorations, était encore sans ampleur, et, dès 1536, elle fut jugée insuffisante (4).

On la démolit, et, grâces aux riches offrandes qui affluaient de plus en plus, on jeta les fondements de la belle église gothique, que l'on admire aujourd'hui. Ni très grande ni vaste, elle suffit aux besoins ordi-

Première chapelle.

Chapelle définitive

(1) Un d'Espénan commandait à Rocroi, dans l'armée de Condé.

(2) *Lys du Val.*

(3) *Lys du Val*, édition 1646, p. 260-261. A ceux qui jugeraient ce miracle *trop fort*, nous répondrions : 1° que pour Dieu un miracle n'est ni plus *fort* ni plus difficile qu'un autre ; 2° que celui-ci réunit toutes les conditions des *faits* les mieux attestés.

(4) On a retrouvé les fondations de cette première chapelle dans la cour du Nord, dite des *acacias* ou de sainte Germaine.

naires du pèlerinage. Qui en fut l'architecte? Son nom n'est pas arrivé jusqu'à nous. Et pourtant l'élégance et la solidité de l'édifice, ses justes proportions, la hardiesse de sa voûte, l'originalité de ses colonnes d'un seul jet sans chapiteaux, l'entrecroisement harmonieux et sobre des nervures du chœur, témoignent d'un sens artistique de premier ordre et d'une connaissance parfaite des règles de l'art.

La sacristie, avec sa voûte surbaissée et toute en pierre, fait aussi le plus grand honneur à celui, quel qu'il soit, qui en dressa le plan (1).

On eut l'heureuse idée, ou plutôt l'inspiration, de placer le maître-autel à l'endroit même où Marie apparut, réunissant ainsi le Fils et la Mère, la toute-puissance miséricordieuse du Fils et la miséricorde toute-puissante de la Mère.

Une statue en bois de Notre-Dame des Sept-Douleurs surmonta ce maître-autel. Molinier en avait *« curieusement recherché l'origine, mais n'avait pu » en apprendre rien de certain, les uns disant que la » Sainte Vierge la découvrit à la Bergère qui reçut » l'Apparition, les autres qu'on la trouva parmi les » ronces et les buissons... Ce qui néanmoins ne rend » pas la statue moins vénérable, mais plutôt lui » acquiert je ne sais quelle majesté que les choses, » grandes et célèbres en leurs effets, ont accoutumé » de tirer de l'obscurité de leurs commencements (2). »*

Vers 1280, dans l'Orléanais, des laboureurs trouvèrent une statue de la Vierge : ils l'emportèrent avec respect et la déposèrent dans le Sanctuaire le plus voisin.

(1) *Travail inédit* du R. P. Dupuy, M. I. C.
(2) *Lys du val,* 2ᵉ édition, p. 266.

Ce fut Notre-Dame de Cléry (1).

D'anciens actes de la ville de Monléon, qu'il avait eus sous les yeux, et les témoignages de vieillards qui avaient vu, tout enfants, mettre la dernière main à cet édifice, permettent à Molinier d'établir que la chapelle de Garaison fut achevée vers l'an 1540 (2).

Elle méritait d'être consacrée.

Elle le fut, le 16 octobre 1616 (3), par Mgr de Trapes, archevêque d'Auch. Lorsque, avant de la revêtir de sa décoration actuelle, on débarrassa la chapelle des plâtres et des boiseries dont l'avait emmaillotée un goût détestable, l'on retrouva les croix dont l'Eglise *signe* les murs des édifices qu'ont sanctifiés les onctions saintes.

L'achèvement de la chapelle combla les vœux d'Anglèse de Sagazan, tout en dégageant et en consacrant sa mission.

L'enfant avait grandi, non seulement en âge, mais encore en modestie et en générosité. Avait-elle conçu d'elle-même le projet, ou avait-elle reçu de la Sainte Vierge l'ordre de devenir religieuse ?... En 1536, elle

Vocation religieuse d'Anglèse de Sagazan.

(1) *Histoire de Notre-Dame de Cléry,* par Louis Jarry.

(2) *Lys du Val,* 2ᵉ édition, p. 144.

(3) Cette date m'a été fournie par le R. P. Rigaudie, M. I. C. Mgr de Trapes, en effet, était à Garaison en octobre 1616. Le 28 de ce mois, il promettait 1200 livres pour bâtir un Ermitage, avec meubles, livres et ornements nécessaires. Nous verrons plus tard ce que devinrent ces promesses et les raisons qui les firent avorter. Disons seulement que, rien n'ayant été payé, un procès s'engagea, après la mort de l'archevêque, entre Claude Montnorry, son neveu et son héritier, et le syndic des chapelains. La Cour de Toulouse ordonna que les parties présenteraient leurs requêtes dans trois jours; mais les pièces ne nous donnent pas la suite et la fin.

Dom Brugèles assignerait pour la consécration la date du 16 octobre 1626. L'année serait mal choisie... Mais on s'accorde à dire que de très nombreuses fautes d'impression déparent l'œuvre du savant Bénédictin.

alla frapper à la porte d'un couvent de Cisterciennes, établi à Fabas, dans le diocèse de Comminges, à six lieues de Garaison. Ce monastère s'appelait *Lum-Dieu, Lumière de Dieu;* nos aïeux voyaient, non sans quelque raison, dans toute maison religieuse un foyer d'instruction et de vertu, et, partant, un nouveau foyer de lumières et un nouveau reflet de Dieu (1). L'abbaye de Fabas recevait les jeunes filles des plus nobles familles du midi et ne recevait que des nobles. Mais, observe Molinier (2), l'aristocratique abbaye aurait-elle pu repousser, à cause de sa petite condition, celle que la Reine des cieux avait préférée aux enfants des familles les plus illustres ? Si l'adoption des grands donne entrée dans leurs familles, si la faveur des rois est un titre de noblesse, l'humble Anglèse présentait, à défaut de parchemins, des titres qui valaient ceux des plus nobles religieuses de Fabas. Toutefois, une tradition, encore très répandue dans ce pays, veut que, pour leur faire adopter ces idées, il n'ait pas moins fallu qu'une intervention divine. Anglèse aurait dû se présenter trois fois à la porte de l'Abbaye. Quand, après deux refus, elle revint pour la troisième fois, Dieu aurait en sa faveur renouvelé un prodige que nous lisons dans certaines vies de saints : les portes se seraient ouvertes d'elles-mêmes et les cloches auraient sonné sans qu'on y touchât. Ce miracle aurait levé toutes les difficultés et permis à Anglèse de répondre à l'appel de Dieu.

Restait un dernier obstacle. La règle du Monastère défendait expressément d'admettre aux vœux solen-

___

(1) Je doute qu'on en dise autant de nos écoles laïques, malgré des déclarations aussi solennelles qu'intéressées...

(2) *Lys du val,* 2ᵉ édition, p. 119.

nels celles qui n'auraient pas une pension assignée pour fournir à leur propre entretien et aux charges de la maison. L'abbesse n'osait passer outre à ce point rigoureux de leurs statuts. Dans une transaction de 1537, les consuls de Monléon avaient bien promis que « la Monge, demeurant au monastère de Fabas, serait faite professe et entretenue aux dépens de la chapelle »; mais *promettre est un et tenir est un autre...* Anglèse était novice depuis six ans, et les consuls de Monléon n'avaient pas encore eu le temps d'exécuter leurs promesses !... La Vierge Immaculée permettait ces retards et ces humiliations, pour asseoir la vertu de son ouvrière sur une humilité solide, pour mieux lui montrer le prix de la vocation religieuse et lui faire multiplier les actes de persévérance jusqu'à l'héroïsme.

Enfin, le 17 février 1543, par un titre solennel et authentique, les consuls et les habitants de la ville de Monléon s'obligèrent envers noble « Dame Sœur » Brune de Monléon, Abbesse du monastère de » Fabas, de l'ordre de Citeaux, au diocèse de Com- » minges, à lui payer une pension annuelle pour les » aliments, habits et entretènements nécessaires de » Sœur Anglèze de Sagazan, qui est leur bergère, » durant sa vie, et ce afin qu'elle soit reçue professe » audit monastère... La raison qui les oblige à user » de cette gratification envers elle, c'est que la cha- » pelle de Garaison où se font tant de dons, lesquels » ils ont en charge, a été bâtie à la suite de la révé- » lation faite à ladite bergère de Sagazan, religieuse, » alors qu'elle était dans le monde... (1) »

(1) *Lys du Val,* 1847, p. 22.

Sa vie religieuse

Devenue professe après un tel noviciat, Sœur Anglèze fit des progrès rapides vers la plus haute perfection. M. l'abbé Figarol, chanoine de Lombez et directeur des religieuses de Fabas, en rend le témoignage le plus complet dans une lettre à Pierre Geoffroy : l'obéissance de Sœur Anglèse de Sagazan était entière, sa simplicité naïve, son humilité profonde, sa douceur admirable ; ceux qui l'ont vue de près, assurent que jamais ils ne remarquèrent sur son visage le moindre signe de colère ou d'indignation, et que son cœur ne fut jamais accessible au moindre ressentiment. Elle était surtout discrète, retenue, gardant le secret des merveilleuses visions et révélations qu'elle ne racontait jamais qu'à regret et par ordre de ses supérieurs. Elle imitait ainsi la Vierge qui lui était apparue et qui, loin de faire ostentation des mystères accomplis en elle, *les conservait et les méditait en son cœur* dans un humble et religieux silence.

Soit que la clôture ne fût pas d'une rigueur absolue, soit que la Mère Abbesse eût une absolue confiance dans l'humilité de sa Religieuse ou qu'elle cédât à de nombreuses demandes, Anglèse alla, plusieurs années, dans les grandes fêtes de Marie, à sa chère chapelle de Garaison. Du plus loin qu'il l'apercevait, le peuple accourait à sa rencontre pour la voir et l'acclamer ; il déchirait les habits de la voyante et en gardait les morceaux comme des reliques. Toutes ces marques de vénération alarmèrent sa délicatesse et la délicatesse des supérieurs ; peut-être aussi craignit-on quelques superstitions de la part de ces braves gens... Anglèse ne vint plus à Garaison qu'une fois par an, et bientôt elle cessa complètement d'y venir.

Anglèse, dès lors, acheva de faire en elle ce détachement parfait, qui recule toujours à mesure qu'on le poursuit. Elle jeûnait particulièrement le samedi, et, durant ce jour consacré à la Vierge, elle se tenait seule et recueillie dans sa cellule en méditation et en contemplation. La supérieure lui permettait d'en agir de la sorte, et ce n'était pas sans un grand profit pour son âme. Cette âme bénie, en ces jours de solitude absolue, fut toujours favorisée de grandes consolations et, plus d'une fois, de nouvelles Apparitions de la Très Sainte Vierge qui remplissait toute la chambre de rayons de lumière.

Enfin, après avoir, pendant qurante-six ans, gardé les moindres observances de la vie religieuse, après avoir édifié le monastère de Fabas, elle mourut en odeur de sainteté, la veille de la Nativité de la Très Sainte Vierge, l'an de Notre-Seigneur 1589, âgée de plus de cent ans.

Toutefois, la transaction de 1611, dont nous aurons à parler longuement, reculerait la date de sa mort. Elle dit expressément : « Anglèse fut reçue religieuse dans le monastère de Fabas... et y décéda, *il y a environ seize ans*, après avoir été *prieuresse...* » Sans être d'une précision absolue, cette indication d'une date si rapprochée reporterait la mort d'Anglèse vers l'an 1595. Quant à cette dignité de *prieuresse*, ne faut-il y voir que le fait de la vanité locale ? Une note marginale, qu'on croit de la main de Geoffroy, porte : « N'a jamais été la dite Sagazan » que sœur laïque, et ne savait ni lire ni écrire. » Ou bien a-t-elle été réellement prieure, la Sainte Vierge lui ayant communiqué des lumières qui suppléent avantageusement aux études, et ses compagnes, témoins journaliers de cette sainteté, chaque jour grandissante, ayant voulu par exception accepter la direction d'une pareille sœur, quoiqu'elle ne fût que *laïque?*

Anglèse, en tout cas, n'avait aucun besoin de cette dignité, pour être l'une des plus pures et des plus attachantes figures de l'époque. Parce qu'elle avait été son humble et docile instrument, la Vierge l'éleva au-dessus de sa condition, la plaça avec l'élite du pays dans un Ordre et dans un monastère illustres, lui donna longue et sainte vie et daigna la prendre pour son associée dans la transformation de toute la contrée et dans l'un des grands évènements du XVIe siècle.

CHAPITRE III

—

Notre-Dame de Garaison
et le Protestantisme

—

« Dieu, comme un sage et prudent médecin, nous donne le remède le plus approprié au temps. Le XVIe siècle, après un schisme long et funeste, se disposait aux hérésies, aux révoltes, à la corruption des mœurs et à tous ces maux qui ont ravagé l'Europe durant cent ans. Dieu voulut du moins amortir le coup que nos fautes ne lui permettaient pas d'écarter entièrement. Il suscita des Ordres religieux qui allaient partager avec leurs prédécesseurs les gloires de la lutte et la haine des ennemis de l'Eglise ; des docteurs célèbres, de saints et doctes Prélats. Il suscita les apparitions et la dévotion du lieu de Garaison, comme un préservatif puissant contre le Protestantisme.....

» Et certes si le temps de cette apparition est remarquable, le lieu l'est encore davantage, le Protestantisme ayant pris naissance dans le Béarn et menaçant d'un plus grand ravage les pays plus voisins de son origine..... Quoiqu'il ait fait un grand dégât dans toute la province, le Magnoac où Garaison est situé s'est conservé si net et si sain, qu'on n'en peut référer la cause qu'à la protection particulière de la Vierge, qui a choisi ce lieu pour y répandre ses dons. Pendant que l'hérésie ravageait le Béarn, le pays de Foix, l'Aquitaine, le Languedoc, l'Albigeois, le Quercy, la région la plus voisine et qui paraissait la plus menacée a été préservée et a couvert de sa protection les dix ou douze lieues à l'entour (1)..... »

Le Protestantisme s'appela lui-même *la réforme;* il ne *réforma* nul ancien abus et en introduisit de nouveaux. Alors plus encore qu'aujourd'hui, on disait en toute vérité que *d'un mauvais catholique on formait un bon protestant,* et le parti convenait lui-même devant la peste qu'il n'avait pas reçu le don du martyre, devant la loi du célibat qu'il n'avait pas reçu le don de continence. Le vrai *réformateur* eût été le Concile de Trente, si les Protestants n'avaient pas rejeté toutes ses décisions en bloc, si les gouver-

Le Protestantisme et la réforme.

---

(1) *Lys du Val,* 2ᵉ édition, p. 130-134. Lorsque l'auteur dit que le Protestantisme *a pris naissance dans le Béarn,* il n'entend parler évidemment que de son implantation dans notre pays.

nements catholiques n'en avaient pas contrarié nombre de dispositions (1).

Le Protestantisme et la liberté.

Une certaine histoire essaie de nous représenter le Protestantisme comme l'émancipateur des individus et des peuples ; il serait plus exact de voir en lui le principe et la cause des pouvoirs absolus et de tous les despotismes. Les siècles de foi avaient compris que la liberté et l'indépendance de l'Eglise et du Pape étaient la garantie de leur propre liberté et de leur propre indépendance ; car enfin si le pouvoir civil qui dispose déjà de la force matérielle, devient encore le maître de la force religieuse, il n'a plus de contrepoids et il fera peser sur les peuples un joug renouvelé des empereurs païens. Celui qui ne le voit pas, peut bien parler de liberté, mais prouve qu'il n'en possède pas la notion la plus élémentaire ; il peut bien parler d'affranchir la société laïque, plus oppressive qu'opprimée, mais il rivera à la société religieuse des chaînes très réelles et très lourdes. Or, le premier soin du Protestantisme fut de livrer aux princes l'Eglise, son pouvoir, sa législation, ses tribunaux, sa liberté, ses biens, les biens des écoles et des hôpitaux. Montgomery est à peine maître du Béarn, qu'il se hâte de publier : « Nous... prenons et » mettons sous la main de Sa Majesté les évêchés de » Lescar, de Oloron, les abbayes de Luc, Sauvelade, » La Reüle, ainsy les chanoynies, prieurés, archi- » diacries, recturies et cures et chacun des autres

(1) « Ce qu'on appelle *la réforme*, dit le protestant Cobbett, fut » enfanté par une incontinence brutale, nourri par l'hypocrisie et la » perfidie, et cimenté par le pillage, la dévastation et des torrents de » sang. » « Depuis la prédication de notre doctrine, disait Luther » lui-même, le monde devient de plus en plus mauvais, plus impie, » plus éhonté... » Une propre *réforme*, comme on voit !...
Revue des Questions historiques, 1re livraison, année 1866, p. 16.

» biens ecclésiastiques assis et situés en la souverai-
» neté de Béarn (1). » Chaque roi devint pape et
chaque reine, papesse. Les Protestants qui ont inventé contre nous la papesse Jeanne, en ont connu
chez eux qui n'avaient de fabuleux que leur cruauté
et leur despotisme. Elisabeth d'Angleterre et Jeanne
d'Albret édictèrent des ordonnances ecclésiastiques,
vrais monuments d'iniquité, de rapacité et d'oppres-
sion (2). Rien de moins émancipateur du peuple que
tous ces rois, que toutes ces reines, que tous ces
princes et que tous ces chefs de religionnaires, dont
les noms, malgré les complaisances et les complici-
tés de certains historiens, sont restés synonimes de
férocité et de luxure.

Ce qui appartient en propre au Protestantisme,
c'est d'avoir déchaîné sur la France toutes les horreurs de la guerre civile, parce que les Condé et les
Châtillon étaient jaloux des Guise, parce que le
jeune Henri de Béarn, qui fut depuis Henri IV, ne
fut pas nommé lieutenant-général du royaume (3).
Ce qui appartient en propre au Protestantisme français, ce fut, non d'appeler à lui tous les routiers et
des troupes étrangères, ce que chaque parti se permettait alors, mais de s'être engagé à livrer à l'étranger des villes françaises et portion du territoire

Origine
politique
du
Protes-
tantisme
en France

---

(1) Ordonnance de Gabriel de Montgomery, citée par Monlezun,
dans son *Histoire de la Gascogne*, t. v. p. 354.

(2) On lira dans M. l'abbé Dubarat, avec autant d'intérêt que de
profit, les fameuses ordonnances ecclésiastiques de 1571, que la reine
et *papesse Jeanne* fit peser sur le Béarn, *Protestantisme en Béarn
et au pays basque,* par M. l'abbé Dubarat, aumônier du Lycée de
Pau, p. 207-211.

(3) Dubarat, p. 269-270.

français en échange des secours reçus en hommes et en argent (1).

D'inévitables excès furent commis de part et d'autre, mais, en bonne justice, le premier et le grand coupable est celui qui soulève une pareille guerre dans un but d'égoïste ambition. La plupart des historiens, qui se sont plu à exagérer et à dénaturer la Saint-Barthélemy, ont, au contraire, tu avec le plus grand soin *la Saint-Barthélemy* de Montgomery, et *les noyades du pont d'Orthez*, dont nous parlerons plus loin, la *Michelade* (2) de Nîmes et tant d'autres atrocités protestantes.

(1) Un grand admirateur de Coligny, Dargaud, est forcé lui-même d'en convenir : « Coligny, dit-il, communique avec l'étranger. Il » harcelle, il aiguillonne M. de Bricquemaut qui, sous les obses- » sions de l'amiral, signe un traité à Londres. Par ce traité, la » reine Elisabeth promet à Condé et à Coligny *cent quarante mille* » *écus d'or et six mille soldats. Trois mille doivent occuper le* » *Havre-de-Grâce,* transformé en place de sûreté pour les Anglais » et en place de refuge pour les proscrits calvinistes. *Les trois au-* » *tres mille sont destinés à Dieppe et à Rouen.* Ce traité s'exécute » sans retard. » Cité par Ch. Buet, *Coligny*, p. 117.

Voir aussi, 1re livraison, année 1866, p. 32, la *Revue des Questions historiques,* qui ajoute : « On prend l'engagement de céder » Calais aux Anglais. »

« La nation tout entière, observe Cobbett, fut blessée dans son » honneur par cette lâche perfidie qui livrait trois villes aux An- » glais. »

Le peuple de Paris, alors, n'eût pas souffert la statue de Coligny-le-traître.

(2) « Rien de plus affreux que *la Michelade,* ce massacre exécuté » de sang-froid par les Protestants, en 1567, le jour de la Saint- » Michel. Les catholiques, enfermés dans l'hôtel de ville et gardés à » vue, sans provocation de leur part, furent égorgés par leurs enne- » mis. On fit descendre l'un après l'autre tous ces malheureux que » les religionnaires attendaient pour les tuer à coups de dague. Cette » boucherie dura deux heures. La plupart de ces corps furent jetés » dans un puits qui avait *quarante-deux pieds* de profondeur, *plus* » *de quatre pieds* de diamètre, et qui fut comblé de ces victimes. » L'eau, mêlée de sang, se répandit au dehors, et l'on entendait les » cris étouffés et les gémissements des mourants écrasés par les » morts. On fit une recherche exacte dans les maisons des catho- » liques, et cette tuerie se prolongea depuis *onze heures du soir* » *jusqu'à six heures du matin.* »

Qui parle ainsi? Un écrivain protestant de la *Revue* d'Edimbourg. Combien de catholiques pleurent toujours sur la Saint-Barthélemy

Le Midi supporta sa large part de toutes ces horreurs, et le nom de la *reine Jeanne* conserve encore sa légendaire terreur parmi nous.

A force d'appeler de Genève tous les ministres calvinistes, de s'entourer de tous ces exotiques, de n'agir que par leurs conseils et de violer contre les catholiques tous les fors du Béarn (1), la reine Jeanne d'Albret attira sur son pays les censures du Souverain Pontife et les armes du roi de France. D'abord *comme toute étourdie de peur* (2), elle se remit bientôt et, pour replacer le Béarn sous le joug, elle fit choix d'un véritable homme de guerre, Gabriel de Lorges, comte de Montgomery, celui-là même qui avait rendu aux Protestants le service de tuer le roi de France, Henri II, dans un tournoi. A la tête de l'*armée des vicomtes*, du nom des autres chefs qui se joignent à lui (3), Montgomery part de Castres le 27 juillet 1569, passe à travers les armées de Damville et de Monluc, grâce à la rivalité jalouse de ces deux généraux, entre dans le comté de Foix, gagné à l'hérésie, surprend, le 2 août, St-Gaudens qu'il pille et qu'il brûle, saccage Montréal de Rivière (Montréjeau), se jette brusquement dans la *lande*

et ne connaissent pas *la Michelade* qui n'est qu'une des nombreuses Saint-Barthélemy protestantes! Car, ainsi que le remarque, dans la même livraison, p. 44 et 45, la *Revue des Questions historiques,* « *la Michelade* ne fut pas un fait isolé, mais l'effet d'un complot,... » le coup de foudre d'une société secrète partout répandue. »

Et tous ces excès avaient précédé de près de 5 années la Saint-Barthélemy!...

(1) L'exposition qu'en fait M. l'abbé Dubarat, année par année, est un modèle d'érudition patiente et sans réplique.

(2) Le ministre huguenot Merlin, conseiller de Jeanne, dans une lettre à Calvin.

(3) Les vicomtes de Bruniquel, de Paulin, de Caumont, de Montamat, de Sévignac et de Montclar; le fameux et féroce baron d'Arros s'y joindra bientôt.

comtale où il échappe à la surveillance dont il était l'objet, pille et brûle Lannemezan, met tout sur son passage à feu et à sang, tombe sur le Béarn quand on le croyait encore en Languedoc, remet le pays sous le joug, revient en Bigorre qu'il brûle, pille et saccage de nouveau, et laisse tous les chemins qu'il parcourt rouges de sang français, sous la fumée des décombres.

Nous n'avons pas à raconter ces marches militaires, qui faisaient l'admiration de Monluc, mais que Montgomery souilla par des cruautés aussi inutiles que féroces, notamment par la mort, en la fête de St-Barthélemy, des chefs catholiques à qui la capitulation d'Orthez aurait dû assurer la vie sauve ; par le massacre des prêtres et des religieux d'Orthez qu'il fit mener sur le pont de cette ville et précipiter dans le Gave par une ouverture qui a longtemps gardé le nom de *fenêtre des curés, finestre deüs capéraas* (1) ; par l'incendie de *cent dix églises*, des reliquaires, des statues et des tableaux (2), des documents les plus précieux. Ses soldats renversaient les autels, emportaient les cali-

(1) Voir M. l'abbé Dubarat, p. 160.

(2) Les ministres protestants se déchaînaient contre ces *idolâtries papistes*, ce qui n'empêchera pas une certaine école de les représenter comme des amis des beaux-arts ! « Le Synode protestant » de 1588, en Béarn, censurait une femme qui avait fait faire son » portrait, édictait des peines contre ceux qui désertaient les prêches » et les prônes, défendait de sonner les cloches de Gélos en temps » d'orage et pour les morts. » (Dubarat, p. 329). — Il n'y a rien d'étonnant à cela. Est-ce que *la Gazette de la Croix*, de Berlin, ne parle pas, en janvier 1900, de *l'idolâtrie de Lourdes* et de *l'adoration* de saint Antoine de Padoue, comme la reine apostate Jeanne et ses ministres huguenots parlaient des *idolâtries papistes ?* Ces gens-là n'ont rien appris et ne sauraient rien apprendre, sans cesser d'être ce qu'ils sont. (Voir l'*Univers* du jeudi 11 janvier 1900).

ces, les ornements, les objets d'art et dégradaient ce qu'ils n'emportaient pas (1).

Le mal que Montgomery n'avait pas eu le temps de commettre, les chefs de bande le multiplièrent après lui (2).

Le cercle allait se rétrécissant autour de Notre-Dame de Garaison.

« Le 10 mars 1573, avant le lever du soleil, le
» capitaine Lafont se présente devant les murs de
» l'Abbaye et de la ville de St-Sever de Rustan et
» demande à traverser la ville, sous prétexte d'aller
» rejoindre les armées royales. Les gardes, qui le
» connaissaient, ouvrent la porte sans défiance : ils

(1) « Cette canaille de Huguenots, qui estaient avec Montgomery, dit le chapitre de St-Gaudens, s'amusèrent à pocher les yeux de toutes les figures représentées par quelques vieilles peintures sur des tableaux de chesne. » *Revue de Comminges,* année 1898, 1er trimestre.

(2) Comme les faits seuls peuvent donner une idée exacte de cette destruction inouïe et empêcher le lecteur de crier à l'exagération, nous empruntons à M. Jean Bourdette, un véritable érudit et un vrai patriote, deux pages de l'enquête ouverte au mois de septembre 1575, par le lieutenant du Sénéchal de Bigorre, sur les ravages des Huguenots. C'est une liste lugubre qu'on ne lit pas sans frémir d'horreur.

» En l'an mil cinq cent soixante neuf et le sixième du mois d'août
» le comte de Montgomery... passa par ladite diocèse de Tarbes... et
» commençant à l'église de Lanamézan, icelle bruslarent et pillarent,
» comme aussi la maison des ecclésiastiques ; et de là avant, Capvern,
» Mauvezin, Lutilhous, Bégole, Burg, Campistrous, Lanespède,
» Ricau, Ozon, Tournay, Peyraube, Clarac, Goudon, Clarens, Galès,
» Lapalu, Sinzos, Bordes, Sarrabeyrouse, Sarraméa, Pouts ;

» L'église archipresbytérale de Cieutat et les parrochialles de
» Poumarous, Aurignac, Fitte, Chelle-Dessus, Luc, Oueilhous,
» Antist, Ordizan, Bernac-Dessus, Bernac-Débat ;

» Vielle, Calavanté, Lespouey, Villenave, Mascaras, Montignac,
» Barbazan-Débat, Soues, Horgues, Momères, Salles-Adour, Arcizac,
» Saint-Martin ;

» Montgaillard, Visker, Odos, Bénac, Orincles, Julos, Paréac,
» Aslugue, Escoubès-Pouts, Séméac, Aureilhan, Juillan, Bordères,
» Azereix, Ossun ;

» L'église archipresbytérale et collégiale d'Ibos, les parrochialles
» de Loucy, Lanes, Oursbelille, Gayan, Siarrouy, Andrest, Bazet,

» sont tués aussitôt à coups de pistolet. A ce signal,
» Lizier, caché dans un bois voisin avec ses troupes,
» accourt et se précipite dans les rues, en criant :
» « Tuez tout! tuez tout! » Les habitants, surpris
» dans le sommeil, sont massacrés avec les Reli-

» Aurensan, Pintac, Oroix, Escaunets, Séron, Luquet, Gardères,
» Lamarque, Loubajac, Poueyferré, Pontac ;

» Ger, Ponson-Débat, Ponson-Dessus, Montaner, Castaède, Aast,
» Aïnx, Saux, Orbères, Lasserre, Tarasteix, Meaux et Villenave,
» Abédeille, Lucgarié, Abos, Bentayou, Peyraube, Pontiac, Labatut,
» Séré et plusieurs autres églises. »

Après avoir occupé Tarbes du 1er au 5 septembre, ce qui veut dire
après l'avoir pillée et brûlée, « bruslarent plusieurs églises, tant
» collégiales, archipreshytérales que parrochialles, comme sont
» Orleix, Dours, Chiis, Bours, Souyeaux, Laslades, Louit, Fréchet,
» Lizos et Oléac, Pouyastruc, Tostat, Bazillac, Ugnoas, Villenave,
» Sarniguet, Artagnan, Pujo, Camalès, Talazac ; l'église collégiale,
» de Vic-Bigorre, Caixon, La Réole, Sauveterre, Auriabat, Maubour-
» guet, Estirac, Villefranque, Plaisance, Galiax, Préchac, Ju, Belloc,
» Baulat, Labatut, Montus, Castelnau, Héchac, Soublecause, Gouts,
» Couzac, Canet, Caussade, St-Lanne, le monastère de St-Lézer, la
» maison du Prieur du Prieuré de Madiran, l'abbaye de Tasque. »

Encore cette effroyable liste est-elle incomplète! Car Lourdes fut
brûlée dans la seconde quinzaine de septembre ; Bétharram fut
brûlé, comme nous le verrons plus loin ; le capitaine Laborde, par
ordre de la reine Jeanne, brûle la magnifique église de St-Pé-de-
Bigorre, dont le dôme, étincelant au soleil, offusquait les yeux de
la souveraine apostate ; Montgomery pilla et brûla la ville de Trie,
ainsi que le couvent des Carmes, dont il fit massacrer les religieux
et jeter les corps dans un puits. « Le prieur était son parent, dit le
» *Souvenir de Bigorre* (*). Le malheureux invoque les liens du
» sang qui les unissent. Aussi, répond le chef des Huguenots, n'ai-
» je garde de vouloir vous traiter comme les autres ; je vous rendrai
» les honneurs qui sont dus à votre naissance et à votre dignité :
» vous serez pendu au-dessus de la porte principale de votre cou-
» vent. » Et la menace fut exécutée bientôt.

Si nous avons si peu d'églises et de monuments, à qui la faute...?

Sur toute la surface du territoire français, les Protestants ruinè-
rent complètement 150 cathédrales et abbayes. En Beauce, ils dé-
truisirent 300 églises. Dans les seuls diocèses de Nimes, de Nevers,
d'Uzès et de Mende, le nombre des églises démolies atteint le
chiffre énorme de 500!... Si l'on connaissait toutes les ruines de toutes sortes, accumulées par le Protestantisme rien qu'en France !...

(*) Année 1884, p. 151, note 2e.

» gieux; l'Abbaye et toutes les maisons sont pillées
» et puis livrées aux flammes (1). »

Tournay était de nouveau pris, pillé, ruiné en
mai 1587, par le sieur de Ste-Colombe, et obligé de
se racheter, le 1er septembre suivant, pour huit
mille livres (2).

Les huguenots du vicomte de Larboust taxaient
haut les ecclésiastiques de St-Bertrand-de-Comminges, qui, après avoir exactement payé, n'obtenaient
pas une sécurité beaucoup plus grande. Non contents du pillage et des viols ordinaires, les Religionnaires se donnaient de petites récréations, « pro-
» nonçant des paroles vilaines et scandaleuses, et
» s'amusant des scrupules et de l'effroi qu'ils avaient
» produits; s'approchant des prébendiers et faisant
» voler leurs bonnets de leurs têtes (3). »

Du Bourg commandait pour les Protestants à
l'Isle-Jourdain.

Maîtres du Béarn et du comté de Foix, ils s'empa-
rèrent du château de Mauvezin, qui assurait les communications entre les deux pays, et y mirent comme
gouverneur un homme sûr et hardi, le baron de Sus.

« Durant ces troubles, dit un contemporain, les

(1) Enquête officielle reproduite dans le *Souvenir de Bigorre,*
année 1884.

(2) *Revue de Comminges,* t. XII, année 1897, 1er trimestre.

(3) Ils ne se contentaient pas toujours de ces plaisanteries de mauvais goût. « Ayant surpris, au mois de mai 1621, Laurac-le-Grand,
» en Lauragais, ils y commirent des crimes énormes et notamment
» une très grande cruauté : sçavoir qu'ayant trouvé un prêtre, on
» chargea sur lui une selle de cheval, bride et mors en bouche, et,
» montant sur son dos, le firent marcher un certain temps des pieds
» et des mains, à grands coups d'éperons; et, non contents de cette
» indignité, après lui avoir crevé les yeux et coupé les mains, fut
» cruellement massacré de sang-froid : inhumanité sans exemple! »
Mémorial historique de J. J. de Lescazes, ch. XLI, cité par la
Revue de Comminges, t. XIV, année 1899, 1er trimestre.

» compagnies se croisent, se combattent. Il est diffi-
» cile de discerner celles qui viennent en ennemies,
» et celles qui arrivent en amies, mais toutes pressu-
» rent le pays les unes après les autres ; et les incen-
» dies sont le couronnement de ces guerres, comme
» le *Magnificat* est le couronnement des vêpres... Yl
» ne reste aux pauvres gens que prendre le chemin
» et baston et s'en aller au pain quérant (1). »

La Ligue   L'assassinat de Henri III, le 1er août 1589, acheva
de diviser les esprits. Henri IV disait aux catholiques : « Reconnaissez-moi, et je me convertirai ! »
Les catholiques répondaient : « Convertissez-vous,
» et nous vous reconnaîtrons! » La Ligue, née d'un
superbe et très légitime élan religieux, barra donc le
chemin du trône à l'hérétique roi de Navarre, mais
ne rallia pas tous les dévouements. Matignon, le
vainqueur et le meurtrier de Montgomery, commandait dans le Midi pour Henri IV, et le marquis de
Villars y commandait pour la Ligue. L'esprit, la
bonne humeur, la bravoure et les victoires du Béarnais, flattaient la vanité méridionale et faisaient
oublier le Huguenot, fils de la reine Jeanne. La fati-
gue, l'épuisement, le besoin et surtout le désir d'en
finir avec ces luttes atroces, donnaient toutes les
couleurs de la certitude à l'espoir d'une prochaine
abjuration.

Les partisans du roi de Navarre commençaient à
provoquer une réaction contre la Ligue en Languedoc, Couserans et Comminges, « et des personnes de
» Salies avaient dit tout haut, en présence des con-
» suls, que le capitaine Ceulx (de Sus) avait bien

(1) *Revue de Comminges.*

» fait de saccuager les lieux de la Fitte et d'avoir
» voul_u surpraindre la ville du Fosseret. (1) »

Notre-Dame de Garaison n'avait encore reçu aucune atteinte, et néanmoins bien des abus qui se
commettaient dans sa chapelle et dont nous aurons
à parler bientôt, semblaient devoir attirer le châtiment.

Le châtiment arriva.

Le capitaine Antoine-Gabriel de Sus, calviniste et **De Sus**
zélé partisan d'Henri de Navarre, fut un des chefs
de bandes les plus actifs et les plus redoutables de
cette malheureuse époque. Larcher en fait un « Béar-
» nais, seigneur de la Salle près Pau, de la Bastide,
» de Cézerac, de Bourganeuf et de Susmion. » Molinier affirme qu'il était Basque. M. l'abbé Cazauran
essaie de les concilier : « La seigneurie de Sus,
» dit-il, voisine de Navarrenx, se trouve peu éloignée
« de la ligne qui sépare le Béarn de la Biscaye fran-
» çaise ou pays basque (2). » N'y aurait-il pas plutôt
un baron de Sus, béarnais et catholique, et un autre
baron de Sus, calviniste quoique basque ? Il est très
certain qu'un baron de Sus, béarnais, fut du nombre
des seigneurs catholiques, massacrés à Navarrenx,
le 24 août 1569, au mépris de la foi jurée, par ordre
de Montgomery et de Montamat (3). Le catholique et

(1) *Revue de Comminges*, t. XIII, année 1898, 1er trimestre.

(2) *Epopée sur Notre-Dame de Garaison*, commentaires de
M. l'abbé Cazauran, p. 74.

(3) Les gentilshommes assassinés furent : Sainte-Colomme, Ger-
derest, Gohas, Abidos, Candau, Saliis, *Sus*, béarnais, et Pordiac,
gascon, avec son serviteur. On fit courir le bruit qu'ils avaient
essayé de s'enfuir, mais on ne crut guère à cette version. Abbé
Dubarat, p. 165-178. C'est un modèle de discussion calme et mo-
dérée. Un jour aussi, Matignon prendra Montgomery à Domfront,
lui promettra la vie sauve et... le fera exécuter en place de Grève.
Des auteurs, même Protestants, ont vu dans cette mort un triste,
mais *juste retour des choses d'ici-bas.*

le calviniste auraient pu être deux frères, à la rigueur ; mais, puisque des historiens respectables affirment deux origines différentes et nous montrent deux seigneuries différentes, portant le même nom, pourquoi ne pas en faire deux personnages très différents et ne pas garder sa nationalité à chacun d'eux ?

Antoine-Gabriel de Sus, le calviniste, a laissé partout autour de Garaison, le souvenir de ses hardis coups de main. Gouverneur du château de Mauvezin, il franchissait les landes comtales, le 22 avril 1586, paraissait à l'improviste devant Saint-Bertrand de Comminges et s'en emparait ; assiégé par les catholiques que l'évêque Urbain de St-Gélas menait à l'assaut, il ne rendit sa conquête qu'après une résistance de quarante-huit jours (1). Nous l'avons déjà vu saccageant un jour les lieux de la Fitte ; un autre jour, il se rend maître de Puymaurin. Le 20 octobre 1589, il prend, pille et brûle la ville de Samatan ; il ravage tous les environs et ne rend la place que moyennant trois mille écus et à la condition que la ville de Samatan sera maintenue dans l'obéissance de Henri de Navarre (2).

Est-ce au retour de Samatan, est-ce à travers *la lande du bouc*, qu'il surprit la sainte chapelle de Garaison ? Les auteurs n'indiquent pas l'année et sont très sobres de détails.

Sac de la Chapelle « La chapelle fut abandonnée, dit le registre de » Geoffroy, à cause des premiers troubles excités » par ceux de la R. P. R. (religion prétendue réformée). »

(1) *Revue de Comminges.*
(2) *Revue de Comminges.*

Molinier est plus explicite : « Du temps des trou-
» bles de la Ligue, dit-il, un hérétique de la maison
» de Sus, en Biscaye, ayant fait mille ravages en
» Conserans, en Comminges, dans le Magnoac, et
» dans toute la Gascogne, vint à Garaison et surprit
» la chapelle avec une compagnie de soldats. Il pilla
» tout ce qu'il put rencontrer et se saisit de l'image
» de la Vierge, croyant qu'elle fût d'argent ou de
» quelque matière précieuse ; mais voyant qu'elle
» était en bois, il s'avisa d'en faire le jouet de son
» impiété et de la profaner avec scandale. Il crut ne
» pouvoir mieux réussir qu'en la jetant au milieu
» d'un grand feu, capable de fondre le métal. O
» merveille qu'on ne saurait assez admirer ! Le bois   Miracle
» de cette statue, devenu plus dur que le fer et le
» marbre, ne reçut aucun dommage de l'action des
» flammes. On eût dit que le feu, devenu intelligent,
» respectait la sacrée relique et oubliait sa propriété
» essentielle, pour ne pas seconder le dessein sacri-
» lège de l'ennemi de Dieu... L'hérétique, aidé par
« les ministres de sa fureur, employa, pendant deux
» heures et davantage, tous ses soins et toute son
» industrie à réduire en cendres la sainte image ;
» Dieu voulut que tous ses efforts demeurassent
» impuissants : il fut obligé de se retirer, couvert de
» honte et de confusion. Les catholiques s'appro-
» chèrent aussitôt du feu et trouvèrent la statue
» intacte au milieu d'un grand brasier. Ils l'en tirè-
» rent avec respect et glorifièrent la Sainte Vierge,
» par une joie publique et universelle, de la victoire

» qu'elle venait de remporter sur ce suppôt de
» Satan... (1) »

Epoque
présumée L'époque n'est indiquée que de cette manière vague : « Du temps des troubles de la Ligue. »

M. l'abbé Cazauran, dans les notes dont il a enrichi *l'épopée* relative à Notre-Dame de Garaison, croit pouvoir préciser beaucoup plus la date et nous faire connaître la punition qui frappa le sacrilège Huguenot.

1° De Sus ne quitte Samatan que le 20 janvier 1590;

2° *Le Souvenir de la Bigorre* nous montre d'Incamps et de Sus obligés, après 1592, d'abandonner Tarbes qu'ils occupaient pour le compte de Henri IV (2);

3° Poeydavant, relatant le siège de St-Palais en 1594, commence le récit par ces mots : « Après la
» mort de Sus, capitaine béarnais (3), plein de valeur
» et de courage, on vit Du Laur (4), son adversaire,
» fier de n'avoir plus de rival capable d'arrêter sa
» fongue, se jeter sur la Basse-Navarre... »

Punition La mort de Sus arriva donc entre 1592 et 1593, ou les premiers jours de 1594 au plus tard.

Or, l'année qui vit le sac de Garaison n'était pas

(1) Molinier, *Lys du Val* continué, édition 1847, p. 112-113. Molinier, qui écrivait en 1630, avait appris ces détails de nombreux témoins, prêtres et laïques, et notamment d'un témoin oculaire de la maison d'Anglèse, Jean de Sagazan, qui avait aidé à retirer la statue du feu.

(2) Année 1884, 4e Vol. p. 551.

(3) Henri IV est appelé tantôt *le Béarnais*, tantôt le roi de Navarre, parce que le Béarn et la Navarre formaient ses états héréditaires : de Sus aurait partagé, d'après nous, ce nom de Béarnais avec le prince dont il était, nous l'avons constaté à Samatan, le partisan acharné, sans que ce nom empêche Poeydavant de nous représenter la Basse-Navarre ouverte à Du Laur, depuis que la valeur et le courage de Sus ont cessé de la protéger.

(4) Du Laur était du parti de la Ligue et du duc de Mayenne. C'est le vicomte de Méharin qui l'avait appelé, voir M. l'abbé Dubarat, p. 354.

encore achevée, que la main de Dieu atteignit de Sus et ses complices :

> Avant que le soleil eût terminé l'année,
> On vit de ces voleurs la vie terminée.

D'après le poëte inconnu, de Sus aurait péri dans un duel ou dans une querelle :

> Leur exécrable chef, pressé d'une querelle,
> Vomit avec le sang son âme criminelle
> Sur le pré.....

Ces récits poétiques tirent leur importance de ce qu'ils sont à peu près contemporains des événements qu'ils racontent, *l'épopée* étant dédiée à *Madamoiselle* de Boujac, nièce de Geoffroy (1).

Le châtiment que méritaient si bien les abus commis dans la sainte chapelle, avait été léger, court, et avait procuré une gloire nouvelle à Notre-Dame de Garaison.

CHAPITRE IV

—

Notre-Dame de Garaison et son Ouvrier

—

Une des grandes plaies de l'ancienne Eglise de France était la pluralité des bénéfices, qui avait résisté à toutes les décisions des conciles, à toutes les condamnations des Papes et des Saints. Le titulaire. ne pouvant résider dans tous à la fois, abandonnait à des subalternes les postes les moins im-

(1) M. l'abbé Cazauran, *épopée d'un poète inconnu*, p. 69-74.

portants où les abus ne tardaient pas à s'introduire et à s'accumuler. Trop d'évêques négligeaient de résider dans leurs diocèses, trop de curés avaient cessé de résider dans leurs paroisses : diocèses et paroisses en ressentaient douloureusement le contre-coup.

Transaction de 1537

Le 7 septembre 1537, Bernard de Debant, chanoine de St-Bertrand-de-Comminges et recteur de Monléon, consentait aux consuls de cette dernière ville une transaction qui réglementait, outre le service de son église *parochialle*, celui de la chapelle de Garaison : « Il leur donnait..... la tierce partie des » émoluments, biens, offrandes et autres choses pro- » venues de la dite chapelle de Garaison... pour » réparations et parachèvement d'icelle... jusqu'à ce » qu'elle soit parfaite tant dehors que dedans (1)... »

Abandon de la chapelle

Aucun prêtre ne résidant à Garaison, chaque pèlerinage envoyait demander à Monléon les clefs de la chapelle, les ornements et tout ce qui était nécessaire pour les cérémonies religieuses.

C'était onéreux pour les pèlerins ;

Inconvénients

C'était peu gracieux pour la Vierge, qui avait daigné visiter ces lieux et promis *d'y répandre ses dons ;*

C'était la porte grande ouverte aux abus.

A l'Œuvre de Dieu il manquait l'homme de Dieu.

La Vierge le suscita.

Mgr L. le Trapes et P. Geoffroy

Mgr Léonard de Trapes, né à Nevers, fut élevé, en 1597, à la dignité d'Archevêque d'Auch. Il voulait administrer par lui-même un diocèse que ses prédécesseurs n'avaient pas visité depuis longtemps. Il amena donc avec lui un jeune bachelier en droit

(1) On se rappelle que la chapelle ne fut terminée qu'en 1540.

canon, Pierre Geoffroy, né à Lorme, diocèse d'Autun, dont il connaissait l'activité, l'intégrité et la rare intelligence, et lui confia la gestion du temporel de son Archevêché. » Cette charge obligeait » Pierre Geoffroy à parcourir le vaste diocèse » d'Auch, pour faire rentrer les revenus, passer des » baux à ferme, remplir en un mot toutes les fonc- » tions qui étaient de son ressort. La Providence... » le conduisit ainsi dans le désert où était bâtie la » chapelle de Garaison.

» C'était vers l'année 1600 (1). »

Cette solitude impressionna vivement cette âme vigoureuse. La vue de ce lieu, choisi par la Reine du ciel, mais délaissé par ceux qui auraient dû en être les gardiens, le besoin de réparer, un appel secret et puissant, l'espoir de procurer au pèlerinage l'éclat qu'il méritait, triomphèrent des perspectives brillantes que le monde lui offrait à l'envi. Il émit le vœu de prendre l'habit ecclésiastique et de travailler à la gloire de cette chapelle, s'il en obtenait un jour le titre et la donation.

Le curé de Monléon, à qui appartenait la chapelle, venait d'être nommé juge métropolitain : Geoffroy, l'homme de confiance de l'Archevêque, demanda cette cure, mais elle lui fut refusée. Le candidat évincé persévéra dans son dessein, et, le nouveau curé étant mort en 1604, il présenta une seconde demande qui, cette fois, aboutit.

Geoffroy était encore un simple minoré (2) et, Geoffroy

(1) *Lys du val*, 1847, p. 53-54.

(2) On trouvait parfois des curés laïques, qui touchaient simplement les fruits de leur titre, laissant les vicaires et les prébendiers remplir les fonctions spirituelles. M. Dubarat en cite un exemple dans Martin de Périer, curé de St-Vincent de Salies, p. 306.

curé de
Monléon
s'installe
à
Garaison
avec
quelques
ouvriers

depuis quelques mois, bachelier en théologie de l'Université de Toulouse. Il fut ordonné sous-diacre et diacre à Tarbes, le 5 et le 26 mars 1605, et enfin prêtre à Auch, le 4 juin suivant (1).

Le nouveau prêtre s'installa, dès les premiers jours, à Garaison où vinrent se joindre successivement à lui quelques ouvriers, endurants et résolus comme lui, dévoués comme lui. « Ez années 1605, » 1606, 1607..., il eut avec lui deux prêtres, enfants » natifs de Monléon... (2). » En l'an 1607, d'autres arrivèrent. Ce fut Godefroi de Rochefort, d'une illustre famille de Paris, jeune, riche, noble, à qui le monde souriait. Venu pour voir du pays, il avait été subjugué par la grâce dans cette solitude, où, par reconnaissance, il établit son séjour de prédilection et où, même avant d'avoir pris l'habit ecclésiastique, il faisait hommage à sa Reine d'une voix remarquablement harmonieuse et d'un talent musical de premier ordre. Ce fut Hubert Charpentier, de Meaux, licencié en Sorbonne (3), forcé par les troubles de la Ligue à quitter Paris avant son doctorat, tombé malade dans le Midi, guéri par Notre-Dame de Garaison, heureux de servir dans sa chapelle Celle qui lui avait rendu la vie et la santé, homme de vertu et de savoir, ayant toutefois plus d'austérité que de constance, plus de science que d'équilibre et de mesure. Ce fut, un peu plus tard, Bernard de Burret, l'éco-

(1) Geoffroy reçut la tonsure à Paris le 9 mars 1595, les ordres mineurs à Tarbes le 18 février 1604; devint bachelier en théologie le 10 mars 1604, curé de Monléon le 15 juin suivant; fut fait sous-diacre et diacre à Tarbes le 5 et le 26 mars 1605, ordonné prêtre à Auch le 4 juin suivant par Mgr de Trapes.

(2) *Mémoire consultatif* sur les droits de Geoffroy et les prétentions de l'Archevêque d'Auch (1624?).

(3) *Notice* de Mgr Allou, évêque de Meaux, sur Charpentier, p. 3.

nome intelligent et le négociateur habile qui rapportera de Rome la Bulle d'Urbain VIII.

Ils eurent à souffrir de l'inclémence du temps et du lieu. « De petites cellules, avec un édifice d'un » couvert sur un carré de vieilles murailles, usées et » corrompues..., leur servirent d'abri pendant le » temps de cinq ans (1)... »

Privations

Mais là n'était pas leur douleur la plus cuisante.

Luttes contre les abus

Abandonné à lui-même, sans prêtres ou, ce qui était bien pis, avec des prêtres peu recommandables, sans prédications et presque toujours sans sacrements, le pèlerinage était devenu un rendez-vous des plus décriés, où les trafics les moins honnêtes, les danses les plus risquées et tous les excès de table se donnaient un libre cours et scandalisaient les pèlerins sérieux, qui se promettaient en partant de ne plus revoir de pareils spectacles. Le grand bonheur de Satan est de profaner les lieux sanctifiés par la Vierge, les fêtes de la Vierge les plus augustes, et de prendre une revanche douce à sa haine... L'Eglise célébrait la Nativité de Marie : le concours était immense, et le désordre était en proportion de ces masses. Tout-à-coup, Geoffroy organise une procession, et, croix en tête, les prêtres s'avancent en surplis au milieu de cette cohue. L'étonnement arrête les danses, la stupéfaction retient la parole qui allait provoquer le gros rire ; mais d'autres affectent, comme protestation, de continuer leurs jeux avec plus de fureur, murmurant tout haut contre ces hommes qui voudraient empêcher les gens de s'amuser un peu. Godefroi de Rochefort, indigné, les menace de la colère divine ; c'est en vain. Mais la

____

(1) *Mémoire consultatif,* cité plus haut.

punition ne se fait pas attendre. Une nuée de taons s'abat sur les bestiaux exposés en vente, qui s'enfuient dans toutes les directions. Un vent furieux emporte les tentes des marchands, des joueurs et des cabaretiers. La pluie tombe à déluge, pendant que les éclairs et le tonnerre promènent partout l'effroi. La chapelle ne suffit pas à recevoir toute cette multitude effarée, et un grand nombre essuient dehors la violence de la tempête. Rendons-leur cette justice que, à la différence de nos esprits *faux*, ils virent dans cet événement autre chose qu'un simple hasard. A partir de ce jour, les désordres cessèrent et les fêtes de la Vierge furent célébrées avec édification.

Luttes contre certains prêtres — Les prêtres de Monléon et d'ailleurs, connus ou non, disaient la messe dans la chapelle, quand il leur plaisait, au taux qu'ils se fixaient eux-mêmes. Geoffroy, avec l'agrément de l'Archevêque, y établit deux prêtres fidèles, pour recevoir les offrandes qu'on y portait et mettre un peu d'ordre dans le sanctuaire de Marie. La chose n'alla pas toute seule. Les prêtres continuaient à prendre « de leur auto- » rité privée les offrandes qu'ils trouvaient dans les » bassins, emportaient tout l'argent qu'ils pouvaient » *attraper*, et s'en vantaient tous les jours. » Geoffroy les cita au tribunal de l'Archevêque. Pour les ramener au devoir, il ne fallut pas moins que la menace de l'excommunication, d'une amende de cinquante livres et de *telles autres provisions qu'il appartiendrait*.

Luttes contre les consuls de Monléon — La lutte fut encore plus longue et plus acharnée contre les consuls de Monléon.

Habitués, avec des curés qui ne résidaient pas, à partager d'abord, à accaparer ensuite l'administration de la chapelle, ils entendaient, même avec un curé résidant, rester les maîtres en qualité de fondateurs. Ils partaient de Monléon à cheval, souvent escortés de leurs hommes d'armes, enlevaient toujours l'argent et parfois les clefs de la chapelle, refusant de les restituer, malgré la sommation qui leur en fut faite par un notaire, le 25 février 1606. Enquêtes, jugements, appels, tout était favorable à Geoffroy... « Nonobstant quoi, les consuls conti» nuaient à prendre tous les vœux et offrandes, et, » portant même les bassins dans ladite chapelle avec » leurs livrées et port d'armes en nombre quelque» fois de trente à quarante hommes, se saisissaient » de tout et ne souffraient pas seulement que le rec« teur pût orner et embellir les autels, ni faire au» cun service que sous leur volonté... Ils faisaient » porter par des hommes laïcs, l'un ayant l'épée au » côté, l'autre une marque de la ville avec une hal» lebarde au poing, quatre bassins dans l'église, de » leur autorité, sans approbation de l'Archevêque » ni du recteur, prenaient l'argent, l'office se faisant, » emportaient les offrandes, même l'argent des mes» ses, en faisant leur propre usage et se le parta» geaient, se querellant presque toujours..... »

Aux reproches très modérés et très calmes de Geoffroy ils répondaient « avoir plus de part en » ladite église que ledit recteur, pour l'avoir fait » édifier, que tout leur appartenait; qu'ils n'étaient » pas là pour écouter les reproches dudit recteur, » pour se confesser à lui ni demander absolution... » A part la solennité, c'est le langage de nos rois, de nos empereurs, de nos présidents de République et de nos conseils d'Etat, chaque fois que l'Eglise est obligée à leur faire entendre de très humbles remontrances. Les consuls de Monléon y joignaient même une ironie qui, pour n'être pas de bon goût, doit avoir une particulière saveur pour nos gouvernements *qu'on ne confesse plus*, et pour tous les sauveurs de cette société *laïque*, toujours plus envahissante que menacée.

On voit que les *sécularisations* ne datent pas d'aujourd'hui.

Parfois, le grotesque se mêlait à l'odieux.

Après un de leurs brigandages, commis dans la chapelle de Garaison, le Samedi Saint, en la fête de l'Annonciation de la Très Sainte Vierge, en présence et au scandale de trois à quatre cents pèlerins, les consuls assistaient, le lendemain, en l'église de Monléon, aux vêpres de Pâques. Ils étaient à leur banc, avec toute l'importance de leurs fonctions et de leurs personnes. Le *Magnificat* entonné, Geoffroy *donna les encens*. Il passa devant les consuls, sans s'arrêter à eux, et encensa les autels. Les intéressés murmurèrent et engagèrent les assistants à protester contre le recteur; on leur répondit que, si eux-mêmes élevaient la moindre protestation, ils seraient désavoués... Pourtant, lorsque le recteur repassa devant les consuls, l'un d'eux, incapable de se contenir plus longtemps : « Holà ! lui cria-t-il, et nous, n'en aurons-nous pas encore, de l'encens?... »

Ils savaient, à l'occasion, être aussi grossiers que n'importe lequel de nos plus mauvais journaux : « Allons, lui disaient-ils un autre jour, la foire est » finie, repliez votre marchandise et allez-vous » en !... » L'un d'eux ajoutait que « le recteur em- » ployait les béates et offrandes qui se faisaient, en

» ladite chapelle de Garaison, en gazailles et achats
» de pourceaux que, après, il faisait conduire en
» Béarn, et qu'il ne faisait pas le devoir de sa
» charge (1) !... »

Geoffroy se donnait parfois la spirituelle vengeance de les inviter à *un mauvais dîné*, que par
ailleurs ils n'acceptaient pas, mais la situation devenait de plus en plus intolérable pour lui et même
pour les consuls qui, par ces procédés, indisposaient
contre eux la plus nombreuse et la plus saine partie
de Monléon.

De part et d'autre, on convint d'en finir et de
donner pleins pouvoirs à des arbitres acceptés par
tous.

Leur choix s'arrêta sur trois hommes, qui ral-
liaient toutes les sympathies et offraient les plus
complètes garanties d'indépendance, de savoir et de
délicatesse. L'un était le P. Aubery, de la Compagnie de Jésus, professeur renommé du collège
d'Auch, grand dévot de Notre-Dame, qui allait publier en 1650 (2) un poème latin *sur la divine Vierge
de Garaison, de diva Virgine Garazonia :* poème
qui traduit un peu plus tard probablement par
un autre Père de la même Compagnie en vers français remarquables, vient d'être retrouvé, édité et
enrichi de notes savantes par M. l'abbé Cazauran,

Choix des arbitres

----

(1) Tous ces détails sont tirés de l'enquête, faite du 13 avril au 21
juin 1606, à la requête de Geoffroy, par Jean Mascaras, à ce député
par le Parlement d'Auch.

(2) La date se trouve dans un manuscrit latin qu'a bien voulu
nous communiquer M. l'abbé Couture, l'éminent professeur de
l'Institut catholique de Toulouse.

professeur au Grand Séminaire d'Auch (1). L'autre arbitre était un gentilhomme du voisinage, Messire Philippe de Cazeaux, seigneur de Lassales et de Laran; et le troisième, Dominique Du Faur, conseiller du roi et juge ordinaire en Aure, Magnoac, Neste et Barousse.

Sentence Arbitrale Les arbitres rendirent leur sentence, le 25 juin 1606.

Geoffroy réclamait des comptes.

Les consuls prétendaient continuer à être les maîtres dans la chapelle.

Les juges adoptèrent un juste milieu : « Les con» suls et les marguiliers de Monléon étaient dis» pensés de rendre leurs comptes... Ils gardaient » leur séance (préséance), leurs livrées, leurs droits » et autorité de justice et de police... Mais, *dores*» *enavant*, Geoffroy avait l'entière administration de » la chapelle, avec tous privilèges, facultés et auto» rité pour y prendre et recevoir tous dons, offran» des et vœux qui s'y feront, et, à ces fins, y consti» tuer tels marguiliers que bon lui semblera.., selon » les Constitutions canoniques et synodales sur le » service et entretènement de ladite chapelle. »

Il fallut signer cet accord, et, quelques jours après, le peuple de Monléon le ratifia, à son tour (2).

(1) *Le berceau des R. P. de Lourdes ou Notre-Dame de Garaison*. Le poème français, traduction du poème latin du P. Aubery, est l'œuvre d'un mystérieux inconnu, que le savant éditeur soupçonne être un Jésuite, professeur, au collège d'Auch. *Notre-Dame de Garaison* est, aux yeux de M. Cazauran, « un vrai chef-d'œuvre » de l'art poétique au 17e siècle, un ouvrage des plus importants » pour l'état des lettres en Gascogne, sous la vigoureuse impulsion » des Pères de la Compagnie de Jésus. » Il atteste aussi l'éclat répandu par Notre-Dame de Garaison, à l'époque où parut cet écrit.

(2) On n'avait pas inventé encore, comme cas de nullité, la présence et la participation d'un Jésuite à cette conclusion de paix, mais, en revanche, le peuple intervenait alors comme vrai souve-

Le succès n'arrêtait pas plus Geoffroy que les persécutions. Il avait constaté et ressenti les inconvénients du passé : il voulut en rendre le retour impossible.

Trois moyens lui semblèrent propres à réaliser ce dessein et à atteindre ce but.

Le premier fut de séparer la chapelle de la cure de Monléon, dont elle était une dépendance. Il craignait non sans raison, que ses successeurs, au lieu de continuer à marcher dans la voie qu'il traçait, ne suivissent le mauvais exemple de ceux qui l'avaient précédé, et que, se contentant de retirer de la chapelle quelques profits, il ne défissent l'Œuvre à laquelle il consacrait toute sa vie. Dès 1607, il fit les plus actives démarches pour obtenir que la chapelle de Garaison fût érigée en bénéfice simple et perpétuel, séparé de la cure de Monléon « pour l'honneur » et la gloire de Dieu et de la Sainte Vierge, pour » l'augmentation du service divin et la consolation » des personnes dévotes qui la visitent... » Il y eut enquête, le 27 octobre et le 2 novembre de la même année, déclaration notariée sur l'enquête, le 4 novembre suivant. Les habitants de Monléon consentirent à cette désunion. Le 27 avril 1608, Mgr de Trapes érigea la chapelle en bénéfice indépendant. Mais des contestations incessantes firent ajourner la prise de possession par Geoffroy jusqu'au 29 juin 1612. Le 18 février de l'année suivante, Geoffroy rédigea un acte de fondation, qui mériterait d'être entièrement

rain ; même après avoir élu ses mandataires, il n'abdiquait pas, comme aujourd'hui, tous ses pouvoirs entre leurs mains ; il se réservait de trancher certaines questions importantes et précises. La Suisse a gardé ce recours au peuple, qu'on appelle le *referendum*. Nos partisans du suffrage universel, malgré quelques timides essais de quelques autorités locales, n'ont pas osé l'introduire dans notre législation.

reproduit et que M. de Rochefort, vicaire général d'Auch, approuvait, le 3 mars suivant.

Le deuxième moyen fut l'établissement de douze chapelains, auxquels seraient assignés des revenus fixes et perpétuels, avec obligation de résider en personne dans la chapelle, de s'y dépenser aux fonctions du saint ministère pour la plus grande gloire de Dieu et de la Sainte Vierge, et pour le plus grand avantage des pèlerins.

Le troisième moyen fut la sanctification des chapelains, appelés à sanctifier les autres, dont l'action serait d'autant plus efficace qu'ils seraient plus saints eux-mêmes. Il rédigea donc des Constitutions, marquées au coin de la sagesse la plus discrète et la plus pratique. Un noviciat d'un an, quelques exercices communs le matin et le soir, quelques réunions de règle, dignité dans la tenue et le maintien, dans la chapelle et au dehors, charité constante pour accueillir les fidèles qui venaient de toutes parts, tout y était simple, large, inspiré par l'amour du bien, propre à susciter le zèle (1).

Six prêtres *habitués* y continuaient leur noviciat, en attendant la vacance des stalles, et paraient au danger de démissions ou de disparitions nombreuses et imprévues.

Le jour où Mgr de Trapes sépara la chapelle de la cure de Monléon, il proclama que « déjà quatre » prêtres (2) se présentaient pour servir ladite cha- » pelle, qu'ils avaient des statuts pour la forme du » service et manière de vivre, et qu'environ deux » cents livres avaient été constituées par Geoffroy » pour leur entretien. »

(1) Nous aurons à parler plus loin de ces Constitutions.
(2) Geoffroy, Rochefort, Charpentier et Cassaigne.

Deux ans après, ils étaient huit, à qui l'Archevêque
« certain de leur suffisance et capacité, permettait
» d'ouyr confessions dans ladite chapelle. »

Ils étaient au complet, avant la mort de Geoffroy.

Dès lors, Notre-Dame de Garaison avait des gardiens qui ne l'abandonneraient plus.

***

CHAPITRE V

—

Dernières luttes et derniers travaux de Geoffroy — Sa mort

—

Maître enfin dans l'intérieur de la chapelle, Geoffroy voulut se donner de l'air et bâtir largement, « pour recevoir et nourrir dans ce désert jusques au nombre d'environ dix à douze mille personnes (1). » Il fallait donc acheter tout autour de la chapelle et mettre un terme « aux bruits, troubles et scandales, provenant de la taverne des consuls, trop rapprochée du sanctuaire »; le service divin et la dévotion des fidèles avaient souvent à souffrir d'un pareil voisinage. Geoffroy s'adressa, en 1608, au Parlement d'Auch. Il y eut mémoires, articles, projets d'accord et de contrat, mais tout échoua devant les prétentions des consuls « Les consuls, dit un de ces projets, cèdent l'hôtellerie avec les terres qui en dépendent, les terres et chênes y enclos tout contre ladite hôtellerie et

Premiers projets d'achat autour de la Chapelle et prétentions des

(1) Ce sont les chiffres donnés par Geoffroy lui-même.

consuls
de
Monléon

» ladite église, le droit d'étaler des marchandises
» tout autour de la chapelle, baillent puissance
» et faculté au fermier de l'hôtellerie de vendre
» en icelle le vin d'un liard par pinte plus haut
» que les hôteliers de Monléon, pourvu que ledit
» vin soit bon et *marchand,* ce que lesdits consuls
» se réservent de vérifier deux fois l'an (1). Ils se
» réservent aussi, ez-dites terres, toute justice et
» toute police, le droit de pouvoir entrer et sor-
» tir, quand bon leur semblera, avec les mêmes
» honneurs et prérogatives de séance en ladite
» église. Aussi se réservent lesdits syndics et
» consuls en ladite hôtellerie l'usage d'une cham-
» bre honnête toutes et quantes fois que bon leur
» semblera... Le tout pour huitante livres de rente
» ou douze cent huitante livres de capital, pour
» paiement d'un régent et autres nécessités, sans
» préjudice de la chambre de l'hôtellerie et préémi-
» nences cy-dessus... » Toutes ces belles choses
eussent peut-être été accordées, à la rigueur, mais ils
voulaient encore « leurs sièges et portraits au pied
» du maitre-autel dont ils étaient en possession, et
« quatre portraits même avec la livrée consulaire
» peinte au-dedans le grand *treillat.* »

Cette ridicule infatuation d'eux-mêmes était, en
outre, une reprise de possession de la chapelle, et
les négociations furent rompues.

Pour se venger de cet échec, les consuls, en vertu
de leurs droits de police, « se jactèrent d'empêcher

(1) Le 3 janvier 1640, les consuls affermaient le *Grand Logis* et
insinuaient la clause suivante : « Le fermier sera tenu de donner
» un repas par an aux consuls, syndics et valet allant visiter le
» *Logis* et *raisonner* le vin, comme aussi deux autres repas jus-
» qu'au nombre de douze bouches, chaque fête d'août et de septem-
» bre. »

» Geoffroy de loger aucun pèlerin et d'administrer
» aucuns vivres à ceux qui visiteraient la chapelle. »
Ils paraîtraient encore aujourd'hui les types de ces
législateurs et de ces administrateurs qui ne voient
dans leur mandat qu'une occasion de prendre contre
le clergé quelque arrêté vexatoire. Geoffroy s'adressa
au Parlement qui, le 5 avril 1610, fit « inhibitions et
» défenses aux consuls et habitants de Monléon de
» donner aucun empêchement au suppliant... »

Mais si Geoffroy avait besoin de place, l'adminis- **Reprise des négo-ciations**
tration des consuls avait encore plus besoin d'ar-
gent, et les pourparlers reprirent. Pierre Labesville,
architecte de Toulouse, qui avait fait la voûte du
chœur de l'église St-Etienne (1) de Monléon, avait
planté les bornes du terrain nécessaire à l'exécution
des plans arrêtés pour le dégagement de la chapelle,
lorsque Geoffroy tomba «dans les predz de Mazères (2)
» d'une manière si malheureuse, qu'il en fut tout fra-
» cassé, en eut une jambe rompue, dont il resta es-
» tropié, et qu'on le tenait à la mort (3). » Dominant
la douleur, il donna procuration à Godefroi de Rochefort pour traiter en son nom avec les consuls,
assisté d'Hubert Charpentier au nom des chapelains.

Ce fut la fameuse transaction du 26 septembre 1611.

Rochefort et Charpentier crurent-ils réellement **Transac-tion de 1611**
que la vie de Geoffroy était en péril et que son œu-
vre ne lui survivrait pas? Justement considérés,
tous les deux, acceptaient-ils sans répugnance la
supériorité de Geoffroy, son entente parfaite des affai-

(1) S. Jean-Baptiste est aujourd'hui le patron de Monléon.
(2) Campagne des Archevêques d'Auch.
(3) *Registre Geoffroy.*

res, sa mesure dans le choix des moyens les plus propres à développer le pèlerinage, et les consuls, devinant leur seul côté faible avec la clairvoyance de la haine, n'ont-ils pas achevé d'envenimer les rapports entre ces hommes si bien faits pour s'entendre? Une note marginale, qui pourrait être de la main de Geoffroy, reproche aux deux négociateurs leur jalousie, parade et faste (1). De fait, il se trouve dans cette transaction des choses étranges. Elle débute par l'histoire des Apparitions et un éloge des consuls... Exposant les démêlés précédents avec Pierre Geoffroy, il y est dit que la sentence arbitrale du 25 juin 1606 « est intervenue par la collusion et » intelligence que ledit sieur Geoffroy avait eues avec » ceux qui procédaient au nom de la communauté » de Monléon... » Et ni Rochefort ni Charpentier ne protestent contre cette manière d'écrire l'histoire! La procuration était strictement limitée à l'achat des terrains indispensables pour dégager la chapelle, *construire l'habitation des prêtres et le logis des pèlerins.* Or la clause qui suit ne se rapportait guère à l'objet de la transaction : « Pour entretenir grande » bénédiction en ce lieu, en tant qu'est en eux..., les » deux parties ont convenu et conviennent que si, à « l'avenir, ne se trouvaient des prêtres qui voulus- » sent se contenter d'être nourris, entretenus et vê- » tus convenablement à leur profession, aux dépens » des revenus de ladite chapelle, servant au surplus » pour le seul amour de Dieu et de la Sainte Vierge

______

(1) « Lesdits sieurs de Charpentier et de Rochefort..., pour vou- » loir témoigner être plus réformés que les autres, jaloux sur l'in- » tégrité d'autrui, voulurent, par parade et faste, chercher ces belles » clauses, voulant dire qu'ils étaient plus dénués que les autres, » sans observer aucuns statuts, nonobstant qu'ils les dressas- » sent..., mais y obliger les autres... » *Registre Geoffroy.*

» Marie...., seront appelés au service de ladite église
» des religieux réformés et qui gardent bien leur
» règle, tels que bon semblera au sieur Archevêque
» ou ses successeurs. » *Et l'intérêt du ciel était tout
ce qui touchait...* les consuls de Monléon! Et Rochefort et Charpentier s'associaient à eux, pour laisser
entendre que Geoffroy et ses chapelains ne sont pas
leur idéal! Y avait-il deux partis dans la petite communauté : l'un content de rester ce qu'il était et
l'autre parlant volontiers d'embrasser la vie religieuse proprement dite? Les deux négociateurs ont
tout l'air de vouloir montrer leurs préférences et
créer l'opinion autour d'eux.

Aucun chapelain ne signa la transaction. Geoffroy, **Protestation de Geoffroy**
encore malade à Auch, protesta, dès qu'il apprit que
les consuls *se jactaient* d'avoir extorqué certaines
déclarations à Rochefort et à Charpentier. Remis
enfin de sa chute, il fit annuler cette transaction et
conclut celle du 6 février 1613, assisté de Charpentier
et de tous les autres chapelains. La nouvelle conven- **Nouvelle convention de 1613**
tion, en respectant tous les droits des consuls, don-
nait à Geoffroy toute facilité d'élever toutes les
constructions, réclamées par le pèlerinage ; elle le
mettait en possession de « l'Hôtellerie avec le jardin,
» de toutes les terres, bois et forêts devant et derrière
» la chapelle, le tout d'une contenance de trente
» arpents (1), pour la somme de 1345 livres. » *Le
Logis* des consuls était démoli et rebâti plus loin,
« à une mousquetade de la chapelle, au lieu où les
» consuls et les habitants avaient fait choix de leur
» dessein. » Le 19 mars suivant, les habitants de

(1) L'arpent valait deux journaux du pays, et le journal est de
25 ares, 52 centiares.

Monléon ratifiaient la transaction, et le Parlement l'homologuait, le 2 avril. Les hôtelleries étaient bâties, le 10 novembre, Geoffroy payait les 1345 livres et en recevait quittance.

La présence de Charpentier à cette transaction qui annulait la sienne, parut avoir dissipé tous les nuages.

Hubert Charpentier à Garaison

Quelques jours après, 18 février, Geoffroy fonda les premières chapellenies, en attendant que les ressources lui permissent d'en compléter le nombre : l'une de ces trois premières fut pour Hubert Charpentier qui fut installé très solennellement (7 avril 1613).

« En 1614, Jean de Salettes, évêque de Lescar,
» ayant conçu le projet de relever de ses ruines la
» chapelle de Bétharram, qui avait été dévastée par
» les Huguenots en 1569, s'adressa au supérieur de
» Garaison, Pierre Geoffroy, et lui demanda quelques
» prêtres de sa Congrégation, entre autres Hubert
» Charpentier; mais, pendant les négociations, celui-
» ci, cédant aux instances des magistrats de Bor-
» deaux, vint dans cette ville pour s'y consacrer au
» soin des pauvres et prendre la direction du grand
» hôpital. P. Geoffroy se rendit à Bétharram avec
» quelques-uns de ses confrères en 1615, et la messe
» y fut célébrée pour la première fois depuis près
» d'un demi-siècle au milieu d'une grande affluence
» de peuple. Ce ne fut là qu'une cérémonie passa-
» gère... Enfin, en 1621, l'évêque de Lescar put
» persuader à Charpentier de venir travailler à la
» restauration de Bétharram... (1). »

à Bordeaux

à Bétharram

(1) Mgr l'évêque de Meaux, notice sur Charpentier, p. 4-5.

Mgr Léonard de Trapes consacra, le 16 octobre 1616, la chapelle de Notre-Dame de Garaison.

Le Prélat partit ensuite pour Bétharram, et *l'inventaire de l'héritage de Geoffroy* nous fournit cette indication : « Divers rooles de dépense qui a esté » faicte au voyatge de Bétharram en l'année 1616 et » 1617, conduisant feu mondit Seigneur l'Archevesque audit lieu (1). »

Mgr Léonars de Trappes

C'étaient les derniers beaux jours entre ces hommes si recommandables.

Fidèle aux idées qui perçaient dans la transaction de 1611, Charpentier conseillait d'appeler des Religieux à Garaison. Geoffroy, exactement informé, écrit dans son registre : « Il se voit dans les lettres » qu'il écrit de Béarn à l'Archevesque, voulant les » Pères de l'Oratoire, sans s'y agréger. » Les négociations avaient même abouti, comme il résulte d'une lettre, où Bérulle annonce à un de ses Oratoriens (2), qu'ils sont appelés à Garaison, en Gascogne, qu'il l'a choisi pour être le premier de tous ses confrères à se dévouer dans ce sanctuaire de Marie, et que lui-même ira l'y rejoindre prochainement. Cette pièce, découverte dans la Bibliothèque nationale (3), ne porte aucune date, mais nous venons d'entendre que Charpentier *écrivait de Béarn, voulant les Pères de l'Oratoire*, et nous savons qu'il n'a commencé la restauration de Bétharram qu'en 1621.

Dessein d'appeler Bérulle et les Oratoriens à Garaison

(1) Ce mot *conduisant* indique-t-il un second voyage de Geoffroy à Bétharram?

(2) Bérulle fonda l'Oratoire de France en 1611, et mourut en 1629, la même année que Mgr de Trapes.

(3) C'est M. l'abbé Dabarat qui a fait cette découverte et qui, avec son obligeance ordinaire, a bien voulu en donner copie à un Père de notre congrégation.

Or, pour introduire Bérulle et l'Oratoire, il fallait se débarrasser de Geoffroy et de ses chapelains.

Attaques contre Geoffroy

Vers l'année 1624 ou au commencement même de cette année, Geoffroy connut, *par advis à luy donné et par jactances faites par diverses personnes*, qu'il allait être assigné devant le tribunal de l'Archevêque « aux fins de remettre les règlements faits pour » raison de la chapelle, l'état des biens meubles et » immeubles, et les dons gratuits, bienfaits et obla- » tions faites depuis vingt ans, pour le tout être » enregistré... » L'Archevêque avait prêté l'oreille aux bruits qui avaient grossi le chiffre des offrandes portées dans le sanctuaire et avaient insinué que l'emploi n'en avait pas été toujours intégralement conforme aux intentions des bienfaiteurs. Il avait préparé de nouveaux règlements. Il voulait une trentaine de chapelains qui feraient entre ses mains le vœu de ne jamais quitter la chapelle. Il entendait être le premier chapelain, *avoir la présentation et collation libre de deux chapelains* et la connaissance des affaires ordinaires qui se traiteraient dans la chapelle...

C'était la destruction de l'Œuvre de Geoffroy.

Défense de Geoffroy

Geoffroy s'empressa d'adresser à son conseil de Toulouse un mémoire consultatif. Il ne refusait pas, pour une fois, de présenter ses comptes, tout en réservant ses droits et l'avenir. Il observait que les nouveaux règlements ne différaient guère des anciens, que l'Archevêque avait approuvés et qui étaient entrés dans la vie journalière des chapelains actuels. Quant aux trente futurs chapelains, il demandait où seraient *les moyens de les nourrir et payer, et d'où ils sortiraient*. Rappelant ce qu'était le pèlerinage avant lui, les abus qui le déshonoraient et qu'il avait extirpés, les soins, veilles *et extraordinaires travails* des chapelains qui y avaient altéré leur santé, il constatait que « la maison de » Garaison est à présent bâtie pour plus de cent » mille livres avec ses appartenances de metteries et » bordes et meubles, et fondée pour l'entretien et » nourriture de douze prêtres à quatorze en tout » temps. » Et maintenant l'Archevêque avait-il le droit d'invalider « les actes, confirmés par plusieurs » titres faits par cinq vicaires généraux..., autorisés » par bulle d'institution. portantz... confirmation du » titre de chapelain fait audit Geoffroy en consé» quence de la confirmation de la fondation faite » avec les statuts et réglements des chapelains?... » Peut-il de son autorité absolue faire de nouveaux » statuts et réglements et contraindre Geoffroy et » les chapelains à les recevoir, signer et observer? » Peut-il au moins en ajouter d'autres contre la vo» lonté et intention du fondateur et des chapelains? » Peut-il les contraindre à faire entre ses mains le « vœu de servir toute leur vie la chapelle et ne la » quitter jamais? Peut-il, pour avoir l'administration » de la chapelle, être le premier chapelain et avoir » la présentation et collation libre de deux chape» lains, quand il n'y fait aucune fondation, ni dota» tion, ni autres dons suffisants à la nourriture d'un » prêtre?... »

Le choc fut violent.

L'Archevêque, ne voulant voir que le côté spirituel, évoquait l'affaire à son tribunal.

Sans méconnaître le côté spirituel de l'affaire, Geoffroy n'ignorait pas dans quelles larges proportions les intérêts matériels y étaient engagés. Son premier coup d'œil fut merveilleusement droit : « Finallement, demandait-il à son conseil de Tou- » louse, je désire sçavoir sy pour rendre la fonda- » tion plus valide et assurée à l'advenir, il serait » bon de la faire confirmer par Notre Saint-Père et » dans quelle forme. » Aller au tribunal de l'Arche- vêque, et, s'il croyait ses droits lésés, recourir au Souverain Pontife, tel paraît avoir été son premier dessein. Mais ses conseillers opinèrent pour le Par- lement de Toulouse et pour l'envoi des actes et sta- tuts réclamés par le procureur fiscal de l'Archevê- ché, « *témoignant même ledit Geoffroy qu'il ne* » *fuyt pas d'exiber un compte, soubz protestation* » *de n'entendre par cette remise ni préjudicier à* » *l'instance par lui introduite en la cour ni aux con-* » *clusions qu'il a à prendre en icelle.* »

Le 10 août 1624, Geoffroy présentait sa requête au Parlement de Toulouse contre les entreprises de l'Archevêque.

Le 27 août de la même année, le procureur fiscal de l'Archevêque, dans sa requête au même Parlement contre l'administration de Geoffroy, soutint que l'affaire était purement *espirituelle*, et, s'autorisant de quelques mots de la déclaration de la Cour pour passer outre à l'instance, il cita de nouveau Geoffroy devant l'officialité ecclésiastique.

Geoffroy eut de nouveau recours au Parlement.

Les choses empirèrent, et, le 11 juin 1628, un vicaire général vint, au nom de l'Archevêque, inter- dire verbalement aux chapelains (1) d'entendre les

---

(1) Les confesseurs étaient, outre Geoffroy : Jean Maumus, Fran- çois Laroze, Monlet, Jean Santetz, Jean Labat, Philippe Gay, Do- minique Lacassin, Arnaud Santis, Pierre Cizos, Guillaume Cizos, Ramond de Pouy et autres prêtres.

confessions dans la chapelle. Geoffroy lui adressa successivement trois protestations ; après avoir *promis de bailler réponse par écrit*, le vicaire général ne répondit pas.

Geoffroy en appela toujours au Parlement comme d'abus : « Cette défense d'ouyr confessions a causé » grande intermission aux dévotions qui se prati- » quent ordinairement en ladite chapelle, en telle » sorte que, cette dernière feste de Pentecôte, quoique » les pèlerins accourussent en grand nombre, néant- » moins ils n'ont pu recevoir la consolation qu'ils se » promettaient... au grand scandale du public avec » refroidissement de la piété qui se voyt d'ordinaire » audit lieu. »

On a beau se rappeler que les Parlements de cette époque n'étaient ni les Parlements jansénistes de plus tard, ni certains autres tribunaux qu'on a vus depuis, on n'en éprouve pas moins une forte répu- gnance et quelque peu d'humiliation à voir Geoffroy recourir à ces *Grâces* (1). pour forcer l'Archevêque à rendre aux chapelains leurs pouvoirs de confes- seurs.

La mort de Léonard de Trapes, en 1629, paraît avoir seule mis fin à ce douloureux conflit.

Cette fin ne doit pas faire oublier les commence- ments. Mgr de Trapes visita souvent ces lieux, pro- bablement aussi négligés que le reste du diocèse par ses hauts et puissants prédécesseurs ; il aimait à s'y reposer de ses travaux ; il fit la consécration de la chapelle ; ce fut peut-être même sa piété qui lui fit craindre trop vivement et trop vite de trouver le mal où le mal n'était pas et chercher le mieux où ce

Mort de Mgr Léo- nard de Trapes.

(1) La formule était : *Plaira à vos Grâces,* changée depuis en : *Plaise à la Cour.*

mieux eût risqué de paralyser le bien. Mais, si Mgr de Trapes eut des torts que la charité n'ait pas suffisamment couverts, il n'en garde pas moins des titres au souvenir reconnaissant des serviteurs de Notre-Dame de Garaison.

Dernières années de Charpentier.

Charpentier avait eu, dès 1625, à choisir entre une exacte résidence ou sa démission de chapelain (1). Charpentier ne rentra plus à Garaison. Il restaura la chapelle de Bétharram, érigea son beau Calvaire et fonda *la Congrégation des prêtres du Calvaire de Notre-Dame de Bétharram*, dont il fut le premier supérieur. Mais sa dignité ne put pas le fixer dans le Midi; il alla fonder à Paris, en 1634, le Calvaire du Mont-Valérien. Lorsqu'en 1637, après la mort de Geoffroy, il voulut revoir encore son cher Bétharram, il ne revit pas Garaison.

A dose plus ou moins grande, les humanités sont inséparables de l'homme. Dieu fit servir celles-ci à relever Bétharram et porter jusqu'aux portes de Paris un foyer de mortification et de prières; il les fit servir à propager au loin un bien qui fût resté local. Les négociations avec l'Oratoire n'eurent pas d'autres suites pour notre pays (2), et Geoffroy garda Garaison. Un jour aussi, malgré l'austérité de ses prêtres, Bétharram fut sur le point de devenir la propriété de saint Vincent de Paul, comme Garaison avait été sur le point d'être cédé à Bérulle. Nos Vierges des Pyrénées voulurent bien se contenter de serviteurs beaucoup plus modestes, sinon aussi humbles.

(1) Les trois sommations lui furent faites : le 18 novembre 1625, le 25 décembre de la même année et le 15 janvier 1626.

(2) Mgr de Trapes dédommagea l'Oratoire, en lui donnant sa maison paternelle de Nevers.

Geoffroy, de son côté, au milieu de ces luttes, avait mûri l'idée qu'il n'avait fait qu'entrevoir et qui semble devenue la règle de la fin de sa vie.

Pour prévenir ou arrêter toute division intérieure, pour mettre son œuvre à l'abri de toute entreprise, il députa à Rome le chapelain Bernard de Burret qui en rapporta, l'an 1625, la Bulle d'Urbain VIII. L'official de l'Archevêché d'Auch, Jacques Bulu, la fulmina, malgré les circonstances, dans la chapelle de Garaison, le mois de novembre de la même année.

En 1624, Geoffroy avait acheté pour deux mille livres à noble François d'Antin la seigneurie de Garaison et Barthère, qui, en augmentant ses revenus, lui permit aussi d'augmenter et bientôt de parfaire le nombre des douze chapelains. Il voulut pareillement donner à toutes ses propriétés la garantie de l'autorité souveraine : « Il fit un voyage exprès en cour, où il eut » une expédition, révoquée depuis la mort du maré-» chal d'Ancre, mise ez-mains de M. de Vic (1). » Les lettres patentes de Louis XIII n'arrivèrent qu'après la mort de Geoffroy, le 14 mai 1639.

Le prestige de Geoffroy semble n'avoir rien perdu, dans ces débats attristants. Les monastères de religieuses, ceux du Brulh et de Momères en particulier, recouraient à ses conseils et les recevaient comme des oracles (2). La noblesse des environs entretenait avec lui un commerce de relations et de lettres (3), qui prouve en quelle haute estime elle le tenait et

(1) *Registre Geoffroy.*

(2) On trouve dans l'inventaire : *Affaires du Couvent de Momères, fardeau de papiers concernant les affaires du Couvent du Brulh.*

(3) Quelques unes ont été conservées.

qui se traduisait par des fondations importantes. Les pèlerins affluaient de partout et, au retour, allaient porter au loin les louanges de ce merveilleux organisateur et de ce vrai serviteur de Marie. Ils comparaient l'éclat du présent avec la désolation du passé et remerciaient Dieu qui avait suscité ce prêtre fidèle au pèlerinage.

Ses dernières années. — Geoffroy, entouré de ses chapelains, à qui ces luttes l'avaient rendu plus cher, concentrait de plus en plus ses joies et ses sollicitudes sur le pèlerinage qui prenait chaque jour une extension plus considérable : « Il y dépensa plus de vingt mille livres du » sien propre et industrie. Il y avait douze prêtres » servant les pèlerins, outre faire dire des messes à » des prêtres circonvoisins, que chaque jour il y » avait cinq autels garnis, même six, depuis le point » du jour jusqu'à midi (1). »

Il redoublait de dévotion envers la Reine de ces lieux dont il était le gardien ; la veille de ses fêtes, il se mettait en retraite et jeûnait au pain et à l'eau.

Sa mort. — Il mourut en prédestiné, le 5 octobre 1635.

Son corps fut inhumé dans la chapelle, entre la balustrade et la grille (2), et, chaque jour après dîné et chaque soir après la prière jusqu'à la Révolution, on récitait au pied du maître-autel un *De profundis* pour le repos de son âme (3).

(1) *Registre Geoffroy.*
(2) La place de la Sainte Table actuelle.
(3) *Lys du val.*

CHAPITRE VI

--

Difficultés après la mort de Geoffroy

Sans être critique, la position des chapelains, à la mort du fondateur, ne manquait pas d'une certaine gravité. Y avait-il parmi eux un homme d'une autorité suffisante, capable de faire face aux embarras pécuniaires et aux autres difficultés de la succession, de continuer à l'Œuvre l'impulsion qu'elle avait reçue jusque-là, et d'empêcher toute altération et toute déviation ?

Geoffroy, usant jusqu'au bout du droit que lui conféraient et son titre de fondateur et la Bulle d'Urbain VIII, avait choisi pour successeur et pour exécuteur testamentaire Raymond de Colomès, archidiacre de Vic-Fezensac. Le nouveau grand chapelain était digne de ce choix. Le premier usage qu'il fit de sa dignité, fut de se démettre et de faire nommer à sa place Godefroi de Rochefort. La distinction personnelle de Rochefort et l'illustration de sa famille lui avaient créé les plus brillantes relations et devaient procurer à la chapelle des sympathies et des concours précieux en tout temps, en ce moment surtout ; c'était encore l'occasion et le moyen d'aplanir les obstacles et de dissiper les malentendus, qui s'étaient élevés avec la cour archiépiscopale d'Auch.

Rochefort, vivement ému, finit par accepter un honneur, qui, à cette heure, était une charge. Il se mit à l'œuvre avec autant de dévouement que de

Sa mort. prématurée. prudence; nous le voyons s'entourer de ses chapelains dans les affaires auxquelles donna lieu la succession Geoffroy, mais il n'eut pas le temps de déployer toute sa mesure; il mourut en 1640, dans un voyage qu'il avait entrepris à Paris, pour visiter sa famille, pleuré par les chapelains et regretté par tous ceux qui l'avaient connu.

Difficultés. Les difficultés actuelles avaient à peine été abordées; d'autres allaient se présenter, se mêlant aux premières ou leur succédant presque sans interruption. Les lecteurs nous permettront d'en tracer un tableau d'ensemble, sans nous astreindre à l'ordre chronologique.

Famille de Geoffroy. La famille de Geoffroy l'avait suivi dans le Midi. Une de ses nièces était mariée à Etienne de Bojac, receveur des décimes du diocèse d'Auch; une autre à Jean de Milan, receveur et contrôleur des décimes du diocèse de Comminges; la troisième, Anne de Grosjean, était religieuse au couvent du Brulh. L'oncle les avait richement dotées, toutes les trois.

Geoffroy, par son testament, laissait un quart de ses biens à la chapelle de Notre-Dame de Garaison, un quart à son autre fondation de six prêtres dans sa ville natale de Lorme, et les deux autres quarts à ses deux nièces mariées.

Ce fut une diminution considérable dans l'avoir de la chapelle. Il s'en suivit une gêne d'autant plus pénible, qu'il fallut entreprendre et soutenir d'interminables procès contre Milan en particulier, avant d'en venir à la transaction dont nous parlerons plus tard.

Chapelains et Une autre clause du testament de Geoffroy soulevait une question sur laquelle les meilleurs esprits se partagèrent, tout d'abord. Malgré ses incessants démêlés avec les consuls et la ville de Monléon (1), Geoffroy avait prouvé qu'un curé est aussi un père ; il avait fait bonne part à ses paroissiens durant sa vie, il se souvint d'eux encore à sa mort. Quand, en 1613, il fonda les trois premières chapellenies, il assigna la troisième à Dominique Cassaigne, son vicaire, natif de Monléon ; quand le nombre de chapellenies fut augmenté, il en donna une autre à Pierre Cizos, aussi de Monléon, qui l'avait suivi et qui travaillait sous ses ordres dans la chapelle.

Là ne s'arrêtèrent pas ses faveurs.

L'une de ses dispositions testamentaires donnait aux consuls de Monléon le droit de présenter à une place vacante un prêtre de Monléon, qui serait vraiment digne et accepté comme tel par la Commu-

habitués
de
Monléon.

(1) L'auteur d'un piquant *Mémoire sur les chapelains et prêtres habitués de Monléon*, parle sans grande bienveillance « de cette » Communauté (Monléon), dont les esprits inquiets et processifs l'ont » continuellement gouvernée ; qui n'ont cessé de troubler dans tous » les temps les prêtres de Garaison et qui osèrent bien, du vivant » du fondateur, produire un libelle diffamatoire contre luy, dans » lequel ils le font postillon de la Ligue, puis clerc de M. de Trapes » à Paris et son domestique à Auch, ensuite voleur dans la chapelle » de Garaison, dont il prend les offrandes pour agrandir sa famille, » doter ses nièces et élever à des dignités les personnes à qui il les » a mariées. »

Ceux qui parlaient d'*offrandes volées*, se rappelaient peut-être ce qu'ils avaient fait eux-mêmes ; seulement les rôles sont audacieusement intervertis. Quant à Geoffroy, « il spérait et préthendait rettirer » proffits de l'afferme générale du revenu de l'Archevêché d'Auch » pour les années 1613, 1614, 1615, en laquelle il estait en société » pour un cinquième. » C'est sur ces *proffits*, et non sur les offrandes de Garaison, qu'il dotait richement d'ailleurs, toutes ses nièces (Transaction du 6 mars 1637 entre les chapelains et le sieur de Bojac).

L'auteur du Mémoire dit des consuls de Monléon : « Ils sont pour » l'ordinaire des gens illettrés ; leur consul honoraire ne sait ni lire » ni écrire ; les autres sont peigneurs de laine et brassiers. »

L'élite ne va guère au suffrage universel, mais le suffrage universel ne va guère non plus à l'élite.

nauté des chapelains (1). Mais ces chapelains, choisis parmi les prêtres de Monléon, faisaient-ils partie des douze, toutefois sans compter le grand chapelain qui était en dehors et à part, ou pouvaient-ils être nommés *en sus* des douze? L'opinion, qui voulait quatorze chapellenies, les deux de Monléon *en sus* des douze premières, écartait le souvenir de l'établissement du Christianisme par les douze apôtres et détruisait le symbolisme de ce nombre douze, célébré par saint Augustin; mais l'expression que nous avons soulignée, *ultra capellanos*, favorisait cette interprétation, qui prévalut pendant un certain temps et qui fut même adoptée par Mgr de Vic. Heureusement, la sagesse de Geoffroy lui survivait dans la Bulle d'Urbain VIII, qui était postérieure à la clause du testament et dont les termes absolus tranchaient la question et firent loi (2). Il n'y avait donc que *douze* places, et non *quatorze*. Mgr de Vic le reconnut loyalement et il annula, le 19 mai 1643, la nomination d'un chapelain en sus des douze, qu'il avait faite le 15 juillet précédent (3).

Une difficulté levée, une autre surgissait.

Droit de nomination.

A qui appartenait le droit de nommer les chapelains?

Geoffroy l'exerça tant qu'il vécut, en qualité de fondateur. Mais, après sa mort, le droit des chape-

(1) « Decedente Dominico Cassaigne et Petro Cizos, alius pres-
» byter, idoneus et habilis, et pro tali à capellanis pro tempore exis-
» tentibus reputatus, et ex dicto oppido Montisleonis actu oriundus
» ac per consules ejusdem oppidi præsentandus, *ultra capellanos*
» *præfatos* ex dictæ sine cura Ecclesiæ fructibus manuteneri valeat. »

(2) « Neve quisquam ad assecutionem alicujus ex dictis capellaniis
» præter (duodecim) superius designatos... admitti possit. »

(3) Le chapelain Gaspard Saint-Martin, dont la nomination fut annulée le 19 mai 1643, fut admis trois jours après, le 21 mai, à la mort de Bernard de Burret.

lains fut souvent contesté, et plus d'une fois la lutte devint âpre avec certains Archevêques d'Auch. Mgr Lamothe-Houdancour prétend pouvoir nommer les chapelains *de plein droit, à raison de sa dignité archiépiscopale* (1). Les chapelains réclament. Un an après (2), le Prélat veut bien leur concéder le droit de nommer *dans le cas de vacance par démission :* les chapelains protestent respectueusement et affirment leur droit de nommer *en toute sorte de vacation.* L'Archevêque ne se montre pas convaincu, et, le 31 janvier 1681, il insère dans les pouvoirs du sieur Espénan : « Lorsqu'il survient une vacance, » la présentation et l'institution nous appartiennent » complètement *en cas de mort* (3). » Les chapelains reçoivent le titre avec honneur et respect, mais protestent de nouveau contre cette clause comme contraire au droit de présentation qui leur appartient par la fondation Geoffroy, par leurs statuts, par la Bulle d'Urbain VIII, par un usage de plus de quarante ans (4).

C'étaient donc les chapelains qui nommaient le grand chapelain; c'étaient eux qui nommaient les chapelains; c'étaient eux encore qui nommaient les prêtres habitués, appelés aussi *subsidiaires* ou *servants;* c'étaient eux enfin qui agréaient les nominations faites par les consuls de Monléon.

(1) « Ad nos ratione dignitatis nostræ Archiepiscopalis pleno » jure pertinere dignoscuntur et spectant » , 5 janvier 1670.

(2) 23 février 1671.

(3) « Adveniente vacatione, præsentatio et omnimode dispositio *casu mortis* ad nos pertinere. »

(4) Quelquefois les tribunaux devaient intervenir, et c'est un arrêt de la Cour de Toulouse du 17 mars 1671 qui envoie Daure en possession de la chapellenie où les chapelains l'avaient nommé, mais que l'Archevêque lui refusait, prétendant que la nomination des chapelains lui appartenait.

6

Noviciat. L'élu des chapelains devait faire un an de noviciat. Le texte de la Bulle est formel (1). Mgr de Lamothe-Houdancour ayant cru pouvoir en dispenser Pérès, prêtre de Monléon, les chapelains contestèrent ce pouvoir, et, Pérès ayant cru pouvoir revêtir un surplis et entrer dans un confessionnal en la fête de s. Mathias, le syndic des chapelains l'en chassa, « il » fut fait information contre son attentat dont décret » s'ensuivit, et il appert par la délibération prise en » corps de Communauté dans Garaison qu'on pour- » suivrait tant contre ledit Pérès que contre ledit » Seigneur Archevêque (2). » Après le décès de Pérès, ce fut le sieur Belloc que les consuls nommèrent. Lui aussi obtint *titre* de Mgr de Maupeou, sans l'année de noviciat, mais pourtant avec obligation de servir un an dans ladite chapelle comme agrégé (3). » Muni de ce titre qu'il ne montra qu'au syndic des chape- lains, il demanda *par notaire* chambre, place au chœur et à l'église, honoraire de chapelain, « vou- » lant, ajoute l'auteur du *Mémoire, se nourrir de* » *l'autel* avant *d'avoir* servi l'autel, plus *solliciteux* » de tirer la manne de l'Arche que les Tables de la » Loi. » L'affaire alla devant le Sénéchal d'Auch, qui condamna l'Archevêque et Belloc.

Il fallait donc *la probation* et *l'approbation.*

Ce noviciat même n'était guère jugé suffisant; il y fallait joindre, pendant une période plus ou moins longue, la vie commune comme prêtre *habitué, sub- sidiaire ou servant.*

(1) « Neve quisquam, quin saltem per annum continuum deser- » vierit ipsæ sine cura ecclesiæ, ut de ejus sufficientia et idoneitate » notitia haberi possit, admitti valeat. »

. (2) *Mémoire* déjà cité.

(3) « Ad onus tamen ut dictæ capellæ per annum tanquam *aggre-* » *gatus* juxta ejusdem statuta inservias. »

Le Mémoire en donne les raisons suivantes, que nous nous plaisons à citer :

« Les chapelains, durant ce temps, étudient pour
» connaître si leurs subsidiaires sont propres pour
» la décision du cas de conscience, pour la chaire,
» pour les missions, pour la docilité et pour la vie
» commune... Monsieur l'Archevêque, dans un exa-
» men, peut juger de la science du sujet. Mais, pour
» être chapelain, il faut être propre à vivre dans une
» communauté qui, par son statut, mène la vie com-
» mune, va à certaines heures du jour à des exerci-
» ces ou offices publics, dont les prêtres doivent prê-
» cher tantôt en français, souvent en patois, catéchi-
» ser, s'accomoder à la portée du peuple devant
» lequel ils parlent, vivre dans un esprit de paix et
» de concorde, dont l'union et la charité seraient
» bientôt altérées, si des gens *discoles*, singuliers
» dans leur humeur, y étaient agrégés... »

La réception d'un *habitué* ou *subsidiaire* était mo-
deste : « Pierre Cizos (1) supplie très humblement... Réception d'un habitué.
» de le vouloir recevoir pour l'amour de Dieu en
» ladite chapelle, pour y servir, en qualité de prêtre,
» toute sa vie, sous l'obéissance... promettant de ne
» sortir hors de l'enclos qu'avec l'avis et permission
» des chapelains, et payer annuellement, au jour et
» fête de Notre-Dame de septembre, soixante-dix
» livres pour sa dépense, s'habiller à ses dépens
» d'une manière convenable, et rendre tous services
» à lui possibles et conformes à sa qualité, toutes
» fois et quantes que les chapelains le voudront em-
» ployer... » Les chapelains acceptaient ces offres et
promesses, promettant, à leur tour, « le recevoir et

______

(1) Titre et contrat d'*habitué*, Pierre Cizos, 12 febvrier 1633.

» nourrir selon sa qualité, et l'assister en ses néces-
» sités. — Et pour l'observation du présent acte
» ledit Pierre Cizos a obligé tous et chacun de ses
» biens... et lesdits sieurs chapelains ceux de ladite
» chapelle présents et à venir... »

La fin de ces épreuves était parfois le commencement d'épreuves nouvelles. C'était le moment où le
grand chapelain, présentait ses nouveaux confrères
à l'Archevêque d'Auch, afin d'en obtenir pour eux
les pouvoirs spirituels qui leur permettraient d'exercer les fonctions de leur charge.

Or il arriva plus d'une fois que l'Archevêque leur
refusa l'institution canonique ou ne la leur accorda
qu'en niant dans le titre quelques droits des chapelains.

Le 25 avril 1625, le 29 avril suivant et le 3 février
1629, Mgr de Trapes refusait quatre chapelains (1),
présentés par Geoffroy. Geoffroy se fit donner par
écrit acte de ce refus, *protestant de se pourvoir devant qui il verra.* Il se pourvut en cour de Rome, et
le Pape Urbain VIII, à défaut de l'Archevêque
d'Auch, délégua un Prélat voisin avec ordre de conférer le bénéfice aux impétrants, s'il les en trouvait
dignes (2).

Le 5 janvier 1670, Mgr de Lamothe-Houdancour
accordait à Pierre Delfès le titre et les pouvoirs de

Institu-
tion
canoni-
que.

---

(1) Ces quatre étaient : Jean Maumus, François Vaucouret, Jacques
Gastinel et Cizos.

(2) C'est ce que les canonistes appellent *la forme dignum*.
La forme dignum est une espèce de mandat adressé à l'Ordinaire de qui dépend le bénéfice, ou, sur son refus, à un Ordinaire
voisin, par lequel le Pape lui ordonne de conférer le bénéfice à
l'impétrant, s'il l'en trouve *digne*.

On distingue *la forme dignum antiqua, la forme dignum novis-
sima et la forme gratiosa.*

Molinier avait eu sa chapellenie *in forma gratiosa.*

chapelain, mais en y insérant que, lors d'une vacance par décès, le droit de nomination lui appartenait *de plein droit* (1). Les chapelains, après avoir respectueusement protesté, députèrent l'un d'eux, Bernard Saint-Pierre, pour supplier Mgr l'Archevêque de vouloir bien reconnaître leur droit de nomination, et, sur son refus, en appelèrent au Pape Clément X qui chargea l'évêque de Lombez de mettre Pierre Deffès en possession de sa chapellenie (2).

On est toujours sûr de trouver dans la Papauté, non seulement la plus haute autorité qui soit au monde, mais encore le tribunal le plus respectueux de tous les droits. Cette *Majesté*, même en choquant, *ne lèse pas*.

Quand enfin, après toutes ces *probations*, l'élu des chapelains, de l'Archevêque ou du délégué du Saint-Siège, se présentait pour occuper sa stalle de chapelain, son installation revêtait la plus grande solennité. Les chapelains vont en corps au-devant de lui. Le récipiendaire expose sa demande. Le chapelain qui le reçoit, prend son titre, l'examine, en pèse bien tous les termes et, s'il n'y a pas de réserves à exprimer, il offre de « faire son devoir. » Après lecture publique et solennelle du titre, « il prend le nouveau » confrère par la main dextre, le conduit au maitre-» autel, et, après avoir fait l'oraison à Dieu et baisé » ledit autel, sonné les cloches et baillé les clefs de » l'église, il déclare mettre ledit X... en la réelle, » actuelle et personnelle possession de ladite place

Installation des chapelains.

----

(1) *Pleno jure*, voir plus haut.

(2) « Auctoritate qua in hac parte fungimur apostolica quasi Ordi-» narius vicinior dicti Archiepiscopi auxilanensis, in recusationem » dicti Ill^mi et Rev^mi Archiepiscopi, contulimus et donavimus, confe-» rimus et donamus.... »

» de chapelain par l'attouchement de la clef, entrée,
» *sourtie* de l'église, baisement de l'autel, faisant dé-
» fense à tous ceux qu'il appartiendra de le troubler
» dans ladite possession.... »

Un notaire royal dressait procès-verbal de l'installation.

Résidence. Nommés et installés, les chapelains devaient, à leur tour, *faire leur devoir*. Le premier était la résidence. Or, cette solitude, cette vie en commun, cette subordination, ne plaisaient pas à tous. Il y avait des absences dont la longueur n'était pas toujours suffisamment justifiée; certains, après avoir accepté la vie de Garaison, se demandaient pourquoi ils n'y ajouteraient pas les avantages et les mérites de la vie religieuse. Voici un très respectable prêtre d'Aurillac, docteur de Sorbonne, qui, après deux ans, n'a pas encore pris possession de sa stalle. Là, c'est un chapelain, Vaucouret, qui, sans permission aucune, est absent depuis *onze ans*. Un autre examine sa vocation religieuse dans un couvent et ne veut se démettre que lorsqu'il sera bien sûr de son entrée en religion. Un excellent curé de St-Orens d'Auch reçoit tranquillement dans sa cure les sommations canoniques d'avoir à résider ou à se démettre.

Démissions. Ces démissions ne paraissent pas avoir été agréables aux chapelains.

Quand MM. Lacassin et Daymes présentèrent la leur, elle fut reçue par trois chapelains et deux domestiques.

On écrivait que la place était vacante *par démission* et *par désertion* (1).

Toutefois, il y avait des démissions qui, tout en
restant pénibles, devaient flatter l'amour-propre des
chapelains : c'étaient celles qu'on donnait pour devenir archiprêtre, vicaire général, prédicateur de la
cour comme Molinier, Evêque même comme M. de
Gaujac.

Les visites épiscopales des Archevêques d'Auch
soulevèrent une autre difficulté délicate, que nous
révèle une consultation du 27 avril 1670. L'Archevêque s'était fait présenter les comptes des recettes et
des dépenses, avait visité les chambres des chapelains, trouvé mal qu'ils employassent à leur vestiaire
cinquante livres de plus que du temps de Geoffroy,
blâmé le titre de *premier* ou de *grand* chapelain
auquel il aurait préféré celui de *supérieur*, désap-
prouvé l'hospitalité large et gratuite accordée aux
pèlerins, manifesté en un mot la prétention de régler l'administration et la dispensation du temporel.
Les chapelains, pris au dépourvu, se soumirent à
cette inspection, mais eurent hâte de consulter un
célèbre canoniste de Toulouse, dont les conclusions
avaient le plus grand poids. M. Parisot, après avoir
constaté que les chapelains n'étaient pas exempts de
la juridiction archiépiscopale, est d'avis que le Prélat en a fait un usage excessif et disgracieux ; il ne
se montre scandalisé ni du surplus consacré au vestiaire, ni du titre de grand chapelain qu'il ne croit

Les
Archevê-
ques et
l'ad-
ministra-
tion
tempo-
relle des
cha-
pelains.

______

(1) *Per resignationem et desertionem.* Quoique le dernier mot
latin n'ait pas tout l'odieux du mot français *désertion,* et puisse ne
signifier qu'*abandon,* on le dirait choisi à dessein et à bon escient.

pas plus entaché d'orgueil que celui de supérieur; il voit deux avantages à donner l'hospitalité gratuite aux pèlerins : le premier est que, débarrassés de tout souci corporel, ils vaquent mieux à leurs dévotions, et le second est qu'ils n'ont sous les yeux que de bons exemples, édification qu'ils n'auraient pas au même degré dans les hôtelleries. Quant à l'administration du temporel, elle regarde les chapelains; l'évêque pourrait, à la rigueur, faire entendre des avertissements, dans le cas où leur gestion serait mauvaise, mais son droit ne va pas plus loin.

Les chapelains savaient joindre la prudence à la fermeté, et ces difficultés n'arrêtaient pas les développements de l'Œuvre.

CHAPITRE VII

Propriétés rurales et seigneuriales des chapelains

La propriété c'est encore aujourd'hui, mais c'était autrefois surtout, l'indépendance ; la propriété *seigneuriale*, c'était la considération.

Pierre Geoffroy, avant de mourir, avait eu la con-consolation de donner à l'Œuvre la propriété *rurale* et la propriété *seigneuriale* (1).

Après avoir acquis d'une foule de *particuliers*

(1) La propriété *seigneuriale* ou *fief* était celle qui avait *censive*, droit de *haute, moyenne* ou du moins *basse justice*.

On appelait *censive* la reconnaissance de la seigneurie directe que le propriétaire se réservait en aliénant son fief par bail, et la redevance annuelle que le vassal lui payait en argent ou en fruits ;

La haute justice était la juridiction d'un seigneur dont le juge connaissait de toutes les actions civiles ou criminelles, excepté les cas royaux ;

La moyenne justice était celle qui connaissait de toutes les affaires civiles, mais ne pouvait juger au criminel que les délits dont la peine n'excédait pas 75 sols d'amende ;

La basse justice ne connaissait que des droits dus au seigneur, des actions personnelles au civil jusqu'à 60 sols parisis, et des délits dont l'amende ne dépassait pas dix sols parisis.

Les légistes, avec leurs cas royaux, finirent par confisquer toutes ces *justices* seigneuriales et par les absorber dans les Parlements.

La propriété *rurale* ou roturière était celle qui n'avait aucune de ces qualités.

La propriété *rurale* était soumise à l'impôt ; la propriété *seigneuriale* en était exempte par la raison que la noblesse devait le service militaire et que, à l'origine, les biens *nobles* servaient à l'entretien des troupes et aux frais de la guerre. A côté du *privilège* se trouvait donc la *charge*.

habitants (1) les propriétés énumérées dans la Bulle d'Urbain VIII et disséminées un peu partout (2); après avoir acquis autour de la chapelle le terrain nécessaire à la tranquillité et au recueillement des cérémonies, au logement des chapelains et de leurs aides, à l'accueil et à l'hospitalité des pèlerins, Geoffroy avait acheté, le 24 janvier 1624, pour la somme de deux mille livres, à noble François d'Antin la baronnie de Garaison et de Barthère.

S'il fallait en croire un certain *mémoire* (3), les usurpations des consuls de Monléon et les luttes incessantes dont ils fatiguaient les voisins, n'auraient été étrangères ni à cette vente ni au bas prix de cette vente : « Les consuls de Mauléon ne peuvent » avoir sur la terre de Barthère et Garaison autre » prétention que celle que la mauvaise foy leur y » peut donner à raison de leur usurpation, s'estant » prévaleus de la minorité des seigneurs de Bar- » thère... On ne trouvera pas étrange, s'ils se sont » emparés et s'ils ont usurpé dans la seigneurie de » Barthère la justice, la police et toutes autres pré- » rogatives qui sont acquises au seigneur, puisqu'ils » n'ont trouvé personne qui leur aye faict résis- » tance... (4). »

Un moment de gêne suivit la mort de Geoffroy; il fut de courte durée; la générosité catholique mit bien vite les chapelains à l'abri et au-dessus du be-

(1) Comme s'exprime un document tiré des Archives de Pau.
(2) Au Pouy, à Devèze, Lassales, Villemur, etc. Il énumère la contenance de ces terres, leur nature (prés, jardins, champs, vignes, châtaigneraies, landes, etc.), les diverses constructions avec leur mobilier, les noms des vendeurs, les divers notaires qui retiennent ces actes d'achat à Monléon, à Trie, à Monthert, à Bourgeac, etc. etc.
(3) Mémoire par le syndic des chapelains contre les consuls de Monléon.
(4) *Ibid.*

soin, mais ne put leur donner la paix avec Monléon, tant que les consuls garderaient des propriétés et des droits trop intimement liés aux propriétés et aux droits de la *dévote* chapelle.

Pour se venger du syndic des chapelains, qui exigeait le paiement de certaines dettes et des *arrérages des arrantes constituées*, les consuls prétendirent avoir le droit d'imposer les propriétés *rurales* des chapelains et de distribuer des *villètes* pour loger les gens de guerre dans les maisons, métairies et fermes, qui leur appartenaient dans *le taillable* de Monléon. Les chapelains contestèrent ce droit : « Le terroir de Guaraison et Barthère, estant un » terrain aboné (1) et dans lequel le seigneur a fait » faire l'arpentement et rendu homage comme sei- » gneur *directe*, ce n'est pas aux consuls de Monléon » d'y faire des départements ny levée de deniers, » cella doit être faict par le corps du pays... Ledict » syndict (des chapelains) s'engage, conjointement » avec les habitants de Barthère et de Garaison, » quoique la terre soit tout à fait abonée, de payer » des biens ruraux ce que le pays jugera (2). »

Le roi et son conseil donnèrent raison aux chapelains. Les consuls firent opposition, se pourvurent devant le Parlement de Toulouse, maintinrent leur droit d'imposer les propriétés rurales de la chapelle et firent quelques saisies sur les biens et sur les meubles de ses tenanciers. Bien plus, le jour de la Nativité de la Très Sainte Vierge de l'année 1656,

---

(1) On appelait terrain *abonné* celui pour lequel, par privilège ou par rachat, on avait obtenu que les prestations, tailles et servitudes, fussent échangées contre une somme fixe d'argent.

(2) *Mémoire déjà cité.*

<table>
<tr><td>

armée du
8 sept.
1656.

</td><td>

une procession armée partit de Monléon, « sans
ordre ni mandement de leur recteur ni de ses vicai-
res », et se rua sur Garaison où elle commit de véri-
tables excès. Le syndic des chapelains, non content
de protester, saisit les tribunaux, en obtint deux

</td></tr>
<tr><td>

Puni-
tion des
cou-
pables.

</td><td>

arrêts, et quelques uns des meneurs les plus com-
promis furent jetés en prison. Les consuls et la com-
munauté de Monléon prirent peur et demandèrent à
transiger.

</td></tr>
</table>

Ce fut la grande transaction du 18 octobre 1656.

<table>
<tr><td>

Grande
tran-
saction
du
18 octo-
bre 1656.

</td><td>

Les consuls levaient toute opposition aux lettres
patentes du roi et de son conseil et consentaient à
ce qu'elles sortissent leur plein et entier effet ; ils
« révoquaient d'ores et déjà et désadvouaient les
» injures et la forme de la procession faite le jour de
» la dernière feste de la Nativité de Notre-Dame,
» avec promesse de n'y revenir plus...... » De son

</td></tr>
</table>

côté, le syndic des chapelains renonçait à toute
poursuite et consentait à ce que les personnes de
Monléon qu'il avait fait jeter en prison, « poursui-
» vîssent leur relaxe à leurs dépens. »

« Mais pour éviter à l'avenir d'autres subjects et
» prétextes de procès, lesquels lesdites parties veu-
» lent et désirent éviter, pour ne troubler le culte
» divin dans la sainte chapelle ny le repos public,
» lesdits sieurs députés et consuls dudit Monléon
» ont renoncé et se sont départis en faveur dudit
» syndic de ladite chapelle de tous droicts, préroga-
» tives, privilèges, authorités, exercice de poulice
» et autres qu'ils prétendaient dans ladite chapelle,
» destroit et juridiction de Guaraison et Barthère,
» sans que de présant et d'advenir lesdits consuls de
» Monléon ny leurs successeurs puissent exercer

» leurs poulices ni autres actes de juridiction quel-
» conque ny même pourter leurs livrées consulaires
» ny armes ny trompettes dans l'enclos de la Sainte
» Chapelle ny en tout le reste de la juridiction de
» Guaraison et Barthère, ny faire aucune imposi-
» tion, cotisation ny départements d'aucune sorte
» de deniers de quelque nature qu'ils puissent estre
» sur ladite Maison, météries, manants et habitants
» de Guaraison et Barthère ..... »

Les consuls et les habitants de Monléon recevaient, comme indemnité, la somme de dix mille
cent quatre-vingts livres (1).

Ils essayèrent bien un peu plus tard de ressaisir **Retour**
ce que la crainte leur avait fait abandonner, en se **offensif**
basant sur un édit royal permettant aux *Commu-* **des**
nautés de rentrer dans leurs communaux; mais ils **consuls**
faisaient dire à l'édit ce qu'il ne disait pas, et, par
ailleurs, toujours courts d'argent, ils eussent été fort
en peine de rendre les dix mille cent quatre-vingts
livres qu'ils avaient reçues.

Les chapelains furent maintenus dans leur très **Ils sont**
légitime possession. **évincés**

Ils acquirent, avec le temps, un nombre assez con- **Nouvelles**
pro-
priétés

(1) Voici les prix en détail : droits de poulice : 580 livres; le grand
Logis ou Hôtellerie, avec écuries et jardin : 3600 livres; la place ou
halle, avec droits sur la maison de Gautier à qui les consuls avaient
cédé le terrain : 1400 livres; exemption d'impositions et de logement
de gens de guerre : 4000 livres; les landes de Pelapout (Pellepout) :
600 livres.

N. B. Ce nom de Pelapout ou Pellepout (Pela, Pelle, plumer-Pout,
coq) peut venir ou du froid tellement vif qui y sévit, qu'un coq y
perdrait ses plumes, ou de ce que les maraudeurs y plumaient souvent les coqs qu'ils avaient volés, ou de ce que les sorciers y portaient le *coq plumé,* nécessaire à leurs incantations.

sidérable d'autres propriétés rurales (1), éparpillées dans les environs.

Ils possédaient, sur le Sier, deux petits moulins, *moulans* à une meule chacun, qui fournissaient la provision des chapelains, *quand il y avait de l'eau.*

Lassalles — Mais, comme l'eau manquait une partie de l'année, ils eurent bientôt un moulin sur le Gers, pour la provision et mouture de la chapelle, du consentement du seigneur de Laran. Déjà du temps de Geoffroy, dès 1628, on constate des achats et des échanges de terres, faits par les chapelains à Lassalles. Pour ce moulin et pour ces propriétés ils payaient chaque année au seigneur de Laran trente sols de droits, jusqu'à ce que, le 24 juin 1764, Mme de Cazaux, *seigneuresse* de Laran, *les exempta et affranchit de tout droit féodal, dès ce moment et à toujours.*

Nous dirons quelques mots de leurs propriétés seigneuriales.

Anguian — En dotant sa nièce, Aymée, et en la mariant à Jean de Milan, Geoffroy avait stipulé que, si elle mourait sans postérité, la dot ferait retour à la chapelle. Elle mourut, sans laisser d'enfant. Mais l'héritier de Milan prétendit que le mari d'Aymée avait reçu une grosse créance sur un insolvable et entreprit un long et dispendieux procès qui se termina par la transaction du 28 mai 1648. Il rendit la plus

(1) Le dénombrement de 1792 énumère un petit pré à Puntous; trois pièces de pré et bois à Monléon; la métairie de Betpouy, estimée 29,555 livres; la métairie de Barthe, estimée 10,205 livres; la métairie de Hachan, d'une valeur de 8,790 livres; un moulin et une pièce de terre à Bazordan, estimée 6,223 livres; trois pièces de terre à Campuzan, valant 507 livres; labourable et chataigneraie à Cizos, d'une valeur de 185 livres; des pièces de terre à Lassalles, Monlong et Gaussan, estimées 39,159 livres.

grande partie de la dot en argent (1) et compléta l'autre partie en cédant pour la somme de neuf mille quatre cent cinquante livres la métairie d'Anguian (2), telle qu'elle avait été achetée à la marquise de Fimarron.

Anguian se composait de biens *nobles* et d'une pièce *rurale*.

L'année 1694, Bernard de Pelleport, chanoine de Conserans, institua la chapelle héritière de Mane, Ahis et Montgaillard, au diocèse de Comminges, dans le canton de Salies-du-Salat. L'héritage coûta bien quelques déboires aux chapelains, mais il leur apportait une valeur de trente-sept mille six cent vingt-huit livres. C'étaient des terres *rurales*. En 1703, les chapelains voulurent les convertir en biens *nobles*. L'anoblissement et l'affranchissement de tout impôt leur occasionnèrent une dépense de sept mille deux cent vingt-trois livres.

Mane, Ahis et Montgaillard

Messire Charles de Rochechouart, abbé de la Caze-Dieu, avait fait Notre-Dame de Garaison héritière de la seigneurie directe d'Esclassan. Il est juste d'ajouter que les chapelains lui avaient fourni des sommes importantes, qu'il leur était dû en tout, à sa mort, trente mille livres, et que la terre d'Esclassan était grevée d'une hypothèque très considérable (3). Quelques parents attaquèrent le testament et durent être déboutés par les tribunaux. A leur instigation peut-être, les habitants soulevèrent toutes les difficultés pour ne pas remplir les conditions de leurs terres envers les chapelains; il fallut un arrêt du

Esclassan (1668)

---

(1) La dot avait été de 39,500 livres.

(2) Anguian, juridiction de Sabounières, au diocèse de Lombez, en Comminges.

(3) M. l'abbé Cazauran, *Notre-Dame de Garaison*, p. 236-237.

Parlement, pour les plier à une nouvelle reconnaissance des droits de leurs nouveaux seigneurs. Enfin, en 1672, Bernard de St-Pierre, syndic de la chapelle, put prendre possession de ce domaine. « Le commis» saire du Gouvernement, suivi d'un archer, d'un » baile comtal d'Astarac, d'un notaire de Castelnau, » etc., arriva devant le château d'Esclassan, avec le » délégué de Garaison, *vers une heure de l'après* » *midi escheue et passée pour le cognaitre à l'aspect* » *du soleil* (1). Prenant Bernard de St-Pierre par la » main, il lui fit ouvrir et fermer les portes du châ» teau et couper ensuite des branches de toutes sor» tes d'arbres *qui estaient es-dits biens et des vignes.* » On observa le même cérémonial aux métairies » de Labastide et de Bédore. Le syndic de la cha» pelle, en signe de prise de possession, ouvrit et » ferma les portes d'un moulin bâti sur le Gers, et le » métayer lui présenta ensuite les clefs de *la borde* » de Bères (2). »

Les feudataires d'Esclassan se tinrent à l'écart, soit par regret de la famille de Rochechouart, soit à son instigation.

Villemur   Afin de rendre à Messire César de Péguilhan la dot de sa première femme, Antoine de Baron, seigneur de Gachedat, vendit en 1688 aux chapelains, pour neuf mille livres, sa terre de Villemur (3). La seigneurie comprenait seize pièces, *cultes et incultes,* de terres *nobles,* et une vingtaine de terres *rurales.*

(1) Les montres et les horloges n'étaient pas encore bien communes à cette époque.

(2) M. l'abbé Cazauran, *Notre-Dame de Garaison,* p. 237-238.

(3) Quittance de Messire César de Péguilhan, seigneur de Bethéze, à M. de St-Paul, chapelain et syndic de Garaison, de 3,500 livres reçues argent comptant et de 5,500 livres payées à M. de Solensère et à sa femme, à la décharge de M. de Bethéze.

Mais, deux ans après, en 1690, force avait été aux chapelains d'engager leur nouvelle propriété à noble de Cizos pour payer à l'Etat la taxe d'amortissement de seize mille trente livres, lorsque, sur leur requête, le roi les en déchargea. Ils reprirent donc leur gage et leur propriété.

Noble Michel de La Mothe et Marguerite d'Orbessan, « se voyant dans l'impossibilité d'acquitter une » dette obituaire et de rembourser le capital de cette » dette sacrée, prièrent le syndic de Garaison de se » payer en fonds.

» L'offre fut acceptée.

» Le 17 septembre 1698, étant dans leur château » de Rieulas, diocèse de Lombez, ils abandonnèrent » de leur bon gré aux chapelains de Garaison la » propriété du moulin *noble* de Larboust, avec tou- » tes ses dépendances, pour la somme de cinq mille » livres (1). »

Le moulin de Larboust était sur la Save, près de l'Isle-en-Dodon, dans la juridiction d'Anan.

Des embarras d'argent avaient obligé Messire de Charbonneau, seigneur de Termes, à vendre la baronnie de Monlong à Victorin de Raoul, avocat au Parlement de Toulouse. M. de Raoul étant mort criblé de dettes, son héritier la vendit en 1719 aux chapelains pour la somme de neuf mille livres. Les habitants ne consentirent une reconnaissance, en 1749, que sur des poursuites près d'aboutir. Des procès

(1) M. l'abbé Cazauran, *Notre-Dame de Garaison*, p. 232-233.

durent établir que les chapelains avaient droit *de taverne et de boucherie* (1). Les habitants prétendaient encore à l'usage de la forêt; M. Villa de Gariseau, maître particulier des eaux et forêts de la Maîtrise de Comminges, vint régler le différend sur les lieux, porta des arrêtés sévères et même durs.

Arné Les rapports d'Arné avec Garaison datent des dernières années de Geoffroy.

« Sargentés et pressés journellement au paiement
» des sommes qui leur causent plusieurs frais et dé
» pens extraordinaires, souffrant d'exactions en leurs
» biens et personnes, tant travaillés de frais qu'ils
» ne savent de quel côté se tourner, ils allèrent en
» semble, le 11 février 1627, comme ils y étaient
» allés souventes fois, prier dans la chapelle de
« Guarrezon le sieur Geoffroy... pour leur bailher
» en rente constituée la somme de trois mille six
» cents livres, pour acquitter *tous* et *tels* dettes qu'ils
» peuvent devoir envers les créanciers... pour la
» quelle somme ils consentent hypothèque en place
» des autres créanciers et la rente annuelle de deux
» cent vingts livres (2). »

De 1637 à 1652, le pays de Magnoac (3) emprunta aux chapelains la somme de neuf mille quarante

---

(1) Il sera question, dans le chapitre suivant, de ces droits de taverne et de boucherie.

(2) On ne lira pas sans intérêt l'énumération de la monnaie qu'ils emportaient : Une portugaise, un jacobus, une pistole double d'Espaigne, quatre-vingts pistoles, troys milliards ou millerets, quatre-vints escuts d'or au soleil, neuf pistoles d'Italie, cent quatre-vingt-trois pistoles d'Espaigne, onze ducatons, treize cent quarante-trois livres et six sols en pièces de seize sols et de huit sols, et le reste en petite monnaie blanche de sous, pièces de deux sols et six deniers.

(3) Le pays de Magnoac comprenait Arné, Tajan, Monlong, Lassalles, Gaussan, Bazordan et Termes.

livres. Arné eut pour sa part de la dette commune neuf cent quarante deux livres, six sols, qui s'ajoutèrent à sa propre dette.

Ils firent honneur aux intérêts pendant longtemps. Puis, ils soulevèrent un procès contre les chapelains à propos des landes de Pellepout : un compromis du 19 juillet 1717, donna raison aux chapelains contre les consuls d'Arné. Ceux-ci protestèrent contre la sentence, mais furent définitivement condamnés, quelques années plus tard. Un autre procès en 1733 ne leur fut pas plus favorable.

La seigneurie d'Arné appartint d'abord à la famille de Labarthe, L'héritière de cette maison l'apporta en dot à Jean V, comte d'Armagnac. Confisquée par Louis XI, rendue par Louis XII à Louise de Bourbon, cette seigneurie fut vendue par son fils Anne de Bourbon, vicomte de Lavedan, à noble François de Devèze (1). Le nouveau seigneur, accusé d'avoir emprisonné et maltraité Jean Navarre, écuyer de Boulogne-sur-Gesse, et Martial Fargues, huissier, fut condamné comme contumace par le Parlement de Toulouse et exécuté en effigie, *figurativement*, mais trouva une mort plus glorieuse, en luttant contre les Huguenots ; grièvement blessé aux environs d'Estampures en Pardiac, il mourut à Vic-de-Bigorre. Un de ses descendants et son héritier par les femmes, Messire François de Toujouse, vendit aux chapelains, en 1730, pour quatre mille huit cents livres, la seigneurie d'Arné.

Les plus prévenus contre les chapelains seront obligés de reconnaître la légitimité rigoureuse de toutes leurs possessions. Rien de mieux acquis que

Conclusion

(1) Une pièce lui donne le prénom de Jacques.

ce qui est donné ou loyalement acheté : or, tout leur vient par donation ou par de loyaux achats. Ils ne profitent pas d'un embarras momentané pour urger un paiement qu'ils savent impossible en ce moment-là, mais ils attendent que la vente soit bien volontaire et que l'intéressé la propose lui-même, comme pour le moulin de Larboust. L'exemple d'Arné montre combien le peuple préfère les créanciers ecclésiastiques aux créanciers laïques, lesquels le *sargentent* beaucoup plus rudement. Sans doute, les fils ont fini par oublier les angoisses des pères, par trouver les dettes bien anciennes et les intérêts bien lourds.

Mais cela ne prouve qu'une chose : c'est que la reconnaissance n'est pas éternelle ici-bas.

CHAPITRE VIII

—

Seigneurs et vassaux

—

Les chapelains avaient acheté, un peu partout et suivant les circonstances, beaucoup de biens *ruraux* à *des particuliers habitants*. Ces biens étaient affermés d'après des conditions débattues de part et d'autre, comme cela s'est pratiqué dans tous les temps.

C'était le plus considérable de leurs revenus.

Quant aux biens *nobles*, les chapelains en avaient la seigneurie directe (1) et foncière. A eux donc la propriété dans sa notion la plus parfaite, avec des droits que des conventions y rattachaient sur les échanges, sur les lods et ventes, et qui variaient peu d'une seigneurie à l'autre. Mais les habitants, tout en reconnaissant la propriété du seigneur, déclaraient posséder leurs terres en *emphytéoses perpétuelles*, ce qui était bien un dédommagement et une consolation. Voilà pourquoi le propriétaire, plus *honoraire* qu'effectif, avait pris ses précautions contre ces *usagers* perpétuels, en les obligeant à périodes fixes à reconnaître sa propriété et ses droits.

En devenant possesseurs de seigneuries directes, les chapelains étaient soumis eux-mêmes au dénom-

(1) Droits d'un seigneur sur un fief ou un héritage roturier, ayant autrefois fait partie de la seigneurie, en ayant été démembrés dans la suite, à la condition qu'ils en dépendraient toujours directement et qu'ils en acquitteraient les droits au seigneur lui-même.

brement, foi et hommage (1) imposés aux vassaux du roi. Ils s'en acquittèrent avec une fidélité réligieuse, donnant un exemple que leurs feudataires n'imitèrent pas toujours.

Une année avant sa mort, le 3 octobre 1634, le vénérable Pierre Geoffroy comparaissait devant deux conseillers du Roi, députés aux *aveux* et *dénombrements*, leur faisait une déclaration de ses biens qui fut trouvée *bien et valablement vérifiée et enregistrée* en conséquence. Puis « estant teste nue, les » deux genoux à terre, l'espée desseinte, ses mains » jointes sur le *Te igitur* et croix, » il prêta foi et hommage.

Le 5 février 1721, c'était Charles Tarbés, syndic de la chapelle, qui allait à Pau, devant le bureau des finances, « présenter son aveu et dénombrement » pour raison de la terre de Monlong. *Il est teste » nue, genoux à terre, sans chapeau, espée, sein- » ture, espérons, manteau ni gants. Il tient les » mains jointes sur les saints évangiles et fait ser- » ment de fidélité au roi* (2). »

Ils ne respectaient pas seulement les droits du monarque.

à
l'Abbesse
de
Fabas

La propriété du moulin de Larboust avait rendu les chapelains vassaux de l'abbesse de Fabas, *seigneuresse* de la juridiction d'Anan. « Le 29 novembre » 1720, François Lavergne, chapelain et syndic de

______

(1) *Dénombrements* et *aveux*, c'était la déclaration des propriétés et revenus que le vassal faisait au suzerain ou au représentant du suzerain.

Foi ou *fidélité*, c'était la promesse de respect et de soumission que faisait un vassal au seigneur.

L'hommage faisait du vassal *l'homme* du seigneur.

(2) M. l'abbé Cazauran, *Notre-Dame de Garaison*, p. 239.

» Notre-Dame de Garaison, député par les chape-
» lains de ladite chapelle, présentait et donnait à
» Marie-Madeleine de Boissière, abbesse de Notre-
» Dame de Lum-Dieu de Fabas, seigneuresse de Fa-
» bas, Anan, Lussan, Tillac et autres places, une
» paire de gans blancs en signe de foi et hommage,
» et lui promettait fidélité, respect et service.....(1). »

La défiance des légistes et des Parlements avait
pris ses précautions contre un *dénombrement*
incomplet, des *aveux* insuffisamment sincères.
Comptant sur l'envie et la malveillance, au risque
de les provoquer, elle pratiquait l'art de gouverner
les passions par les passions : « ..... Nous ordon-
» nons, disait Bernard Daspe, juge-mage, commis-
» saire de la Chambre des comptes de Navarre, que
» la déclaration à nous bailhée par le syndic de la
» chapelle de Notre-Dame de Garaison (2). soit pu-
» bliée par trois dimanches consécutifs, à l'issue de
» la messe paroissiale de la ville de Montléon par le
» curé ou son vicaire, qui mettra son certificat au
» bas, signé de lui et de deux consuls ou de deux
» plus anciens paroissiens, dans lequel il marquera
» s'il y a des oppositions ou non, et, au cas qu'il y en
» ait, les noms et qualités des opposants et à quels
» articles ils sont opposés, et fera signer ledit certi-
» ficat par lesdits opposants ou, à leur défaut, par
» un notaire royal pour eux (3). » La timidité ou

Les déclara-
tions des cha-
pelains
devaient
être
publiées
dans
l'église
de
Monléon
et à
l'au-
dience
du
juge
royal du
Magnoac.

(1) Procès-verbal de cette cérémonie : l'abbesse y signe *de Bois-*
sière.

(2) Dénombrement de 1664.

(3) Nous trouvons, au sujet de semblables publications, une opposition originale du curé de Monléon lui-même : « Je soussigné, prê-
» tre et vicaire de Monléon, certifie à tous ceux qu'il appartiendra
» que j'ai publié trois dimanches consécutifs... les onze premiers
» articles de la déclaration... à laquelle publication M. Pierre Santis,

toute autre raison pourrait empêcher les paroissiens de parler? Le cas est prévu : « Semblables publica- » tions seront faites à trois jours de plaids consécu- » tifs à l'audience du juge royal de Magnoac, le pro- » cureur du roi présent, dont le greffier expédiera » l'acte en la forme ordinaire au bas du certificat » dudit curé ou dudit vicaire. » On ne fait grâce aux chapelains d'aucune formalité ni d'aucuns frais : « Et à l'égard des autres métairies, seigneuries et » terres, la déclaration en sera publiée séparément » en chacune des églises paroissiales desdits lieux et » aux audiences des juges royaux desdits lieux..... »

Ces dénombrements, vérifiés avec tant de soin, et les reconnaissances, consenties avec plus ou moins de bonne humeur par les feudataires (1), vont nous apprendre les droits des chapelains sur leurs tenanciers.

Redevances de Garaison et Barthère. « Chacun habitant de Garaison et de Barthère, dit » le dénombrement de 1664 (2), est tenu païer an- » nuellement au syndic des chapelains, en la fête de » Toussaint, une paire poules, deux mesures d'a- » voyne et cinq liards de fief ou censive pour cha- » cun arpent de terre qu'ils possèdent, avec les

» curé de Monléon, a déclaré être opposé et sur le premier article » tant seulement, en ce qu'il est déclaré en iceluy que la chapelle » Notre-Dame de Garaison est hors de la paroisse de Monléon. Car » ladite chapelle devant être nécessairement de quelque paroisse, on » n'en saurait alléguer d'autre que celle de Monléon dans laquelle » ladite chapelle est bâtie... ce qui est conforme à la tradition... à » l'histoire... omettant ledit curé d'autres raisons qu'il déduira en » temps et lieu, s'il est besoin... »
Signé : Santis, curé de Monléon, opposant. Durieux, prêtre. Lefèvre, avocat. Borie, prêtre et vicaire.
Les tous habitant la ville de Monléon.
(1) Déclaration générale, par laquelle les habitants *reconnaissaient* les droits du seigneur du lieu.
(2) Bailhé à Bernard Daspe.

» droits de loz et ventes de toutes les acquisitions
» de biens-fonds qui se font audit lieu et juridiction,
» à raison du denier douze (1), sur le pied du prix
» desdites ventes : lesquels droits peuvent revenir à
» trois livres, dix-huit sols d'argent, quinze mesures
» d'avoyne et vingt poulles. »

La reconnaissance générale du 15 décembre 1704
nous montre que, depuis 1664, les conditions n'a-
vaient pas été sensiblement modifiées : « Les habi-
» tants reconnaissent et déclarent tenir et posséder
» en emphytéose perpétuelle la quantité de soixante
» arpents, trois mesures et deux coupes de terre...
» sous le fief annuel et perpétuel de quinze deniers
» pour chacun arpent, et d'une poule et une mesure
» d'avoine pour chaque chef de maison, lequel fief,
» poule et avoine lesdits habitants et bienstenants
» sont tenus payer annuellement et à perpétuité, à
» la fête de Toussaints... Lesdits chapelains ont
» droit de prendre lotz et rentes à raison du denier
» douze pour chaque mutation de tenanciers par
» vente ou échange... »

Les habitants d'Arné payaient, en la fête de Toussaint, quinze sacs d'avoine mesure (2) de Castelnau-
Magnoac, neuf sols gros valant treize sols six deniers
de monnaie commune. En outre, chaque chef de
maison payait quinze liards et, en sus, une poule,
sans préjudice des lods et ventes et autres droits
seigneuriaux.

Les habitants de Villemur payaient le fief un sol,

Redevances d'Arné.

De Villemur

(1) Le seigneur avait droit à un denier sur douze.

(2) Le sac de grain, mesure de Magnoac, pesait 140 livres, dit *la
déclaration des biens et revenus de la chapelle de Garaison au
bureau diocésain d'Auch en 1730.*

trois deniers par arpent; tout le fief, treize sols, cinq deniers.

De Monlong Ceux de Monlong payaient, à la Toussaint, seize deniers pour chaque arpent. Chaque chef de famille et de maison y ajoutait une mesure d'avoine et une poule. En plus, il devait fournir deux journées de travail dans le présent lieu, mais il devait être donné aux ouvriers pain et vin.

Voilà ce que nous appellerions aujourd'hui les contributions directes. Que l'on compare ces modestes redevances aux impôts qui écrasent aujourd'hui l'agriculture !... Peut-être, alors, aura-t-on moins de commisération pour le paysan d'autrefois et un peu plus pour le paysan d'aujourd'hui...

Quant aux contributions indirectes, nous les avons vues contestées à Monlong.

Garaison et Barthère les passèrent sous silence dans la reconnaissance générale de 1775 : il fallut venir au secours de toutes ces mémoires volontairement ingrates.

Les contributions indirectes d'alors s'appelaient à Garaison droit de *police*, droit de *halle*, droit de *taverne* et droit de *boucherie*.

Droit de police Le 18 octobre 1656, les chapelains achetèrent 580 livres *les droits de poulice que les consuls de Monléon soulaient (1) exercer dans l'enclos de la chapelle et en tout le reste des terres et juridiction de Garaison et Barthère.*

Le 29 mai 1658, il fut stipulé entre le syndic des chapelains et les habitants « que ledit syndic aura la » faculté de créer des officiers pour l'exercice de la

____

(1) *Solebant, avaient coutume* d'exercer.

» police... Et d'autant que ladite police reste inexer-
» cée audit lieu et que, à cause de ce, il y a plusieurs
» désordres entre les habitants de Garaison et de
» Barthère, il a été convenu et accordé entre parties
» que ledit sieur syndic instituera au plus tôt un
» prudhomme d'entre les habitants pour y exercer
» ladite police au nom dudit syndic, qui jurera an-
» nuellement entre ses mains de bien et fidèlement
» faire sa charge..... »

Ainsi assermenté, ce prudhomme était, selon les besoins, garde-champêtre, préposé de l'octroi, commis des contributions indirectes (1). On n'avait pas encore découvert les beautés de la multiplicité des fonctionnaires!...

Comme garde-champêtre, le prudhomme « a droit
» et autorité d'estimer les dommages que les ani-
» maux desdits habitants portent ou porteront... et
» de faire payer le dommage ce à quoi il aura été
» estimé, à moins qu'ils n'aiment mieux, ceux qui
» auront reçu le dommage, se contenter de la *pignore*
» qui est de deux liards pour chaque bœuf, vache,
» cheval, jument, mulet ou ânesse, et de un liard
» pour chaque mouton, brebis, chèvre ou pourceau.
» A la taxe et jugement du prudhomme lesdits habi-
» tants et féodataires seront tenus d'obéir et satis-
» faire, sauf le droit d'appel en cas de grief, et lui
» doit être payé pour son droit de transport et d'es-
» timation qu'il fait trois sols pour chaque taxe et
» relation, sans qu'il puisse prétendre un plus grand
» droit, quoique le dommage ait été causé en plu-
» sieurs pièces, selon la coutume de Monléon... »

Nous savons comment les consuls de Monléon

Droit de taverne

(1) Le peuple les appelle irrévérencieusement *rats de cave.*

exerçaient le *droit de taverne* et leur manière de *raisonner* le vin. C'est à peine s'ils avaient autorisé Geoffroy à fournir aux pèlerins ce qui leur était nécessaire : « Les consuls ne prendront aucun droit
» sur l'achat et vente des vivres que ledit Geoffroy
» et les prêtres achèteront et auront besoin pour la
» nourriture et entretien de leur maison et des pèle-
» rins qui viendront, sans *toutesfois* pouvoir faire
» vente des vivres qu'aux pèlerins et en cas de néces-
» sité (1). » Mais, cette exception faite, les règlements des consuls reprenaient toute leur rudesse :
« Le fermier du *Souquet* de vin pourra exiger demi-
» écu petit pour pipe de vin que les hôtes achèteront
» des habitants de cette ville pour le vendre en dé-
» tail, et un écu petit d'avantage pour chaque pipe
» qu'ils achèteront aux forains... à l'entrée duquel
» vin ils le révèleront auxdits fermiers ou leurs cau-
» tions pour en dresser *rolle*, afin d'exiger les droits,
» à peine de *cent* livres d'amende et de confiscation
» desdits vins *non révélés ni raisonnés.* (2)... »

Dans l'acte de ferme du *grand Logis*, en date du 3 janvier 1640, ils stipulent formellement : « Et ne
» sera permis à aucun autre habitant de Garaison
» que tant seulement à l'hôte (fermier de l'hôtel).....
» de tenir logis ouvert, vendre pain, vin, ni d'autres,
» d'avoir enseigne ni bouchon..... à quoi lesdits con-
» suls et scindic tiendront la main forte audit fer-
» mier, et, en cas de condamnation, l'amende sera
» applicable envers ledit fermier pour ses dommages
» et intérêts. »

(1) Transaction de 1613.
(2) *Ibidem.*

Le prudhomme des chapelains avait la main beaucoup moins *forte.*

« Il avait le droit de taxer le vin que les féoda-
» taires qui avaient droit pour cela, vendaient en dé-
» tail à poc ou à pinte dans leurs maisons, pour
» raison de laquelle taxe ils sont obligés de payer
» audit prudhomme deux pots de vin, mesure de
» Monléon, pour chaque barrique tenant demi pipe,
» et au syndic des chapelains vingt-sept sols, six
» deniers, pour le droit d'entrée de chaque pipe de
» vin, suivant l'ancienne coutume de Monléon et la
» transaction de 1658 (1). »

Comment les consuls exerçaient-ils le *droit de halle*? « Davantage lesdits consuls ont affermé... les *tau-*
» *liers* de la halle de Garaison, moyennant la somme
» de cent soixante livres, sans qu'il soit permis au-
» dit fermier ni d'autres d'étaler leurs marchandises
» hors les tabliers de ladite halle ni aussi contre-
» porter (colporter) plus avant d'icelle, à peine de
» confiscation des marchandises... »

Les chapelains avaient acheté *quatorze cents livres* la halle et *le droit de halle* des consuls. Ils avaient bâti une autre halle plus belle, ils l'entretenaient, ils la fournissaient de tauliers.

Devaient-ils le faire gratuitement, et nos villes qui ont des halles, ne font-elles donc pas payer les places qu'on y occupe ?...

Le droit de boucherie était encore un droit exercé par les consuls : « Se réservent les consuls la police,

(1) « Le vin se mesurait par *pocs* ou *pintes*, la *pinte* pesait 5 li-
» vres; 35 *pintes* faisaient le *pipot*; 4 *pipots* faisaient *la barrique.*»
Déclaration des biens et revenus de la chapelle de Garaison au bureau diocésain d'Auch en 1730.

» comme ils ont accoutumé faire en la ville de Mon-
» léon, pour le taux des vivres et victuailles... »

Ils vendirent aux chapelains ce droit, comme tous les autres. Il y avait encore là *une bâtisse à entretenir, à fournir de bancs, de poids, de coûteaux, de soufflets et autres choses :* en coûtait-il quelque chose aux habitants? (1) N'en coûte-t-il donc rien à nos bouchers d'avoir leur place dans les abattoirs et dans leur étal?

Affranchissement des tailles, impositions, logement des gens de guerre

Les chapelains exerçaient un autre *droit*, dont les consuls n'avaient guère abusé : « Le syndic de la » chapelle affranchit ses terres et celles de leurs ha-» bitants de tailles, d'impositions ordinaires et ex-» traordinaires, et même du logement des gens de » guerre pour la somme de *quatre mille livres* qu'il » compta à la communauté de Monléon. Il demanda » aux habitants et tenanciers ce qu'ils pouvaient lui » devoir de ladite somme de quatre mille livres à » proportion des biens que chacun y possédait. » Les habitants étaient pauvres; le syndic voulut » bien charitablement se contenter, pour la portion » des quatre mille livres qui les regardait, de la » somme de *quatorze cents livres*, qu'il laissa même » en rente constituée à chacun d'eux, à proportion » des biens qu'ils possédaient... (2) »

Il faisait bon vivre sous les chapelains.

Le lecteur aura remarqué la nature des redevances exigées par les chapelains : des poules, des mesures d'avoine, quelques journées de travail sur place, dans le lieu où ceux qui les fournissent en profiteront les premiers; aussi peu d'argent que possible, car l'argent est ce dont l'homme de la campa-

(1) Mémoire des chapelains en réponse au silence gardé sur ces droits dans la déclaration de 1775.
(2) Transaction de 1656.

gne manque le plus... Et encore, sur les terres des chapelains, les exemptions totales ou partielles étaient de règle, les années de grêle ou de disette; et quel propriétaire n'éprouve un dommage quelconque, s'il prévoit la possibilité d'un dégrèvement? Quel Romain, sous les Papes, ne trouvait un motif ou un prétexte à une diminution d'impôts, et qui parmi eux, aujourd'hui, s'aviserait de faire usage des mêmes procédés auprès des nouveaux maîtres? Si les droits seigneuriaux étaient presque partout les mêmes, l'exercice de ces droits était bien différent. Les seigneurs laïques exigeaient presque tous la reconnaissance de leurs droits, aux frais des emphytéotes : 1° tous les dix ans; 2° à chaque mutation de vassal ou de seigneur; en dehors de ces cas, mais alors à leurs propres frais, chaque fois qu'ils le voulaient. C'était le droit public. Les chapelains avaient attendu une nouvelle reconnaissance jusqu'à *soixante-douze ans*, et, souvent, après cet intervalle où des améliorations avaient été réalisées, les conditions n'étaient guère modifiées, malgré la plus-value des terres.

Ce n'est pas avec nos chapelains qu'on aurait relevé et flétri quelque fait qui ressemblât même de loin aux honteuses évictions des catholiques irlandais par tant de lords protestants, ou des catholiques polonais par tant de prussiens protestants (1)!...

Le paysan de l'ancienne France (2) n'était pas si abaissé ni si malheureux qu'on *se plaît* à le dire. Sa

Le
paysan
de l'an-
cienne
France

(1) Ceux qui *pleurent* le plus sur *le paysan d'autrefois*, n'ont pas une larme pour ces atrocités protestantes.

(2) Celui qui parle encore du *paysan de La Bruyère* est disqualifié dans le domaine de l'érudition. Ce cliché peut tout au plus servir à quelque maire de village recevant quelque Ministre aussi sectaire et aussi érudit que lui.

vie était simple, mais facile et large. Il exerçait noblement l'hospitalité, il n'avait ni le goût ni le besoin de faire argent de tout, il donnait volontiers des fruits et ce qui lui venait sans grand travail. Ses vêtements étaient moins fins, mais plus chauds qu'aujourd'hui, et il connaissait le luxe du linge, fleurant le thym et la lavande. Il traitait avec les plus hauts personnages sur le pied, non d'une égalité chimérique, mais d'une estime et d'un respect réciproques. Des lois ombrageuses n'en avaient pas fait encore cet être isolé, cet impuissant et cet envieux, créé par la Révolution ; il était quelqu'un et quelque chose, parce qu'il faisait partie d'une corporation puissante et forte : « Il a été convenu et accordé » entre les deux parties... Les chapelains engagent » les biens de la chapelle ; les paysans de Monlong, » les biens de la Communauté. » Chacun savait garder son rang, mais, en restant à sa place, le paysan savait faire respecter ses droits et ses intérêts. L'Eglise avait donné à la royauté française un peuple incomparable, admiré par tous les voyageurs étrangers : (1) un peuple respectueux et fidèle, gai et brave. Des légistes de village et une bourgeoisie voltairienne le détachèrent peu à peu de l'Eglise, dans laquelle ils voyaient avec raison l'obstacle et l'ennemie. Ils flattèrent l'homme des champs, le rendirent mécontent de sa position et jaloux de l'autorité religieuse, lui montrant, quand il était propriétaire (2), la terre noble exempte d'impôts, tandis

(1) Young est un de ceux-là.

(2) C'est une erreur « de prétendre que la Révolution française a » donné ou rendu la terre aux paysans... La vérité est que, longtemps » avant 1789, les paysans étaient devenus propriétaires dans une » mesure qui n'a pas été dépassée depuis lors, si tant est qu'elle soit » restée la même... » (Mgr Freppel, *la Révolution française et la propriété, à propos du centenaire de 1789*, 3e édition, p. 89).

que la sienne les supportait, lui laissant entrevoir, quand il n'était qu'emphytéote, le moment où ces terres, dont il n'avait que l'usage et le labeur, seraient devenues sa propriété. La royauté *très chrétienne*, non seulement laissa faire, mais se jeta elle-même dans les *mains* de ces hommes qui l'adulaient et qui ne trouvaient jamais *sa couronne assez ronde*. Devenu le maître, l'homme de loi, trop souvent janséniste, franc-maçon et corrompu, fit monter la royauté sur l'échafaud, poussa les ministres de l'Eglise ou sur tous les échafauds ou sur tous les chemins de l'exil, isola le paysan, le relégua dans ces champs qu'avaient achetés des bourgeois puissants et riches, et, en place de la richesse et de la liberté promises, doubla ses impositions et ses charges.

Après tant de révolutions, malgré l'indifférence ou l'irréligion qui le travaille en bien des endroits, malgré les scandales dont il est le témoin partout, le paysan amoindri de nos jours est encore la portion la plus saine et la plus vigoureuse du pays; il fournit dans de larges proportions le prêtre et le soldat, il est encore le cœur et le bras de la France.

BIBLIOTHÈQUE NATIONALE R.F. IMPRIMÉS

CHAPITRE IX

—

Etat primitif de Garaison.—Garaison et les Chapelains

—

Garaison était le centre d'où partait cette impulsion incessante et puissante. C'est là que les chapelains avaient concentré leurs meilleures affections et leurs efforts les plus dévoués.

Pour mettre plus de clarté dans le récit, nous visiterons successivement la maison, la chapelle et le hameau.

1º LA MAISON

Nul, mieux que Geoffroy, ne pouvait nous décrire l'état de Garaison, à l'époque où il fut promu à la cure de Monléon, en 1604 : « Il n'y avait aucune habitation ni bastiments où l'on pût loger ni recepvoir pas seulement un prestre, un pellerin. L'église même était entourée de buissons, ronces et fougères, en telle sorte que ce lieu était comme désert. Ez-années 1605, 1606 et 1607, Geoffroy fit bastir des petites cellules, avec l'édifice d'un couvert, sur un carré de vieilles murailles, usées et corrompues, pour y mettre avec lui deux prestres à couvert, enfants natifs de la ville de Monléon, où demeurant ensemble l'espace de deux ou trois années, y souffrirent toutes les rigueurs et austé-

Etat primitif de Garaison

» rités possibles, pensant y obtenir les grâces de
» Notre-Seigneur pour y augmenter et advancer la
» dévotion, en y recevant tous les pellerins qui se
» présentaient, les loger, nourrir, entretenir et cul-
» tiver à l'entretien de la vie spirituelle pendant le
» temps de cinq années (1). »

A mesure qu'abondèrent les ressources, les cons- *Cons-*
truction:
de
Geoffry.
tructions s'élevèrent dans la même proportion. Un
très ancien registre nous apprend que Geoffroy avait
choisi son architecte, pour commencer les édifices
nécessaires, dès qu'aurait été acheté aux consuls de
Monléon le terrain reconnu indispensable.

L'architecte s'appelait Pierre Labesville, de Tou- *Pierre*
La-
besville
ar-
chitecte.
louse.

L'acte de fondation, reproduit en partie dans la
Bulle d'Urbain VIII, énumère les bâtiments, grands
et petits, construits par Geoffroy, les uns contigus à
la chapelle, les autres tout voisins; il en énumère
les chambres et cabinets, les caves, les cuisines, les
greniers, les divers offices; il en donne le nom (2).

(1) *Mémoire consultatif* sur les droits de Geoffroy... année 1624.

(2) Nous donnerons en note ce qui, pour les uns, ralentirait trop
le récit et qui, pour certains autres, peut offrir de l'intérêt. Voici
donc l'énumération des constructions de Geoffroy : « Outre l'hostel-
» lerie, maison et jardin, jadis appartenant à la Communauté de
» Monléon, Geoffroy a fait bastir la maison et enclos, attenant et
» contigus la chapelle, consistant en une salle, sallette avec dix
» chambrettes, une sacristie avec une chambre dessus, avec trois
» cabinets, et, au milieu dudit enclos, une petite maison, appelée
» l'hostalet, garnie d'une chambre, sellier dessous et grenier dessus;
» plus une autre grande maison ou hostellerie bastie par ledit
» Geoffroy pour ladite chapelle, consistant en une salle et sallette
» basses, cave et cuisine, et une salle et sallette hautes, avec cinq
» chambres, deux cabinets et aisances et tout le long grenier dessus
» avec une escurie soubs le couvert y attenant à loger quatre-vingts
» chevaux, une basse-cour de dix cannes (*) de long, entourée de

(*) Ancienne mesure de longueur, équivalant à 2ᵐ 23.

Geoffroy semble avoir, avant tout, voulu se donner de la place, en homme qui en a manqué pendant longtemps..

L'art eut une part plus grande dans les constructions qui s'ajoutèrent aux siennes ou qui les remplacèrent.

Constructions de Souffron

Les plans en furent dressés par Pierre Souffron, habile architecte d'Auch (1).

Les nouveaux bâtiments étaient-ils un imposant quadrilatère, enfermant la chapelle au milieu comme le centre de toute cette vie si active et si bienfaisante? Certains l'ont cru. Mais le côté nord-est ne paraît avoir jamais été bâti qu'à moitié et le côté sud-ouest n'atteignait que la hauteur du premier, lorsque la Révolution éclata. Les constructions n'en formaient pas moins, avec les murs qui les continuaient, deux cours intérieures, à peu près égales, ornées chacune d'une gracieuse fontaine, emblème

Les fontaines

» murailles; derrière, il y a une autre maisonnette, appelée aussi » l'hostalet, garnie de sa cave, une sallette, une chambre avec l'es-» table au long et grenier dessus; plus, une borde aussi bastie et » édifiée par ledit Geoffroy au lieu dit Barthère, au milieu d'une » pièce de terre contenant quatre arpents, consistant ledit bastiment » en un grenier à mestre environ deux cens sacs bled, deux cham-» bres avec deux cheminées et un four et grenier dessus, un cellier » y attenant, pour mestre cinquante cuves à deux rangs, et couvert » à mestre quarante et cinquante chevaux, pour loger une paire de » bœufs et deux ou trois cens têtes de moutons. » Acte retenu le 18 février 1613 par Me Cahuzac, notaire de Barran: Approuvé, le 3 mars suivant par Godefroi de Rochefort, vicaire général de l'archevêque d'Auch, insinué et enregistré au registre du greffier des *insinuations* ecclésiastiques du diocèse d'Auch, le 2 avril de la même année.

(1) Le 17 décembre 1594, un traité fut conclu entre les Etats de Bigorre, d'un côté, et, de l'autre, Pierre Souffron, maître-architecte de la ville d'Auch, et Pierre Lemoyne, architecte du lieu de Luc, en Bigorre, pour démolir, dans l'espace de quatre mois, le château de Rabastens (Bigorre), dont Monluc venait de s'emparer. La démolition était terminée, le 5 avril 1595, et les architectes recevaient la somme promise (*Souvenir de Bigorre*, 1884, 4e vol., p. 552, note).

des grâces que la Vierge n'a cessé de répandre en ce lieu.

Le poète *inconnu* décrit longuement ces eaux, arrosant les jardins, coulant le long des allées et *s'en allant raffraischir les poissons* dont les fossés sont remplis (1).

On admire encore, à l'entrée Nord, un portail monumental, d'un grand cachet artistique, surmonté du groupe de *la Pitié*, la Vierge tenant son divin Fils sur ses genoux et dans ses bras. Un cartouche en marbre porte ces mots : « *Ad te, Domina, sunt* » *oculi nostri, nos yeux, ô Notre-Dame, s'élèvent* » *vers vous.* »

Le portail de l'entrée Nord

Tout près, le linteau d'une fenêtre de la tour du nord présente la date 1662. Est-ce l'année où la tour fut construite, avec les nouveaux bâtiments?...

Epoque in-certaine

Ce qui est certain, c'est que, le 10 novembre 1674, de Sanctis, syndic des chapelains, affirmait que « la » chapelle était environnée de bâtiments et édifices, » nécessaires pour le logement de douze chapelains » et de six prêtres habitués, musiciens, officiers, qui » faisaient le service de la chapelle, et des pèlerins » venant de toutes parts pour y rendre leurs vœux à » Dieu et à la Sainte Vierge. »

La déclaration de 1730 donne du personnel de la chapelle l'énumération qui suit : « Outre les douze » chapelains, il y a : les six prêtres subsidiaires; un » petit corps de musique, composé d'un maître qui » touche l'orgue, de trois parties de six enfants de » chœur, dont l'un joue de la basse; quatre jeunes » élèves pour servir à l'église; un chef de domesti-

Personnel de Garaison

» ques; un chirurgien; un portier; un crédencier;
» un sommelier; un cuisinier avec un aide; un bou-
» langer; un meunier; un jardinier avec deux aides;
» un linger; un maçon; quatre petits valets; un mar-
» miton et douze autres valets pour le labourage,
» écuries ou garde des bestiaux, qui font trente do-
» mestiques. En tout, soixante-trois personnes (1). »

Nombre des Chambres — La maison avait quatre-vingt-sept chambres et divers autres locaux (2).

A défaut d'autres documents, l'inventaire de 1791 nous permettra de faire connaissance avec ce lieu vénérable (3).

Comment ces chambres étaient désignées — La plupart des chambres occupées, par le personnel de la maison, étaient désignées par le nom de l'occupant : chambres des clercs, de la maîtrise, du maître de musique, du régent, du chirurgien, même du souffleur, etc. etc. D'autres, surtout celles qui étaient destinées aux pèlerins, portaient une appellation du Sauveur, de la Vierge, ou le nom d'un saint; il y avait : *St-Sauveur* d'en bas, *St-Sauveur* d'en haut, *le Bon-Pasteur, Sainte-Croix, Notre-Dame, St-Joseph, St-Pierre, St-Jérôme,* etc. etc.

Rien de somptueux dans ces chambres — Plus spacieuses et mieux meublées les unes que les autres, elles étaient, au moins en 1791, sans luxe ni superflu (4) : lits garnis en *cadis* de St-Gaudens, en *cadis* bleu, en *raze* couleur aurore, rideaux en

(1) Déclaration des biens et revenus de la chapelle de Garaison au Bureau diocésain d'Auch, 1730.

(2) L'abbé Cazauran, *Notre-Dame de Garaison,* p. 244.

(3) Inventaire, commencé le 20 décembre 1751 par Bourjac, Duthil et Soulé, commissaires du district de la Neste, continué, le 23 décembre, par Cizos-Larrey, maire de Monléon, Clément Surville et Jean-François Abbadie, sous la surveillance de Dutilh.

(4) Un lit pourtant a 4 matelas et un autre en a 3 !.....

cadis vert, *surciel bonnes grâces*, voilà ce qu'on remarque de plus brillant; parfois, quelques mauvaises chaises rembourrées, couvertes de *cadis;* quelques fauteuils très clairsemés; deux canapés seulement. Presque partout, les enquêteurs, si peu bienveillants qu'ils fussent, étaient obligés d'écrire : *mobilier ordinaire, mobilier commun,* quand ils n'écrivaient pas : *vieilles ustensiles* (sic) !... Parfois même, le mauvais état des portes ne leur permit pas d'apposer les scellés...

Une belle et vaste pièce voûtée du rez-de-chaussée mérite pourtant une mention spéciale. Elle est si bien disposée, au point de vue de l'acoustique, que les arêtes de la voûte transmettent distinctement chaque mot d'un bout de la salle à l'autre et que, malgré la hauteur et la distance, deux personnes, placées aux deux extrémités, peuvent causer à voix basse. On l'appelle aujourd'hui *salle de l'écho* (1). *[Salle de l'Echo]*

Les pièces communes paraissent avoir été pareillement fort modestes. *[Pièces coummunes.]*

Le réfectoire comprenait une grande armoire à quatre étages, une fontaine avec une cuvette en cuivre, cinq tables, vingt-quatre chaises, un banc, dix tableaux. C'est dans le réfectoire que se tenaient les assemblées des chapelains (2). *[Réfectoire.]*

L'argenterie était renfermée dans *l'office.* *[Office.]*

La fayencerie ne contenait qu'une vaisselle commune, *toute de faïence,* disent les enquêteurs. *[Fayencerie]*

Il y avait une *ciergerie,* où l'on faisait des cierges *[Ciergerie]*

(1) Cette salle fait partie du corps du Midi, interrompu par la Révolution.

(2) Cette circonstance nous est révélée par le chapelain Simon Sabathier dans son testament du 7 janvier 1664.

et tuilerie. et une chambre où on les donnait, près la porte de l'église (1); une *tuilerie* où l'on fabriquait des tuiles en abondance.

Caves. Il est fait mention de trois caves : *la grande cave, la cave de la porte, la cave de la cour.* A cette époque où les communications étaient longues, difficiles et coûteuses, les chapelains récoltaient sur leurs propriétés le vin nécessaire pour leur entretien et pour la réception des pèlerinages (2).

Ecuries. Il y avait *quatre écuries*, avec des chambres attenantes pour le palefrenier et les bouviers. Les quatre écuries étaient peu brillantes en 1791.

Trésor. *La chambre du trésor* (3) contenait une armoire, qui était incrustée dans le mur du Septentrion et dans laquelle les chapelains enfermaient leur or et leur argent; une autre armoire à deux portes, où était le linge de la sacristie, et une troisième à trois portes, dans laquelle étaient *des trésors* encore plus précieux : archives, papiers, titres et documents de la chapelle.

Bibliothèque. Au-dessus du *trésor* était, alors comme aujourd'hui, la bibliothèque. Outre les livres *prohibés* (les commissaires disent *proscrits!*), soigneusement tenus sous clef, elle renfermait un total de *deux mille sept cent douze volumes*, embrassant les diverses branches des sciences sacrées et profanes, et mon-

(1) Chambre des chaises aujourd'hui.

(2) Nous ne parlons ni de *la lingerie*, ni de *la fournière* (du fournil), ni de *la cuisine*, ni du *saloir*, ni de *la menuiserie*, ni de *l'orangerie*, ni des *granges*, ni de *la métairie de Montauban*, qui serait la maison Lages.

(3) Elle a gardé son nom, bien que la destination ne soit plus la même.

trant que les chapelains suivaient la marche des esprits et des idées de leur temps (1).

Ils avaient entrepris de nouvelles constructions au midi et entassé d'immenses quantités de matériaux, préparés déjà et portés à pied d'œuvre. Les commissaires de 1791 constatent cet amoncellement de sable, de tuiles, de pierres et de bois (2). La Révolution, en dispersant les chapelains, *dispersa* pareillement les matériaux. La Révolution n'édifie pas, elle ne sait que détruire.

Constructions interrompues par la Révolution.

2° La Chapelle

Pierre Souffron, comme le siècle de Louis XIV, était engoué de la Renaissance. Ne pouvant pas refaire la chapelle, il voulut la mettre au goût du jour dans la mesure du possible.

On lui doit *les quatre arceaux* à droite de l'entrée, devant lesquels on s'arrête encore aujourd'hui

Les quatre

(1) En voici le détail :

1° Sainte Bible.......	332 vol.	7° Liturgie...........	73 tom.
2° Saints Pères.......	123 »	8° Littérature et philos.	227 »
3° Théologie *polémique* (Ils veulent dire sans doute *dogmatique*).	245 vol.	9° Histoire ecclésiastique et profane......	306 vol.
4° Théologie morale..	278 tom.	10° Sermons........	361 »
5° Droit canonique....	98 »	11° Ascétisme........	306 »
6° Droit civil........	63 »	12° Bouquins (environ)	300 »

(2) *Quinze* charrettes de sable dans la cour d'entrée ; dans la cour du jardin, près le jardin, dans la grange du jardin, sur le devant et à l'entour de la bâtisse neuve, ce sont des milliers et des milliers de tuiles, 400 pierres blanches taillées et préparées, 80 pierres en bleu, piles de bois, quantité de poutres, 80 planches, 140 solives, 40 pièces de bois, 4 pièces de bois non *carrées* d'environ 50 pans de long, 100 lattefeuilles, 600 *colandes* de diverses longueurs. On appelait *colandes* des pièces de bois, enduites de terre et blanchies à la chaux, avec lesquelles on fait des cloisons en bois appelées *colandages*.

Que devinrent toutes ces richesses et tant d'autres encore ?

Et les quintaux de foin ? Et les *bauquiers* de paille ? N. B. Un *bauquier* est formé de 12 gerbes de paille réunies.

chapelles du vestibule.

et qu'on appelait *les quatre chapelles du vestibule de dehors* (1). Lors des grands concours, quand la chapelle devenait insuffisante, les prêtres avaient là quatre autels de plus et les fidèles trouvaient dans la cour qui leur fait face, la place et l'air qui favorisaient la dévotion, sans nuire au recueillement. Ce fut encore là qu'en 1886 fut solennisé le cinquantième anniversaire de la restauration du sanctuaire.

Façade de la chapelle.

Pierre Souffron éleva la façade de la chapelle, que l'on est forcé d'admirer, tout en déplorant le goût qui brisait ainsi l'unité de ce petit chef-d'œuvre. Le tympan de la porte d'entrée représente la Vierge, portant l'Enfant Jésus et recevant l'hommage de deux pèlerins, tandis qu'un Ange à droite lui offre la couronne et qu'un autre Ange à gauche lui tend le sceptre. Dans une niche au-dessus de la porte, on a placé, depuis, une statue de la Vierge Immaculée que flanquent, un peu plus bas, les deux statues de saint Joachim et de sainte Anne. Un bas-relief de l'Apparition surmonte ces trois statues et rapelle la promesse : « Ici je répandrai mes dons. » Enfin, couronnant le tout, un gablet nous fait lire la parole du Sauveur sur la croix : « *Ecce Mater tua, voici votre Mère.* »

La crypte.

On descend trois marches et l'on entre dans une crypte basse et mystérieuse, dont la voûte se partage en cinq travées. Dans chacune d'elles, quelques vieilles peintures, portant des numéros d'ordre très visibles, piquent la curiosité du visiteur et font revivre sous ses yeux quelques-unes des merveilles accomplies par Notre-Dame de Garaison. C'était autrefois *la chapelle de la Bergère,* qui semblait intro-

(1) *Inventaire de 1791.*

duire toujours le pèlerin auprès de la Vierge. Aujourd'hui, un autel en terre cuite a été placé en face de la porte, et la crypte est devenue *la chapelle de sainte Anne*. Quatre confessionnaux du 17e siècle occupent tout le fond.

Au-dessus de cette crypte, *la Tribune*, moins grande que la Tribune actuelle, avait son autel, un petit orgue, une basse, des pupitres, des livres de chant, deux tableaux représentant l'un Notre-Seigneur Jésus-Christ et l'autre la Vierge (1). La Tribune.

L'horloge, qui la surmontait, n'avait de remarquable que les trois cloches qu'elle portait (2). L'horloge.

En revanche, *le clocher* n'avait qu'une cloche moyenne et, du côté de la sacristie, une plus petite pour appeler les clercs (3). Le clocher.

Trois lourds piliers soutiennent la partie antérieure de la Tribune, et leurs arcades romanes donnent accès dans la chapelle proprement dite.

La chapelle n'avait eu jusque-là pour ornement que la pureté de ses lignes et quelques peintures grossières, redisant, elles aussi, la puissance et la miséricorde de Notre-Dame de Garaison. On revêtit les murs d'une tapisserie de bois sculpté et doré. Travail merveilleux, si l'on veut, mais pesant, jurant avec le style ogival et masquant le jet hardi de toutes ces colonnes aériennes. Tout un peuple de statues y représentait Notre-Seigneur, la Vierge, les Apôtres, quelques autres saints et les vertus chrétiennes. Il n'en reste que le beau Christ en face de la chaire (4). Boiseries et statues.

(1) *Inventaire de 1791.*
(2) *Ibid.*
(3) *Ibid.*
(4) Un certain nombre des autres statues se trouvent aujourd'hui dans l'église de Monléon.

Les cinq autels. La chapelle proprement dite avait, alors comme aujourd'hui, cinq autels : le maître-autel dédié à Notre-Dame des Douleurs; l'autel de saint Joseph, aujourd'hui l'autel du Sacré-Cœur de Jésus; l'autel de l'Ange Gardien, aujourd'hui l'autel de saint Michel; l'autel de saint Jean, aujourd'hui l'autel du Saint-Cœur de Marie; l'autel de sainte Catherine, aujourd'hui l'autel de saint Joseph.

Maître-autel. Le maître-autel, très compliqué, fait dans le goût général du temps, nous prouve que ces innovations avaient le complet agrément des chapelains. C'est un dessin, *dressé* par eux et envoyé à Gabriel de Pélissier, docteur régent et doyen de la Faculté de théologie en l'Université de Toulouse, qui allait lui-même succéder comme troisième grand chapelain à Godefroi de Rochefort. Ils lui donnent procuration, pour veiller à la fidèle exécution qu'en a promise Pierre Affre, maître *sculpteur-architecteur* de la ville de Toulouse.

La pièce est du 11 octobre 1635, quelques jours après la mort de Geoffroy (1).

(1) « Sera fait par ledit entrepreneur pour le maître-autel de la
» chapelle un contre rétable d'autel, composé de *quatre piédestals.*
» Sur chacun desdits *piédestals* sera élevé un pilastre, avec ses ar-
» rière corps, et sur chacun d'iceux pilastres sera appliquée une
» console qui portera son architrave, frise et corniche. Sur chacune
» d'icelles corniches sera posée une figure de ronde-bosse assise, de
» la hauteur de 7 pans, marquée au dessin lettre I, et sera de s. Joa-
» chim, père de N D , fort âgé. Ledit entrepreneur laissera place
» pour écrire : *O pater Joachim,* sans qu'il soit tenu de l'écrire — et
» à la figure marquée, au-dessus, lettre J, sera de sainte Anne,
» mère de N -D., fort âgée. Ledit entrepreneur laissera place pour
» écrire : *Beatum et Anna,* sans qu'il soit obligé de l'écrire.

» Et la figure marquée au dessin lettre I, sera de Hiérémie, pro-
» phète, tout éploré, avec une table en main pour y écrire : *Magna*
» *est velut mare contritio tua,* sans que l'entrepreneur soit obligé
» de l'écrire; et, entre les deux pilastres du milieu et à l'endroit de
» l'autel, sera fait un grand cadre, dans lequel sera faite une ovale
» qui s'étendra jusqu'au bord d'icelui, et dans cette ovale sera pla-

Les conventions, déjà conclues, avec Pierre Affre, démontrent que ce dessin avait la pleine approbation du fondateur, s'il n'était pas son œuvre.

La richesse du maître-autel contrastait avec l'or-

» cée l'image de la Vierge, et à l'entour de la Vierge seront faits des
» anges larmoyants, à demi-corps et de demi-relief, sauf que les
» postures de quelques-uns requièrent que les têtes ou autres par-
» ties du corps soient de ronde-bosse, portés par des nuages — et
» laissera l'entrepreneur place, à l'entour de ladite ovale, pour
» écrire, s'il se peut : *Angeli pacis amare flebunt,* sans qu'il soit
» tenu de l'écrire.

» Et, par dessus ladite ovale et contre ladite corniche, sera appli-
» quée une table d'attente, de marbre noir, que ledit entrepreneur
» fournira, et y gravera cet écrit en lettres d'or : *Pietatem exhibent*
» *viscera pietatis.*

» Et par dessus icelle table et au second bâtiment, sera faite une
» architecture ronde, en forme de frontispice, et dans le tympan
» d'icelui sera représenté le Couronnement de la Vierge, composé
» de 4 figures : dont le Saint-Esprit sera l'une, de demi-relief, et
» laissera ledit entrepreneur place, s'il se peut, pour écrire audit
» frontispice : *Nec oculus vidit, nec auris audivit* -- et sera ledit
» frontispice soutenu de deux pilastres, et dans chacun d'iceux sera
» appliquée une console, et sur chacune d'icelle sera posé *ung baso*
» (sic), et contre les deux pilastres de deux pans plus voisins de
» l'autre, *sera fait* deux grands cadres à oreilles pour y pouvoir
» mettre un tableau de peinture, et sur iceux et dans la frise par
» dessous la corniche, il appliquera et fournira, de chaque côté, une
» table d'attente, en marbre noir, sur l'une desquelles, marquée au
» dessin lettre O, il gravera en lettres d'or : *Una est columba mea*
» -- et sur l'autre, marquée du dessin lettre R, il gravera aussi en
» lettres d'or : *Vox turturis audita est in terra nostra* -- et lais-
» sera ledit entrepreneur, s'il se peut, place pour écrire, au fond de
» l'un de ces cadres : *Ave gratia plena, Dominus tecum,* et au
» fond de l'autre : *Benedicta tu in mulieribus,* sans que ledit en-
» trepreneur soit obligé de l'écrire.

» Et par dessus ladite corniche sera fait un frontispice ou couron-
» nement, dans le tympan duquel sera représenté, au lieu de deux
» anges à demi-corps, du côté au-dessus de la lettre O, une colombe
» portant un rameau d'olive avec son bec, et de l'autre côté au-
» dessus de la lettre R, une tourterelle -- et lesdites colombe et
» tourterelle seront de ronde-bosse.

» Et à côté d'un chacun frontispice ou couronnement seront mis
» deux vases, accompagnés de leur piédestal, et par dessus un cha-
» cun d'iceux frontispices sera posée une figure, marquée au-dessus
» de la lettre G, qui sera de Jaël tenant sous ses pieds la tête de
» Sisara, percée d'un gros clou, et à sa main droite un marteau. Le
» dit entrepreneur laissera place au frontispice pour écrire : *Tradi-*
» *dit Sisaram in manibus Jaël.*

nementation ordinaire des quatre autres. Les commissaires de 1791 enregistrent : « six grands chan-
» deliers et deux moindres; une grande croix de-
» vant le tabernacle, une petite pour donner la
» paix (1), une grande croix processionnelle, avec
» le manche; quatre images représentant la Sainte
» Vierge, et une cinquième représentant le petit
» Jésus; tous les objets ci-dessus en argent, et deux
» grands cœurs en vermeil, comme aussi un croissant
» au bas de l'image de la Vierge; une agrafe en pier-
» reries; deux couronnes, dont l'une au-dessus de
» *l'exposoir* et l'autre au-dessus de l'image de la
» Vierge, toutes les deux en argent; trois lampes,
» dont l'une en vermeil et les deux autres en ar-
» gent... »

» Et la figure, marquée au dessin lettre R, sera de Judith, portant
» en la main gauche la tête d'Holopherne et tenant à la main droite
» un coutelas. Ledit entrepreneur laissera place pour écrire : *Tu*
» *gloria Israël* (sic), *tu honorificentia populi nostri.*

» Semblablement aussi seront faites par ledit entrepreneur 4 figu-
» res droites, de 7 pans de hauteur, posées sur les 4 grands piédes-
» tals d'en-bas, dont la figure, marquée au dessin lettre A, sera de
» S. Joseph, époux de N.-D., tenant à sa main droite un bâton fleuri
» avec ces mots : *Constituit eum Dominum domus suæ.* — La
» figure... lettre B sera de S. Jean l'Evangéliste, ayant un aigle à ses
» pieds, s'il se peut, et en ses mains une plume ou un calice, avec
» ces mots : *Accepit eam discipulus in sua.* — La figure... lettre C
» sera de Sara, femme d'Abraham, fort âgée : *Risum fecit mihi*
» *Dominus.* — La figure... lettre D sera de Noémi, en grande
» affliction : *Nolite vocare me Noemi, sed Mariam.*

» De plus, fera ledit entrepreneur, aux deux côtés du contre-réta-
» ble, savoir à celui auquel est présentement la porte de la sacristie,
» et à celui qui lui est opposé, de l'autre côté, deux formes de porte,
» d'un chacun côté. »

Nous avons intégralement copié ce contrat, malgré sa longueur,
parce qu'il nous retrace bien le genre de l'époque et nous laisse
entrevoir celui des chapelains, parce qu'il nous donne le nom du
sculpteur et la description du maître-autel. On y ajouta, à droite
et à gauche, quelques bas-reliefs reproduisant quelques punitions et
quelques bienfaits de Notre-Dame de Garaison.

(1) « Les six chandeliers et les deux croix, observent-ils, sont du
poids de 23 livres, poids de table. »

Trois sujets se partagent les murs et la voûte de la sacristie : le sacrifice du Calvaire, dont la messe n'est que le renouvellement et le prolongement à travers les siècles, et dont les Anges font revivre sous nos yeux certains douloureux épisodes, en présentant à notre vénération et à notre amour la plupart des instruments ou des souvenirs de la Passion : la croix dans une gloire, l'éponge, le roseau, l'échelle, le voile de Véronique, la tunique du Sauveur, etc., tandis que, au centre, dans un cercle qu'ils environnent, une superbe couronne brille comme la récompense des douleurs méritoirement supportées (1); le Saint-Esprit, rayonnant d'un cercle central et descendant sur Marie et sur les Apôtres, qui l'entourent; enfin l'Eucharistie dans une gloire, entourée d'Anges, avec ses deux effets, indiqués par ces mots à gauche et à droite : *Mors est malis, vita bonis, elle est mort pour les indignes, vie pour les bons.*

Une *Pitié* et une copie du Christ agonisant de Paul Delaroche y ont été ajoutées depuis peu.

Les commissaires de 1791 y signalent aussi quatre confessionnaux.

Ils écrivent encore : « Sur le premier vestiaire (de » la sacristie) sont des petites loges où nous avons » trouvé des *Heures*, qu'on nous a dit être un pré- » sent de la Reine, mère de Louis XIV, dont le cou- » vert est enrichi de petites perles — et une petite » *Couronne*, qu'on nous a dit être en nature la cou- » ronne de Louis XIV en sa minorité (2). »

(1) Dans un autre panneau, d'autres souvenirs de la Passion avoisinent la Résurrection de Notre-Seigneur, représentée dans la muraille Nord par deux Anges qui gardent un sépulcre vide. C'est encore la même idée.

(2) Les heures et la Couronne étaient-elles ordinairement dans la chambre du *trésor* ou bien dans la sacristie, comme l'enquête semble le faire entendre?

Projet de quinze petites chapelles en l'honneur des quinze mystères du Rosaire

Comme les chapelains avaient entrepris déjà d'agrandir la maison, ils avaient de même projeté d'agrandir le sanctuaire, en élevant « quinze petites » chapelles en l'honneur des quinze mystères du Ro- » saire. Idée magnifique... qui trouvait de l'écho dans » les âmes pieuses. Car nous voyons noble dame » Paul d'Estarac, épouse de noble Félix de Nogaret, » marquis de Lavalette, s'inscrire généreusement » pour cette Œuvre, par une clause spéciale de son » testament du 18 février 1678 : « Je Paule Destarac » de Fontarailles donne et lègue à la sainte chapelle » de Notre-Dame de Garaison la somme de *quinze* » *cens livres*, pour contribuer au dessein que Mes- » sieurs les chapelains de ladite église ont de faire » quinze autels à l'honneur des quinze mystères du » Rosaire, et je désire que les *quinze cens livres* » soient employées à faire les cinq autels qui repré- » senteront les *mystères joyeux*, payable la dite » somme dans un an après mon décès (1). »

La Révolution fit évanouir ce projet, comme elle en fit évanouir tant d'autres. Mais Notre-Dame de Lourdes exécute largement aujourd'hui le vœu des chapelains de Notre-Dame de Garaison.

La Fille fait honneur au désir de la Mère.

3° GARAISON ET BARTHÈRE.

Autour de la chapelle et des chapelains, la Vierge avait groupé un tout petit peuple, autre que celui d'autrefois. Le 12 mai 1658, Barthe, *agrimanseur*, comptait déjà une soixantaine de familles, parmi lesquelles on distingait deux Sagazan, un chirurgien

Autrefois et aujonrd'hui

____

(1) M. l'abbé Cazauran, *Notre-Dame de Garaison,* 238-239.

ou praticien, un avocat, trois bourgeois, trois marchands, etc. On y trouvait deux hôtels : *le Grand Logis*, qui avait pour enseigne *La croix d'or*, et *le Petit Logis*. On vendait dans une petite place les chapelets, les images, les croix, les livres de piété et ces mille petits souvenirs que l'on emporte d'un pèlerinage.

Comme les Madones de tous les temps et de tous les pays, Notre-Dame de Garaison joignait aux grâces spirituelles le surcroît des biens temporels (1).

Comme partout et toujours aussi, la prospérité matérielle faisait disparaître la simplicité primitive et apparaître le relâchement, sinon le vice.

En voyant défiler les illustrations et les grandeurs, les gens du pays cherchaient trop souvent à imiter, non la piété des pèlerins, mais leur luxe et parfois leur peu de retenue; car, dans le nombre, on rencontrait tout autre chose que des chrétiens venant chercher la rémission de leurs fautes et le perfectionnement de leurs vertus.

Une requête des chapelains du 7 août 1671 demandait au Parlement l'expulsion de gens sans aveu, qui importunaient les pèlerins, les scandalisaient et rôdaient autour de la chapelle. Quelques jours après, une ordonnance royale en éloignait les gens de mauvaise vie, *voleurs, vagabonds, et défendait de les loger sous peine de cinq cens livres d'amende, applicables la moitié à la chapelle et l'autre moitié à un hôpital.*

Ils reparurent bientôt, mais, le 30 juin 1704, parut

Prospérité

Relâchement

*Mesures :
1° pour écarter les étrangers mauvais*

(1) « *Cherchez d'abord le royaume de Dieu, et le reste vous sera » donné par surcroît* », S. Mathieu, ch. 6, v. 33.

une nouvelle ordonnance royale contre *les personnes suspectes, infestant Garaison.*

C'est que les bandouliers avaient occupé de nouveau *la lande du bouc.* « En 1708, il ne fallut pas
« moins de trois régiments, assistés de tous les
« paysans d'alentour, pour venir à bout de ces mal-
« faiteurs, commandés par le fameux Loubayssin(1). »

2° pour conserver les habitants simples et bons

Il ne suffisait pas d'écarter les étrangers dangereux; le zèle faisait un devoir aux chapelains de s'employer à conserver les habitants dignes de la Vierge qui était apparue chez eux. Dans ce but, ils s'efforcèrent d'endiguer l'âpre amour du lucre et de rappeler qu'il y a pour le chrétien des gains très supérieurs. Un arrêt du 4 octobre 1767 interdit aux marchands toute vente, les dimanches et les fêtes.

Les chapelains pouvaient agir de la sorte ; ils donnaient l'exemple, en accordant aux pèlerins une hospitalité absolument gratuite, et ils trouvaient dans les tribunaux d'alors un concours précieux.

(1) *Revue de Comminges,* t. XIII, année 1898, 4e trimestre.

CHAPITRE X

—

Les Chapelains

—

Les chapelains étaient l'âme de Garaison, de toutes ces constructions, de tous ces agrandissements. Nous connaissons les difficultés qu'ils ont dû vaincre, le milieu dans lequel ils se meuvent. Le moment est venu de les connaître d'une manière plus intime.

Leurs constitutions furent extraites de la Bulle d'Urbain VIII; on y joignit un supplément, approuvé par Mgr de Vic, le 16 avril 1645.

Constitutions

Un grand chapelain, nommé à vie par la Communauté, gouvernait l'Institut, imprimant à la direction l'unité et l'esprit de suite.

Grand chapelain

Douze chapelains, nommés aussi par la Communauté, l'aidaient dans son administration, et quelques-uns, sous son autorité, présidaient à diverses fonctions spéciales.

Les douze

Fonctions spéciales

Le surintendant de la sacristie réglait les cérémonies, offices, messes et saluts, veillant à ce que tout se fît avec ordre, dignité, édification;

Le *Syndic* avait la garde et le soin des titres de propriété, des actes, des contrats passés ou à passer; visitait les propriétés, recouvrait les revenus des fermes, les rentes des sommes placées à intérêt, était souvent délégué pour rendre la foi et l'hommage au suzerain, etc.;

L'*Econome* fournissait à la dépense quotidienne, recevait les pèlerins, exerçait une autorité paternelle sur les domestiques et les serviteurs;

Le receveur aux bassins faisait les quêtes, recevait les offrandes, tenant un compte exact des unes et des autres;

Deux trésoriers ou *Auditeurs des comptes* vérifiaient, avec le grand chapelain, les comptes du receveur aux bassins, du syndic, du surintendant de la sacristie, recueillaient toutes les recettes, tenaient *fidelle registre*, rendaient leurs comptes, devant toute la Communauté, tous les trois mois et à la fin de leur gestion.

Auditeurs des comptes, receveur aux bassins, économe, syndic, surintendant de la sacristie, étaient renouvelés chaque année à la pluralité des suffrages.

Les six
habitués

Outre les chapelains titulaires, il y avait *six prêtres habitués* qui vivaient avec les Douze, mais n'avaient pas voix délibérative dans l'administration de la société. C'est parmi eux qu'on choisissait les remplaçants des chapelains disparus par décès ou par démission ; nul toutefois, nous l'avons vu, ne pouvait être nommé, qu'il n'eût fait une année de probation et qu'il n'eût été jugé digne.

Exercices
le chaque
jour

Chaque matin, ils faisaient en commun l'oraison mentale et, chaque soir, ils se retrouvaient tous au salut et à l'examen de conscience.

.e chaque
semaine

« Ils avaient, chaque vendredi, une réunion pour » se signaler, les uns aux autres, leurs propres » défauts, les moyens de s'en corriger, d'avancer

» dans la perfection et de travailler avec plus de fruit » au bien des âmes (1). »

Pendant le Carême, ils se rendaient à trois heures, dans la tribune, *avec leurs bonnets carrés*, pour chanter les vêpres, *par la conduite du surintendant de la sacristie.*

Du
Carême

Ils tenaient, chaque année, deux réunions fixes : le premier jeudi de janvier et le premier jeudi de juillet, pour entendre la lecture dè leurs statuts et de la Bulle de fondation.

De
chaque
année

Ils se réunissaient, en outre, chaque fois qu'ils avaient à traiter une affaire importante.

Ils jeûnaient, chaque vendredi et la veille de chaque fête de la Vierge.

Jeûne de
dévotion

Ils devaient résider, à moins de permission, et se tenir à la disposition des pèlerins, afin de leur faciliter la réception pieuse des Sacrements de Pénitence et d'Eucharistie.

Résiden-
ce

« Les chapelains n'avaient droit qu'au vêtement, « à la nourriture, à ce qui leur était vraiment néces- « saire tant en santé qu'en maladie... Ils devaient « être vêtus d'une manière uniforme... Cent livres « tournois leur étaient allouées chaque année pour « leur vestiaire (2). »

Vêtement
et nour-
riture

(1) «... Sese omnes in simul semel qualibet hebdomada... eorum « defectus animadvertere, eosque corrigere atque emendare, et « tutiorem viam ad vitam spiritualem observandam ac manutenen- « dam, cultumque divinum observandum conservandumque, anima- « rum salutem et profectum procurandum investigare... », Bulle d'Urbain VIII.

(2) « Nihil... præter victum et vestitum, ac quod pro aliis suis « necessitatibus necessarium erit, tam tempore incolumitatis quam « infirmitatis, habere aut prætendere possint... Et omnes in habitu « conformes esse debeant... Sumptus vero circa cujuslibet eorum « vestitum annuatim centum librarum turonensium non excedant. » Bulle d'Urbain VIII.

« Quant à Pierre Geoffroy, recteur de Monléon,
« fondateur et bienfaiteur insigne de la chapelle, qui
« avait peu de santé et des charges exceptionnelles,
« il pouvait dépenser annuellement la somme de
« quatre cents livres tournois (1). »

« Le reste devait être employé à l'embellissement
» de la chapelle, à l'achat de quelque nouvelle pro-
» priété, ou placé en rentes pour augmenter les reve-
» nus (2). »

C'était, moins les vœux, la vie religieuse dans son
austérité et son détachement, avec son ascendant sur
les foules et sa vertu convertissante (3).

Si l'on se reporte aux commencements de Garaison, à ces prêtres venus de partout, plus soucieux de
l'honoraire de la messe que de la sanctification des
pèlerins, on comprendra facilement le prestige qui
de tout temps entoura ces chapelains, austères et
accueillants à la fois.

Science La plupart unissaient à cette robuste piété une
intelligence peu ordinaire et de fortes études, que
développaient encore et cette solitude et cette vie
commune au milieu d'une société d'élite.

(1) « Ipse Petrus, qui valetudinarius existit, quoad vixerit, præter
» victum et vestitum modo quo supra capellanis prædictis assigna-
» tum..., pro ejus sublevandis necessitatibus, summam quadringen-
» tarum librarum turonensium percipere, exigere, levare ac in suos
» usus et utilitatem convertere libere et licite possit. » Bulle d'Urbain VIII.

(2) « Et si quid... superesse contigerit, id in decorationem sine
» cura ecclesiæ hujusmodi, aut emptionem aliquorum bonorum
» stabilium, seu annuorum reddituum pro illius dotis augmento
» dumtaxat et non in alios usus converti et erogari debeat ». Bulle
d'Urbain VIII.

(3) Geoffroy et les chapelains semblent avoir gardé de leurs démêlés avec Mgr de Trapes et Charpentier certaines préventions contre
la vie religieuse, tout en la pratiquant d'une manière à peu près in-
tégrale. « Des Religieux, disaient-ils, ne pourraient pas, comme
» nous, donner l'hospitalité aux pèlerins. »

Certains y apportèrent l'éclat de la noblesse. De Noblesse
Rochefort, de Barbottan, d'Aignan, d'Aure, de Ri-
beyrac, de Marignan, etc., se firent un honneur de
venir grossir leurs rangs.

Aussi ne faut-il pas s'étonner que les supérieurs
ecclésiastiques aient plus d'une fois cherché parmi
eux des hommes capables de remplir des fonctions
importantes et difficiles. D'excellents professeurs
sortirent de leur Institut. Molinier, après avoir été
un écrivain goûté dans son *Lys du Val*, devint un
prédicateur estimé de la Cour. Le chapelain Cau-
hapé-Benquet (1663) passa de Garaison à l'archi-
prêtré de Montréjeau. Jean-Marie Cassaignoles (1757)
et quelques autres furent appelés, en qualité de vicaires généraux, à partager les sollicitudes épiscopales. Jacques Rivière, devenu curé de Vic-Bigorre,
après avoir été chapelain, fut élu, en 1789, député
du clergé aux États-généraux.

François de Gaujac vivait heureux auprès de
Notre-Dame de Garaison, lorsque, en 1732, il fut
appelé à monter sur le siège épiscopal d'Aire. Voici
le magnifique témoignage que, dans son beau discours pour le *Couronnement* de la glorieuse Madone,
Mgr Épivent rendait à l'ancien chapelain devenu
l'un de ses prédécesseurs : « Et vous surtout, Fran-
» çois de Gaujac, que Dieu est venu prendre dans
» cette solitude pour vous placer sur le siège d'Aire,
» saint Pontife, qui avez porté sur le trône épiscopal
» la simplicité de l'Apôtre, jointe aux vertus émi-
» nentes, aux grands talents de l'Evêque, vous avez
» consacré vos plus beaux jours à chanter et à faire
» aimer cette Vierge admirable, et la Vierge, en re-
» tour, vous a obtenu une vie sainte, une mort pré-

» cieuse et la couronne que le ciel réserve aux bons
» pasteurs (1). »

Et ce futur Evêque et ces futurs dignitaires regardaient comme leurs meilleures journées celles où ils avaient disposé les pèlerins à gagner les indulgences du pèlerinage, où ils avaient catéchisé les petits et les pauvres dans le patois du pays ou dans le français le plus simple.

Jetons un rapide coup d'œil sur ces modestes occupations intérieures et sur toute cette Famille de Garaison. Nous étudierons ensuite l'influence des chapelains, qui ne se renfermait pas entre les murs du monastère et ne s'arrêtait pas même aux limites de leurs possessions, mais qui rayonnait au loin, soit au point de vue spirituel par les missions, par les pèlerinages, par les fondations que faisaient dans la chapelle les familles les plus considérables et même la Famille royale; soit au point de vue temporel par la culture intelligente et modèle de leurs propriétés, par leurs larges aumônes et leurs prêts abondants aux communautés et aux particuliers; soit par leur participation active à tout ce qui intéressait le pays, tout en conservant la plus grande réserve et leur indépendance vis-à-vis des Etats des Quatre-Vallées.

(1) Discours pour le couronnement de Notre-Dame de Garaison.

CHAPITRE XI

—

Les chapelains et leur Famille de Garaison

—

Pour tout catholique digne de son nom, la Religion est sans contredit la première, la plus importante et la plus belle de toutes les sciences. Le catéchisme devrait donc être pour tous le livre le plus connu, le plus compris, le plus aimé. **Catéchisme**

Dans les familles les mieux conservées d'autrefois, il n'était pas rare que le père le fît réciter à ses enfants jusqu'à leur mariage. Au premier rang des œuvres qui ont illustré sur un grand siège la vie d'un grand docteur de l'Église, la reconnaissance des contemporains et la voix de la liturgie romaine ont placé *les admirables catéchismes* de s. Cyrille de Jérusalem (1).

Ne soyons donc pas étonnés de la place qu'il tenait dans la dévote et sainte chapelle.

« Outre les instructions ordinaires qui seront fai-
» tes à ceux qui seront commis à la musique et à la
» sacristie par quelqu'un destiné à cet effet, outre
» aussi les remontrances qu'on fera certains jours de
» la semaine aux domestiques, le catéchisme sera
» fait publiquement en la chapelle, tous les diman-
» ches, à deux heures après midi, depuis le premier

(1) *Illas vere mirandas conscripsit catecheses* (Bréviaire romain).

» dimanche de l'Avent jusques au dimanche de la
» Passion inclusivement, par un des chapelains ou
» autre prêtre de la maison qui sera nommé à cet
» effet par la Communauté, où tous les domestiques
» seront tenus d'assister, et y seront convoqués par
» le son de la cloche (1). »

Il n'était pas nécessaire de rappeler à ces hommes
qu'ils avaient charge d'âmes. Ce n'est pas à eux que
s. Paul eût eu besoin de redire, que « celui qui né-
» glige le soin de sa propre famille, a perdu la foi et
» est pire que l'infidèle (2). »

Tout en cultivant, avant tout la science de la Religion qui est et doit être la première, ils ne négligeaient pas les autres *dans leur chapelle et Maison.*

Instruction donnée par le *régent* Les lois de l'Eglise, devenues aussi lois de l'Etat,
faisaient avant 1789 un devoir à chaque couvent de
donner l'instruction gratuite, de fournir un régent
appointé par lui et un local convenable. Ceux qui
ont étudié quelque peu la question, le savent aujourd'hui, et Garaison nous en apporterait, au besoin,
une preuve de plus. Les commissaires-enquêteurs de
1791 nous ont signalé dans la maison *la chambre du
régent* et nous ont appris que le traitement du régent
et du sous-sacristain était, pour les deux, de 1040
livres. Cette manière de les réunir pour le traitement indique-t-elle que le sous-sacristain, dans ses
moments libres, prêtait aide au régent? La présence
des deux dans l'école, au moins à certaines époques
de l'année et à certaines heures du jour, établirait

(1) *Statuts pour la conduite et ordre de la dévote chapelle et
maison de Notre-Dame de Garaison,* suite du chapitre 1er.

(2) *Si quis autem suorum et maxime domesticorum curam non
habet, fidem negavit et est infideli deterior,* 1re épitre à Timothée,
ch. 5, v. 8.

avec une évidence encore plus grande que l'instruction y était donnée, non seulement aux six enfants de chœur, mais encore aux enfants de Garaison, de Barthère et peut-être des environs.

Molinier, dans son *Lys du val*, relève le talent musical de Rochefort, de Montet et de quelques autres chapelains. Il parle avec complaisance de la musique entendue chaque jour dans la chapelle comme d'une attraction puissante. Des musiciens choisis y continuaient ces traditions artistiques. Il y avait un *maître de musique*, un *organiste* et un *musicien*. Certains de ces modestes employés, libres de tout empêchement de famille, avaient adopté la chapelle pour mère et ils voulurent dormir à son ombre leur dernier sommeil, afin que ses chères mélodies pussent arriver jusqu'à leurs dépouilles mortelles et les bercer encore.

« Le 27 mai 1683, Jean Soissons, organiste de la
» dévotte chapelle Nostre-Dame de Guaraison, con-
» sidérant que rien n'est plus certain que la mort et
» plus incertain que l'heure d'icelle mort..., après
» avoir fait le signe de la croix... et recommandé son
» âme à Dieu..., de son plein gré et franc voloir, lè-
» gue six livres qu'il veut être distribuées aux pau-
» vres, le jour de son enterrement, à la direction de
» Messieurs les chapelains, et au résidu de tous et
» chacun de ses autres biens, noms, droitz..., le dit
» sieur testateur a fait, créé et institué, et de sa pro-
» pre bouche nommé pour ses héritiers universels et
» générals lesdits sieurs chapelains de la ditte dé-
» votte chapelle Nostre-Dame de Guaraison, quels
» que ses biens et droitz soient et où qu'ils soient scis
» et situés... »

Musique

Un organiste de 1683

Enfants de chœur Six enfants de chœur formaient la petite Maîtrise: Leur admission était-elle au concours ou dépendait-elle uniquement du choix des chapelains ?... Ils avaient leur rôle même dans les exercices de piété : « L'enfant de chœur, ayant achevé l'examen de cons- » cience de la journée, avertit les assistants de pen- » ser à la mort qui nous séparera, infailliblement et » lorsque nous y penserons le moins, de tout ce que » nous aimons avec plus d'attachement (1) ». Cet au- ditoire recueilli n'éprouvait-il pas une émotion par- ticulière, en entendant cette voix enfantine faire ré- sonner le mot de mort sous les voûtes de la chapelle, **Un enfant de chœur de Garaison** à cette heure du soir? Certains de ces enfants eu- rent leur célébrité. L'un d'eux avait donné à Notre-Dame de Garaison les prémices d'une voix, pure comme celle des Anges. Il devait plus tard faire ac- courir tout Paris, sous le nom de Laïs; mais ses pe- tits compagnons l'appelaient de son nom provincial Lay (2), sans qu'une désinence grecque fût nécessaire pour eux.

Les clercs Il y avait quatre clercs. Étaient-ils d'anciens en- fants de chœur continuant leurs études dans la mai- son, ou des étudiants venus d'ailleurs, pour s'y pré- parer à gravir les degrés de la cléricature? Même du temps de S. Alphonse-Marie de Ligori, « grand » nombre de clercs se préparaient au sacerdoce, sans » passer par le Séminaire (3). »

Ils puisaient auprès des chapelains des senti-

(1) *Lys du val,* édition 1700, p. 493.

(2) La prononciation du pays est Lâ-y, comme Tournà-y, différent du Tournai, de Belgique.

(3) R. P. Berthe, *Vie de S. Alphonse-Marie de Liguori,* p. 40, ch. v, Séminaire.

ments, dont on aimera peut-être à surprendre quelques échos.

Hilaire Biravent laissait, à Bordeaux, le 6 juin 1711, un testament solennel, dans lequel il rendait bon témoignage à la Madone et aux chapelains de Garaison : « Des biens, acquis par mon travail et » par mon épargne, avec la bénédiction qu'il a plu » à Dieu d'y donner, j'en donne et lègue à la sainte » et auguste chapelle de la Très Sainte Vierge Marie » dicte Notre-Dame de Guaraison, au diocèse d'Auch, » où j'ai eu l'honneur et l'avantage d'être élevé pen- » dant quelques années de ma jeunesse, un capital » de quatre mille livres, portant rente annuelle et » perpétuelle de deux cens livres, colloqué sur le » clergé de Bordeaux par le contrat du 18 décembre » 1703 retenu par Me Greissac, notaire, dont les » titres en forme seront remis par mon exécuteur » testamentaire à Messieurs les chapelains de Gua- » raison, à la charge que mesditz Messieurs les cha- » pelains de la susdite chapelle chanteront une » messe solennelle de *Requiem*, annuellement et à » perpétuité, à pareil jour qu'arrivera mon déceds » ou immédiatemment après, à la plus grande gloire » de Dieu, pour le repos de mon âme, de celles de » tous Messieurs les chapelains décédés ou à décé- » der, et spécialement de Messieurs Daure, Deffez, » Barris, Delas, qui m'ont puissamment assisté dans » le spirituel et dans le temporel de leurs charitables » conseils, de leur protection et de leurs biens faits, » soit durant le temps que j'ai eu l'honneur de de- » meurer auprès d'eux, soit durant tout le cours de » mes études, ayant eu la bonté de me procurer des » établissements et des patrons d'un grand mérite

Hilaire Biravent

» et d'un grand crédit pour y réussir, avec moïen
» assuré de parvenir ensuite à l'ordre de la prêtrise.
» Et la susdite messe sera spécialement chantée en
» action de grâces à Dieu de la protection particu-
» lière de la Très Sainte Vierge, que j'ay manifeste-
» ment reconnue et éprouvée dans toute la conduitte
» de ma vie, à l'occasion du séjour que j'ay eu
» l'avantage de faire dans la sainte maison. Et de
» plus Messieurs les chapelains payeront, une fois
» pour toujours, des premiers deniers qu'ils touche-
» ront de la rente que je leur laisse, la somme de
» cent livres à M. le curé de Tuzaguet et pareille
» somme de cent livres à M. le curé de Lanamezan,
» pour être employées selon le mémoire que je leur
» en laisseray attaché à leur titre (1)... »

De pareils sentiments prouvent pour l'enfant qui
les éprouva, pour le jeune homme qui les conserva
précieusement, pour l'homme et le prêtre qui en a
laissé une attestation aussi complète que durable;
mais ils prouvent aussi pour les chapelains qui surent les mériter.

(1) Hilaire Biravent était originaire de Tuzaguet.

CHAPITRE XII

—

Les missions

—

Les chapelains étaient pour le clergé des paroisses des modèles de régularité sacerdotale; ils venaient à son aide, en lui fournissant des messes dans la mesure du possible, ainsi que Geoffroy nous l'apprend; ils faisaient pour leur propre compte les exercices d'une retraite et ils recevaient parmi eux les prêtres qui voulaient les faire sous leur direction, « pourvu, dit le règlement, que ce soit sans incom-« moder la Maison et que la Compagnie en ait au « préalable délibéré, auquel cas il sera donné ordre « qu'il soit pourvu à leur ordinaire pendant le temps « qu'ils y vaqueront. »

Des prêtres, qui en avaient les moyens, se donnèrent de bonne heure le mérite de procurer le même bienfait à leurs paroisses.

Le livre de Molinier, tout en restant une histoire d'une scrupuleuse exactitude, nous laisse entrevoir le genre de prédication de cette époque. Les aperçus les plus ingénieux s'y mêlent à un goût qui serait aujourd'hui contestable et à une érudition touffue, que la critique actuelle n'accepterait pas toujours. Mais la Vierge, *qui tue les hérésies*, avait préservé sa chapelle des atteintes de l'hérésie Janséniste, et les chapelains pouvaient sans remords (1) départir aux populations les trésors de miséricorde dont l'Eglise a reçu le dépôt. Ils allaient donc parfois, comme Missionnaires, prêter durant l'hiver au clergé paroissial le secours de leur prestige, de leur parole et de leur zèle.

Nombre de missions fondées

Leur *déclaration* de 1730 au bureau diocésain d'Auch nous apprend qu'ils avaient *seize* missions fondées (2).

Le 22 janvier 1612, Jean de Ribeyran, chapelain, docteur en théologie, ancien archidiacre d'Aure et ancien vicaire général de Comminges, déclare vouloir disposer de ses biens, qui sont de deux sortes : les biens du monde qu'il laisse à sa famille, et les biens de l'Eglise qu'il veut rendre à l'Eglise.

Fonda-

« Le grand bien du diocèse étant un Séminaire, il

(1) On imagine difficilement aujourd'hui les tortures d'un confesseur qui se croit obligé en conscience d'appliquer des principes jansénistes et qui voit dans cette application la ruine des âmes.

(2) 1° Mirande, tous les dix ans ;
2° Saramon, tous les trois ans ;
3° Seissan, tous les vingt-quatre ans ;
4° Montastruc, tous les dix-sept ans ;
5° L'Isle-de-Noé, tous les huit ans ;
6° Montesquieu, tous les huit ans ;
7° Pouyloubon, tous les sept ans ;
8° Sariac, tous les vingt-quatre ans;
9° Devèze, tous les quinze ans ;
10° Betpouy, tous les quinze ans ;
11° Campuzan, tous les quinze ans ;
12° Le Couhin (*), tous les dix ans ;
13° Castelbajac, tous les six ans ;
14° Burg, tous les six ans ;
15° Barran, tous les huit ans ;
16° Vallée d'Aure, de Neste ou de Louron, tous les ans, si les chapelains le jugeaient à propos.

Mont d'Astarac et Lalanne-Arquier n'eurent leur fondation de mission que le 24 décembre 1738, quelques années après cette déclaration.

(*) La chapelle de Notre-Dame du Cohin ou Couhin est dans la paroisse de Blosson, diocèse d'Auch.

laisse au Séminaire de Comminges la moitié de ses réserves, du revenu de laquelle moitié il veut que les escoliers des trois vallées : Aure, Neste et Louron soient entretenus par égales portions, remettant le choix desdits escoliers au jugement des sieurs archiprêtres et curés desdites vallées par lesquels il veut que lesdits escoliers soient nommés, les priant de ne regarder ni la chair ni le sang, mais de choisir ceux qu'ils jugeront les plus propres pour la gloire de Dieu, le bien de l'Eglise et avantage des vallées, parce que l'expérience fait voir qu'il n'y a rien de si saint que le malin esprit ne trouble et principalement les Séminaires. Si le Séminaire ne subsistait pas et n'était pas entretenu dans le diocèse de Comminges, la portion destinée aux escoliers serait employée pour marier les pauvres filles ou pour mettre en métier les enfants pauvres desdites vallées, et le tout avec égalité, par la conduite des susdits archiprêtres et curés auxquels le testateur demande, après sa mort, une messe pour tous les témoignagnes de bienveillance qu'ils ont reçus de lui. Et finalement, étant persuadé de la vertu. piété et sainteté de Messieurs les chapelains de Garaison, ses confrères, a cru ne pouvoir faire un plus digne choix que de leurs personnes pour faire la levée de cette moitié de tous et chacun ses biens, de quoi il les prie très instamment, comme de distribuer aux escoliers qui seront dans ledit Séminaire, ladite rente desdits biens, ou aux pauvres filles et aux enfants pauvres choisis dans lesdites vallées par pluralité de voix et suffrages desdits archiprêtres et curés, desquels suffrages sera envoyé un billet à Messieurs les chapelains de Garaison.

tion de mission pour les vallées de Aure Neste et Louron

« Et pour l'autre moitié de tous et chacun ses biens, il nomme et constitue ses héritiers les sieurs prêtres et chapelains de Garaison en la meilleure forme qu'il se peut, pour jouir à perpétuité tant du fond que du revenu d'iceux, leur demandant par grâce spéciale de vouloir faire une mission tous les ans, au temps et jours qu'ils jugeront les plus propres, dans chacune desdites vallées, l'une après l'autre, successivement, ne leur déterminant ni les jours ni le nombre des personnes, ains se remettant à leur discrétion, sous l'autorité toutefois de Mgr l'évêque de Comminges (1)..... »

Fondation de la mission de Castelbajac et Burg

Moins mesuré, sinon moins charitable, paraît avoir été Bernard Descalas, curé de Castelbajac et de Burg. Disputant à la fois le prieuré de St-Orens, en Lavedan, à Jean Carassus, et la *Chanoynie et l'Archidiaconé* d'Armagnac à Georges Croissant, il porta l'affaire devant le sénéchal de Bigorre, puis devant le sénéchal de Toulouse ; évoquée ensuite devant le conseil privé du roi, l'affaire fut renvoyée devant le Parlement de Bretagne. Arrêts du Parlement, opposition auxdits arrêts et requête en cassation d'iceux, rien n'y manqua. Finalement, des amis communs s'interposèrent et obtinrent un accord. Descalas se désistait de tout... Mais, *pour le dédommager des frais dépensés et sommes immenses,* Croissant lui fera une pension annuelle de trois cents

(1) Il faudrait reproduire en entier ce très beau testament où le bon ton du gentilhomme s'unit à l'humilité et à la générosité du prêtre. Il ne veut obliger les chapelains à aucun service, mais il aurait pour agréable la célébration de quelques messes à perpétuité... Il a eu le bonheur d'établir à St-Gaudens *les Filles religieuses de Notre-Dame,* dont il ne saurait dire tout le bien qu'il a remarqué en elles : il leur laisse quatre cens livres *pour assister à la bâtisse de leur église,* et leur demande une messe le jour où elles apprendront sa mort, etc., etc.

livres et Carassus lui paiera quinze cents livres tournois, dont la moitié sera pour *Garrazon* et l'autre moitié pour Bétharram (1). En recevant pour sa part sept cent cinquante livres tournois, *Garrazon* s'engageait à envoyer, « chacun an, à toujours, deux « de ses prêtres, pendant les deux premières semai- « nes du Carême, pour aider à catéchiser et confesser « le peuple. » Bientôt après, Descalas consentit à ce que, d'annuelle, la mission ne fût que triennale, moyennant deux sermons chaque année, aux fêtes de s. Jean-Baptiste et de s. Laurent, patrons des deux paroisses.

Les fondateurs des autres missions furent des prêtres du ministère paroissial, comme Descalas, ou retirés du ministère, comme Ribeyran. S'ils en fondent moins aujourd'hui, c'est parce que leurs ressources ont diminué ; mais aujourd'hui, comme autrefois, ils regardent et encouragent ces fondations comme une des œuvres les meilleures et les plus méritoires. Cette considération seule devrait tranquilliser les gouvernements, qui *protègent* le clergé paroissial contre les congrégations allant prêcher des missions dans les paroisses où ce clergé les appelle !... Tant de sollicitude pour la liberté risque de surprendre et de ne pas toucher *ces protégés malgré eux.*

Autres
fon-
dations

(1) Descalas, dans le même contrat, donnait 1500 autres livres tournois à l'archiprêtre et consuls de Tournay, « à la condition « qu'elles seront employées en achat de fonds, ou mises en rente, et « du revenu augmenter les gages du régent de la ville de Tournay, « à la charge par ledit régent et successeurs de tenir, au rang des « escoliers pensionnaires qu'ils auront, un enfant natif de Castelba- « jac ou Burg à changer alternativement de 3 en 3 ans, bien ins- « truire et enseigner iceluy et le rendre capable d'une 3e classe, « sans qu'ils puissent exiger aucun salaire au-delà de la rente ou du « revenu de la dite somme. »

Particularités de certains paiements

Certains contrats nous ont conservé, non seulement le récit de la somme payée, mais encore les détails relatifs au paiement de cette somme. Mirande a versé mille francs en *louis, demi-louis, quarts d'escuts et autre monnoye bien comptée et nombrée.* La mission du Couhin a été payée en *louis d'or, escuts d'argent et autre monnoye ayant cours.* Pour Jégun et Aiguetinte, nous trouvons *six quadruples, dix doubles pistoles coin d'Espaigne, quarante louis d'or et autre monnoye courante.*

Précautions pour assurer les fondations

Ces fondations devaient être *bien assurées, placées en mains sûres pour assurer le support des charges.* On ne se contente pas toujours de ces généralités; les chapelains, ayant dû emprunter pour acquérir Villemur, désintéresseront leur créancier et placeront la somme qui vient de leur être comptée sur la dite Seigneurie.

Conditions ordinaires des missions

Les clauses, débattues soigneusement, sont insérées dans l'acte. Elles règlent l'époque où la mission doit être faite, le temps qu'elle durera, le nombre d'ouvriers que la compagnie fournira. Ce nombre varie selon l'importance des paroisses, mais une disposition reste invariablement la même : quel que soit le nombre des missionnaires, il y aura toujours parmi eux au moins un chapelain. Souvent, le curé-fondateur stipule que l'un des missionnaires, ou deux, ou tous, seront tenus à dire la messe deux fois chaque semaine (1) ou chaque jour (2), à sa décharge durant la mission.

Exercices

Quels étaient les exercices que l'on y faisait? On

(1) Campuzan, Betpouy, Devéze, Seissan, Sariac, Vieuzan, Isle de Noé.

(2) Pouyloubon, St-Christau.

avait égard aux lieux. Castelbajac et Burg se contentèrent, d'abord, de catéchismes très simples et de l'assiduité au confessionnal; eux aussi, bientôt, finirent par avoir un sermon, le matin, et une conférence, le soir. Partout ailleurs, on exigeait les exercices ordinaires, qui étaient : un sermon, le matin, au point du jour; à midi, l'enseignement de la doctrine chrétienne; le soir, vers le coucher du soleil, le grand catéchisme en langue vulgaire, autant que possible. ordinaires d'un mission

D'ordinaire, les chapelains étaient laissés maîtres d'avancer ou de retarder la mission d'un an; mais, s'ils refusaient de la prêcher, on en chargeait leur conscience, et la rente échue devait être remise au syndic des chanoines, au curé et au premier consul de Jégun; à l'archiprêtre et aux consuls de l'Isle de Noé et de quelques autres paroisses; ailleurs, au curé seul, pour être employée en œuvres pies, mettre en métier les enfants pauvres et nécessiteux, marier les filles pauvres et vertueuses (1). Amende si les chapelains ne prêchaient pas une de ces mission

Les missions étaient faites *aux frais, cousts et despens* des chapelains. Les voyages, le logement qui ne leur était fourni qu'à Mirande, au Couhin et à Mont-d'Astarac, leur nourriture et celle d'un domestique qu'ils amenaient avec eux, l'hospitalité donnée gratuitement aux prêtres qui se rendaient à Charges que les missions imposaient au chapelains

(1) Quand on parle des *biens du clergé,* on a tort de ne pas y comprendre les biens des *écoles,* des *hôpitaux,* des *œuvres pies,* dans la distribution desquels le clergé avait sa part, quand il n'y avait pas la part principale. La charité catholique, sans être complètement libre, avait accumulé en France, pour toutes les bonnes œuvres, des trésors merveilleux que la Révolution dévora dans quelques années. Les États pontificaux disposaient de *quinze cents millions nets* pour les œuvres pies; l'État a mis la main dessus, et tous ces fonds auront demain le sort et la valeur de nos assignats.

ces missions et qui étaient mieux chez les missionnaires qu'à l'auberge, tout était à leur charge.

La modicité de ces fondations les avait toujours rendues insuffisantes, mais une foule de circonstances contribuèrent à les rendre de plus en plus ruineuses : d'un côté, l'augmentation du prix des denrées et de toute sorte de dépenses, qui avaient plus que doublé; de l'autre, la diminution du produit de l'argent qu'on ne plaçait plus d'une manière sûre que sur le clergé, à quatre pour cent (1). Les chapelains se plaignaient encore du peu de succès de ces missions trop fréquentes et de trop peu de durée.

Réduction Une réduction s'imposait.

Elle fut laborieuse. L'Eglise, qui ne la refuse pas en principe, ne l'accorde en fait que sur de fortes raisons.

Castelbajac et Burg dépendaient de l'Evêque de Tarbes. Les chapelains offrirent de remplacer les catéchismes promis par un sermon, le matin, et une conférence, le soir ; au lieu de deux ouvriers durant quinze jours, d'en fournir trois durant trois semaines, à la condition que la mission aurait lieu, non plus tous les trois, mais tous les six ans. Mgr de la Romagère de Ronssecy ne fit droit à leur requête que le 26 août 1763, après une enquête confiée à M. Domengeaux, curé de Montastruc.

La réduction des missions dépendant de l'Archevêque d'Auch fut accordée encore plus tard par Mgr d'Apchon, le 18 août 1779, sur la supplique fortement motivée du chapelain et syndic Lardos.

Un arrêt du Parlement de Toulouse approuva ces réductions, le 28 septembre suivant.

(1) Supplique de M. Lardos, syndic des chapelains, 1779.

CHAPITRE XIII

—

Pèlerinages — Un exorcisme
Une abjuration

—

L'été, les chapelains accueillaient les pèlerinages.

On a dit que *les pèlerinages n'étaient plus de notre temps* (1), juste à l'heure où ils allaient partout faire revivre les Croisades, qui ne furent que le pèlerinage de l'Europe en armes au tombeau de Jésus-Christ. Pourtant l'homme qui recevait des faits un pareil démenti, connaissait bien son époque et pouvait s'attribuer le droit de prêter cette formule au sentiment qui est au fond de la nature humaine. Certes, l'homme aime les voyages qui lui permettent de satisfaire son besoin de voir, de connaître et d'admirer ; il accourt vers la célébrité dont on parle, aux lieux identifiés avec les grands souvenirs d'un passé disparu ; il va chercher au loin la santé et la fortune, le plaisir et la gloire. Mais transporter des multitudes d'un point du monde dans un autre, parfois éloigné, dépourvu de tout agrément, profondément ignoré jusque-là, au prix des fatigues et de sacrifices de plus d'une sorte ; affronter le ridicule qui est de tous les temps, et la dépense qui est souvent très forte ; consacrer des sommes considérables à la construction de monastères, d'églises,

(1) M. Thiers.

d'hôpitaux, sans autre perspective que des revenus...
tout spirituels ; maintenir à ce lieu cette *vogue*
incompréhensible durant des siècles, alors que la
curiosité est émoussée depuis longtemps, est-ce donc
une chose aussi *naturelle* qu'on affecte de le croire ?

Une pauvre petite enfant, de onze ans à douze, a
dit un jour qu'elle avait vu la Vierge dans ce désert
de Garaison : et les foules se sont précipitées vers
ce désert, et elles y affluent encore, à certains jours,
après quatre cents ans. Une autre enfant, aussi petite
et aussi pauvre, en plein *siècle de progrès*, affirme
que la Vierge Immaculée lui est apparue dans une
Grotte de Lourdes : et cette simple affirmation met
en marche cette *procession du genre humain*, qui
n'est pas près de finir !...

On crie au *fanatisme* et à *l'ignorance* des foules,
et à la *fourberie* qui les exploite ?... Ce sont des
mots et des injures, mais ce ne sont pas des explications. Que l'orateur, le plus cher aux réunions publiques et aux Assemblées délibérantes ; que le di-
plomate le plus habile ; que le gouvernement le plus
sûr de son prestige, annoncent au monde des
croyants et des incrédules que la Vierge Marie leur
a parlé dans un lieu dont personne la veille ne connaissait le nom... Un immense éclat de rire leur ré-
pondra, nul homme de bon sens et de conviction ne
se déplacera, même pendant quinze jours...

Non seulement le pèlerinage de Garaison s'établit
dans ce désert et y répandit un vif éclat qui dure
encore, mais il fit refleurir les autres pèlerinages du

diocèse d'Auch (1), les pèlerinages de Verdelais, de Buglose, de Bétharram, comme de nos jours Lourdes a ressuscité les grands pèlerinages catholiques et les pèlerinages locaux.

Pour arracher, durant des siècles, à leurs intérêts les plus évidents, tant d'hommes de toute condition et de tout savoir, il faut une cause en rapport avec l'effet obtenu. Il n'y en a pas d'autre que le sentiment religieux, reposant sur le miracle ou sur le merveilleux du moins.

Les miracles ne manquèrent pas plus à Garaison qu'ils ne manquent à Lourdes. Outre ceux qu'enregistrent les diverses éditions du *Lys du Val*, les commissaires de 1792 découvrirent, « le 30 may, un « gros sac de miracles, ainsi intitulé, que nous » n'avons pas ozé lire, crainte de nouveaux mira- » cles, dont nous renvoyons la fouille au Départe- » ment, par miragle (sic). »

On ne sait qu'admirer le plus, de l'orthographe ou de l'esprit de ce Voltaire de village!...

Les chapelains *ozaient* accueillir les miraculés, les interroger avec soin, interroger les témoins de ces merveilles, consigner par écrit leurs dépositions et recevoir leurs signatures, conserver ensuite précieusement tous ces procès-verbaux, au risque de les voir tomber sous les yeux et entre les mains de quelques *esprits forts* à orthographe faible... Les chapelains avaient étudié le miracle dans s. Tho-

---

(1) « Mgr Léonard de Trapes voua son diocèse à la Vierge-Mère, dans un synode, en 1624. Le centre fut consacré N.-D. de Pitié d'Auch ; l'Est, à N.-D. de Gimont ; l'ouest, à N.-D. d'Aignan ; le Nord, à N.-D. de Cambré, et le Midi, à N.-D. de Garaison. » M. l'abbé Cazauran, *le Berceau des Pères de Lourdes,* p. 1.

mas (1) et devancé bien des règles de Benoît XIV. Ils aimaient à faire entrer dans leurs prédications les miracles opérés par leur Madone et à tirer de ces faits des conclusions morales. Il n'y avait pas, il est vrai, à Garaison un *bureau des constatations* présidé, comme à Lourdes, par des médecins éminents. La foi de cette époque était moins exigeante; certains prodiges n'ont besoin ni de l'exposition ni de l'appréciation médicales; les constatations médicales de Lourdes n'empêchent pas *le parti pris* d'attribuer aux nerfs toutes les guérisons, malgré toutes les protestations et toutes les évidences; elles n'empêchent pas les médecins matérialistes de passage à Lourdes de se refuser à toute constatation de faits qui pourraient être surnaturels... *Crainte de nouveaux miragles*, sans doute!...

Mais ni Garaison ni Lourdes n'ont supprimé les pièces ou fui la discussion.

Quand le miracle a prouvé les Apparitions de Jésus-Christ, de la Vierge ou de quelques saints, les populations alors s'ébranlent, sans compter avec les obstacles :

> D'Arvor à Massabieille
> Si le voyage est long,
> Quand la Vierge l'appelle,
> Rien ne coûte au Breton.

Pour être moins commodes, ces *longs voyages* n'étaient pas plus rares autrefois qu'aujourd'hui.

Lettre d'un Evêque de Russie

Un Evêque de Russie écrivait à l'archevêque d'Auch : « Vous êtes l'Evêque non seulement d'un « grand diocèse, mais encore du monde entier,

(1) Voir *Lys du Val*, les 2 premiers chapitres du livre 2ᵉ, p. 173-192, 2ᵉ édition (d'Auch).

« puisque des pays les plus lointains on vient à
« votre célèbre sanctuaire de Garaison. »

Les pèlerins habitués étaient ceux des environs, heureux de raviver leur dévotion dans *la dévote chapelle* par la réception périodique des Sacrements, par la vue de belles cérémonies, par les exemples des pèlerinages étrangers et des pèlerins de marque. Pèlerins habitués

« Non seulement les paroisses des environs, mais
» encore les paroisses distantes de vingt, trente,
» trente-cinq kilomètres, et au-delà, venaient à la
» suite de leurs pasteurs mettre par un saint pèleri-
» nage... leurs familles, leurs moissons et leurs trou-
» peaux sous la protection et la sauvegarde de la
» Reine du ciel. Les uns faisaient ce pèlerinage
» chaque année régulièrement, les autres à un temps
» moins rapproché (1). » Pèlerina-
ges de
la région

On accourait en masses compactes pour les grandes solennités de l'Assomption et de la Nativité de la Très Sainte Vierge. Concours
des
grandes
fêtes

Les malheureux et les malades y affluaient de tous les pays, car ni les malheurs de l'homme ni les bontés de Marie ne connaissent de frontières. Ils y entendaient des récits de guérison qui augmentaient leur foi et leur confiance, et se retiraient, à leur tour, soulagés ou résignés. La résignation n'est-elle pas une guérison ? Malades
et
guéris

Parfois, les miraculés, empêchés de venir, en-
voyaient, à leurs frais, leurs représentants : « En 1608,
» la ville de Bordeaux fut ravagée par la peste. Le
» maréchal d'Ornano, qui s'y trouvait pour le service
» du roi, en fut lui-même atteint, et, dès les premiers Maréchal
d'Ornano

(1) *Lys du val*, 1847, p. 71-72.

» instants, la maladie fut si intense et si aiguë, que
» les médecins, avouant l'impuissance de leur art,
» lui conseillèrent de demander à Dieu sa conserva-
» tion. Mais, avant qu'ils lui eussent donné ce con-
» seil, il s'était déterminé de lui-même à recourir au
» Suprême Médecin : il avait fait un vœu à Notre-
» Dame de Garaison, soit qu'il y fût porté naturel-
» lement par la confiance qu'il avait toujours eue en
» la Très Sainte Vierge, soit qu'il y fût aussi engagé
» par le bruit partout répandu des merveilles qui
» s'opéraient dans ce lieu béni. Il vit sa foi récom-
» pensée aussitôt... Sa reconnaissance fut vive et
» éclatante. Il manifesta hautement le regret de n'en
» pouvoir porter lui-même le tribut à la sainte cha-
» pelle. Neuf religieux de la grande Observance de
» saint François furent chargés de le remplacer. Ils
» vinrent offrir, au nom du maréchal, trois magnifi-
» ques lampes d'argent. Conformément à ses ordres,
» ils séjournèrent neuf jours à Garaison, pour célé-
» brer autant de fois le Saint Sacrifice de la messe
» en actions de grâces, et ils s'adjoignirent tous les
» jours trois autres prêtres, afin de compléter chaque
» jour le nombre de douze messes en l'honneur des
» douze Apôtres, suivant l'intention de l'illustre
» convalescent. On conservait de plus, dans les ar-
» chives, une lettre du maréchal d'Ornano, par
» laquelle il témoignait lui-même la faveur et les
» grâces qu'il avait reçues par l'intercession de No-
» tre-Dame de Garaison (1). »

**Députa-
tion de la
ville de
Rodez**

Une autre députation arrivait, le 15 août 1628, au
nom de la ville de Rodez. « Elle était composée d'An-

(1) *Lys du val* 1847, p. 125-126.

» toine Rhodat, consul de la ville, de deux Pères de
» la Compagnie de Jésus : Michel Seguinau et An-
» toine Lalanne, et de deux bourgeois : Pierre et
» Georges Bualen. Elle vint offrir, au nom de la ville,
» à Notre-Dame de Garaison une chasuble de velours
» rouge sur fond satin bleu avec les armes de Rodez.
» C'était une offrande en actions de grâces à Notre-
» Dame de Garaison, dont l'invocation avait pré-
» servé leur ville de la peste qui exerçait dans les
» lieux circonvoisins les plus affreux ravages (1). »

Des envoyés de la cour de France portèrent-ils, un jour, le livre d'heures d'Anne d'Autriche et la couronne du jeune Louis XIV ? Si l'envoi des présents royaux est certain, l'envoi d'une ambassade n'est attesté par aucun document connu de nous (2). *(Envoyés de la cour de France ?)*

Mais, un jour du mois d'octobre 1692, ce fut la reine douairière d'Angleterre, qui visita elle-même la glorieuse Madone. *(Reine douairière d'Angleterre)*

L'Eglise met les saints bien au-dessus des rois. Les saints vinrent plus d'une fois déposer leurs prières aux lieux où Marie apparut. *(Les Saints)*

Le P. de Lombez a laissé dans notre Bigorre le souvenir d'un saint religieux de s. François. La voix publique lui prêtait de mystérieux colloques avec la Sainte Vierge et attribuait à ses prières une puissance irrésistible sur le Cœur Immaculée de Marie. Ses supérieurs, à la demande qui leur en était faite souvent, l'envoyèrent aux sanctuaires vénérés de *(P. de Lombez)*

(1) *Lys du val* 1847, p. 153-154.

(2) Anne d'Autriche envoya 400 livres pour la fondation de 4 messes basses à perpétuité par l'intermédiaire de Mgr de Lamothe, archevêque d'Auch, qui les remit à M. Duclos, chapelain (livre des messes fondées, p. 2). En agit-elle de même pour le livre d'heures et la couronne ?

Garaison, de Bétharram et de Héas offrir les remerciements ou les demandes de personnages illustres, heureux d'être représentés par un tel homme (1).

St Benoît-Joseph Labre — Un pèlerin héroïque, canonisé par Pie IX, s'agenouilla pareillement dans notre sanctuaire. Naturellement, les historiens de s. Benoît-Joseph Labre n'ont pas parlé d'une chapelle, perdue au fond de la Gascogne... Ils le suivent à St-Jacques de Compostelle, sans laisser soupçonner qu'à l'aller ou au retour il ait rencontré sur sa route Notre-Dame de Bétharram, et qui dira, si, parcourant le chemin *romieu* qui longeait alors la rive gauche du Gave, il n'a pas, avec la clairvoyance très supérieure des saints, salué la place où devait s'élever un jour la Basilique de Notre-Dame de Lourdes, la Grotte où la Vierge apparaîtrait?... Lui, qui aurait cru négliger une grâce en négligeant un lieu de pèlerinage des pays par où il passait, il fut un jour arrêté à St-Bertrand de Comminges comme soupçonné d'un assassinat que l'on venait d'y commettre!... St-Bertrand était, sans doute, un lieu de pèlerinage, mais n'avait pas l'éclat de Notre-Dame de Garaison. Qui donc pensera qu'il soit passé non loin de la célèbre Madone, sans lui apporter ses plus fervents hommages?... Ceux-là seuls qui ne connaissent pas ou méconnaissent la délicatesse des saints.

Avec cette élite individuelle rivalisaient ces élites collectives qu'on appelle les confréries.

Confré-ries de Pénitents — La vieille société française avait ses défauts, ses fautes et ses vices, mais elle comprenait au moins la nécessité de la pénitence. Bon nombre de catholiques

(1) *Souvenir de la Bigorre,* année 1883, p. 576.

s'enrôlaient dans les diverses confréries de Pénitents, où se confondaient toutes les classes de la société. Lorsque la notion de la pénitence est allée s'effaçant de plus en plus, la plupart de ces confréries ont disparu presque partout.

« L'an 1781 et le 1er septembre, dans la tribune de « la dévote Archiconfrérie de MM. les Pénitents « blancs de la ville de Verdun, érigée sous l'invoca- « tion du Très Saint Nom de Jésus, et pardevant « M. Jean-Baptiste Briffon, conseiller du Roy, son « juge du païs de Rivière-Verdun, prieur de laditte « confrérie, en présence de MM. les confrères — a « été dit et représenté par M. Jean-Charles Briffon, « conseiller du Roy, son lieutenant de juge dudit « Verdun, sindicq de laditte confrérie, que depuis un « tempts immémorial laditte confrérie à raizon d'une « maladie contagieuse qui affligeait le royaume fit le « vœu d'aler processionnellement visiter la dévotte « Chapelle de Notre-Dame de Garaison, pour, par « l'intercession de la Raine des Anges, obtenir de « Dieu la cessation du fléau, la paix et l'union des « princes chrétiens qui étaient alors en guerre, vœu « qui a été régullieraîment exécutté chaque sept ans, « que l'époque du renouvellement devant échouer « au présent mois, par délibération du 17e avril « dernier elle renouvella ledit vœu et dona pouvoir « audit sindicq de présenter requette à Mgr l'arche- « vêque de Toulouse ou à MM. ses grands vicaires « pour auttoriser et permettre à ladite confrérie l'exé- « cution dudit vœu : ce qui luy fut accordé sur pied « de requette par ordonnance du 11e may dernier ; par « autre délibération du 15 juillet, il fut arêté de faire « les règlements nécessaires et de les faire imprimer

» avec un recœuil des prières à faire pendant le
» cours dudit voyage, et ce pour la facillitté des con-
» frères. Il fut même trouvé à propaux de faire faire
» une croix qui ne porterait qu'une Epine. En con-
» céquence, les règlements et recœil fut fait et im-
» primé, de même que la croix, avec toute la pro-
» pretté convenable et à la grande satisfaction de la
» Confrérie, et comme elle ne seaurait s'en servir
» quaprès avoir été bénitte, ledit sindicq requiert
» que cette bénédiction soit faitte avec la plus grande
» édiffication et quà suitte du présent verbal il soit
» fait un état circonstantié de tout ce sera journelle-
» ment fait pendant le pèlerinage (1).... »

Le 3 septembre suivant, ils recevaient de nouveaux
confrères dans la chapelle de Notre-Dame de *Gare-*
son et ne rentraient à Verdun qu'après le 11, laissant sur leur passage les marques de la piété la plus
édifiante.

Pénitents de Toulouse — Toulouse avait alors ses florissantes confréries de
Pénitents blancs, noirs, gris, bleus, qui se recru-
taient dans les conditions les plus humbles et dans
la plus haute aristocratie, et qui tous étaient animés
d'une dévotion égale envers Notre-Dame de Garaison.

Origine de ces pèlerina-ges — Les Pénitents gris, les premiers, firent en 1604 le
vœu d'un pèlerinage à Garaison, tous les dix ans,
pour la santé du roi Henri IV; ils furent aussi les
premiers à réaliser le pèlerinage qu'ils avaient
promis.

(1) Copie remise par M. Pujol, receveur de l'enregistrement à
Verdun, au R. P. Lamarque, de la Maison de Garaison, qui, avec
un autre Père de l'Immaculée-Conception, prêcha à Verdun le Jubilé de 1875.

Les Pénitents blancs et les Pénitents noirs les imitèrent bien vite et firent le vœu d'un pèlerinage à Garaison, tous les sept ans.

Les pèlerins voyageaient moins commodément que de nos jours et les confréries n'arrivaient pas en multitude (1). *Nombre des pèlerins*

Les frais depuis Toulouse variaient entre 42, 48 et 50 livres par tête. *Frais*

L'époque de ces pèlerinages était le mois d'août. *Epoque*

Ils se mettaient sous la conduite d'un ou de plusieurs aumôniers (2) et tenaient à grand honneur d'apporter une riche offrande. Le 31 août 1759, les Pénitents noirs portaient une grande étoile d'argent à double rayon, surmontée d'une couronne. Le 30 août 1764, les Pénitents gris venaient avec une croix de Malte en argent doré, ayant au milieu un médaillon qui représentait le buste de s. Vincent, martyr, avec palmes dorées à ses côtés; la croix était surmontée d'une couronne avec pierreries. Le 31 août 1779, c'étaient les Pénitents blancs, avec une médaille ronde d'argent, de six pouces de diamètre et de deux à trois lignes d'épaisseur, représentant le roi et la reine à genoux devant Notre-Dame de Garaison et lui offrant la princesse, leur première enfant, couchée dans un berceau. *Offrande qu'ils apportaient*

Ils emportaient, en s'éloignant de Toulouse, les bénédictions de Dieu, les souhaits de bon voyage et *Départ*

(1) Nous relevons les chiffres de 32 Pénitents noirs, en 1743 ; 40 Pénitents blancs, en 1744 ; 36, 48, 64 et jusqu'à 68 Pénitents blancs dans 4 de leurs pèlerinages ; 49 Pénitents noirs, en 1759.

(2) On cite parmi ces aumôniers : M. Montespan, vicaire de St-Etienne (août 1764), M. Parédon, prébendé de St-Etienne (août 1754), M. Lassave, bénéficier de St-Etienne (août 1758), M. Inart, curé de Croix-Falgarde, et son frère, prêtre comme lui (août 1759).

les *commissions* pieuses de leurs concitoyens : « Le
» 30 août 1754, les Pénitents gris quittèrent leur cha-
» pelle à 8 heures du matin, firent une station à la
» croix dorée de la place Charcydon, entendirent la
» messe chez les Dames maltaises, à St-Cyprien, et
» s'acheminèrent vers Garaison (1). »

Arrivée

« Du plus haut de la colline et dès qu'ils ont vu
» paraître l'aiguille du clocher de la chapelle, ils
» quittent le commun usage de cheminer des pieds;
» ils cheminent des genoux mal habitués à marcher
» ainsi..., afin que même leur marcher demande par-
» don à Dieu, que chacun de leurs pas soit un acte
» de satisfaction et qu'ils n'aient d'autre mouvement
» ny en l'âme ny au corps que celui de la péni-
» tence (2)... »

Dès que le pèlerinage était signalé, les chapelains,
précédés de la croix, allaient à sa rencontre. Quand
les deux croix se trouvaient en présence, ceux qui
les portaient, pliaient les genoux trois fois, en se
rapprochant de plus en plus; puis, faisaient toucher
aussi trois fois les crucifix; après quoi, on prenait
rang dans la procession et l'on entrait dans la chapelle.

**Exercices
des
pèlerins
à
Garaison**

« La première chose que les pèlerins doivent faire
» en arrivant, est de rendre grâces de l'heureux
» succès de leur voyage, exposer ensuite à la Sainte
» Vierge ce qu'ils viennent demander à Dieu par son
» intercession, la supplier principalement de leur
» obtenir la grâce de faire une bonne confession et
» une fervente communion; il faut enfin s'arrêter
» quelque temps devant l'autel, pour goûter les con-

(1) Procès-verbal du pèlerinage.
(2) *Lys du val,* 2e édition, p. 751.

» solations intérieures et quelquefois même sensibles
» qu'on éprouve d'ordinaire en ce saint lieu.

» Après cela, ils vont se reposer un peu, attendant
» l'heure des vêpres qui se disent tous les jours avec
» la musique et les orgues.

» Après soupé, ils vont entendre le Salut qui s'y
» fait tous les soirs, l'hiver à sept heures et demie,
» et l'été à l'entrée de la nuit. Cet exercice qui est
» fort dévot et fort édifiant, dure environ trois
» quarts d'heure; on y chante solennellement avec la
» musique, les instruments et les orgues, les litanies
» de Notre-Dame, l'*Ave maris Stella* et le vendredi
» le *Stabat*, et un motet à la fin duquel ont dit l'an-
» tienne et l'oraison de la paix, le *De profundis* avec
» une oraison pour M. Geoffroy et tous les autres
» bienfaiteurs.

» Ensuite de quoi, pour disposer les pèlerins à la
» confession et à la communion du lendemain, un
» enfant de chœur propose à haute voix et avec
» grande modestie les cinq points ordinaires de
» l'examen de conscience..., et avertit les assistants
» de penser à la mort... On récite un *Pater* et un
» *Ave...*, et, s'il y a concours de peuple ou quelque
» procession. ont fait une exhortation, laquelle étant
» finie, quelques-uns des pèlerins se retirent; mais
» le plus grand nombre, principalement du peuple,
» reste dans la chapelle et passe toute la nuit à prier
» et à chanter.

» Le lendemain, ils se confessent, entendent la
» messe et communient... La musique chante régu-
» lièrement à toutes les communions, pour exciter
» davantage la piété et la dévotion de ceux qui s'ap-

» prochent de la sainte Table. Ceux qui ne sont
» pas pressés de se retirer ou qui ont plus de zèle,
» attendent la messe haute, qui se dit tous les jours
» vers les neuf heures (1)... »

Les pèlerins pouvaient d'autant mieux vaquer à leurs exercices spirituels, qu'ils trouvaient chez les chapelains une hospitalité absolument gratuite : ce fut même un des reproches que fit à ces derniers un archevêque d'Auch, mais les chapelains ne crurent pas devoir se départir d'un usage qui présentait des avantages sérieux (2). Entre ceux qui donnaient l'hospitalité et ceux qui la recevaient, s'établissaient promptement des rapports de mutuelle estime qui se resserraient durant un certain nombre de jours. Les Pénitents gris y passèrent neuf jours en 1744.

Le retour à Toulouse était solennel.

Retour à Toulouse

Le 8 septembre 1764, les Pénitents gris y rentraient nu-pieds, à trois heures du soir, suivis de quatre cents personnes. Les Pénitents blancs et les Pénitents bleus se portèrent au-devant d'eux, chantant les uns et les autres en faux-bourdons. Au moment de leur rencontre, ils entonnèrent l'*ecce quam bonum et quam jucundum habitare fratres in unum* (3), qui fut répété plusieurs fois. La foule allait toujours grossissant. Ils étaient accueillis, au milieu du pont, par des salves nourries de mousqueterie, auxquelles se mêlaient les décharges d'un canon *ronflant sur le parapet du quai.*

Il y avait des variantes à Toulouse et ailleurs,

(1) *Lys du Val,* édition de Toulouse de 1700, p. 489-494.
(2) Voir chapitre   p.
(3) *Qu'il est bon et agréable à des frères d'habiter ensemble !*

mais partout le retour des pèlerins était signalé par d'universelles démonstrations de joie.

Une bulle du 30 août 1786, accordait aux pèlerinages des Pénitents, les indulgences et les privilèges d'un Jubilé.

Notre-Dame de Garaison vit arriver, un jour, un cortège tout différent : c'était celui d'une Protestante de haute noblesse, mais d'une Protestante qui avait choisi sa chapelle pour y faire son abjuration (1).

M. de Montesquieu-Devèze, sénéchal de Rouergue, très noble et très fervent catholique, et sa femme, Eléonore de Lauzière, catholique très pieuse, avaient, par un étrange aveuglement, marié leur fille Marguerite à M. de Fontrailles, lieutenant du roi, gouverneur et sénéchal d'Armagnac, protestant et en cette qualité, gouverneur de Lectoure, l'une des cent trois places de sûreté accordées aux prétendus réformés par l'*Edit de Nantes*.

Ils avaient pensé, comme tant d'autres, qu'elle convertirait son mari ; comme il arrive presque toujours, elle se fit protestante.

Sa mère, désolée, « en jeûna tous les jours d'une » année entière, ne prenant pour toute nourriture

(1) Ce choix était justifié. La Vierge, nous l'avons vu, avait protégé visiblement le Magnoac contre les invasions protestantes. Elle ouvrit les yeux à bien des Protestants, d'une manière même miraculeuse. M. de Montégut, neveu du maréchal de Roquelaure, racontait, comme en ayant été le témoin, qu'un gentilhomme huguenot de ses amis, nommé de Savaillan, vivant encore lors de cette déposition, s'étant un jour rencontré à Garaison avec d'autres de ses correligionnaires, voulut, en haine de la Religion, porter un coup de lance à l'image de la Vierge, qu'on voyait alors à la muraille de la fontaine de la Bergère. Au moment où il étendait le bras pour frapper le coup, le cheval qu'il montait s'enfonça dans la terre jusqu'au ventre. L'hérétique, effrayé, se désiste promptement de son entreprise sacrilège et se convertit à la foi catholique. (*Lys du val*, p. 270, 2e édition) La peinture n° 9 a perpétué le souvenir de cette merveille.

» que du pain et de l'eau. » Elle mourut, sans avoir obtenu la conversion de sa fille. Mais, sur son lit de mort, elle appela près d'elle cette fille aimée, « la » conjurant en mère très affectionnée et en mère » mourante, en mère qui parlait devant Dieu duquel » elle allait ouyr la sentence finale sur l'éternité de » son heur ou malheur, par tous les motifs les plus » pressants..., et nommément par l'efficace de ses » dernières remontrances, qu'elle consignât en son » cœur pour éternel adieu, qu'elle eût à revenir à » l'Eglise romaine et à se ranger à la croyance de » tous ses devanciers. »

Marguerite résista et s'opiniâtra, plusieurs années encore, dans son protestantisme.

Un Jésuite, le P. Regourd, vint prêcher à Lectoure l'avent de 1617 et le carême de 1618. Son renom de savoir et d'éloquence, son savoir-vivre et quelques recommandations, le firent désirer au château. Il eut des conférences avec la femme du gouverneur ; il démontra la falsification des Ecritures par les Protestants. Attirées par le bruit de ces conférences intimes au château, des personnes distinguées de Lectoure demandèrent la faveur d'y assister. Le Jésuite gagnait les esprits par sa vaste science, les cœurs par son aimable modestie. La châtelaine inclinait à la Religion catholique.

Les ministres protestants s'alarmèrent. Ils provoquèrent le Jésuite à des controverses qui ne tournèrent pas à leur avantage ; ils furent vaincus. Ils appelèrent comme suprême ressource une des forces du parti, Chamier, très célèbre à Montauban, celui-là même qui, selon le mot de Feller, *avait dressé le fameux Edit de Nantes.* Il y eut entre le Jésuite et lui une joute de cinq jours : battu comme ses collègues, il finit par des éclats de colère et par des insultes. Il s'enfuit le lendemain, de grand matin, sur sa mule, tandis que le peuple lui jetait du foin et de l'avoine (1).

Marguerite se convertit et décida qu'elle abjurerait à Notre-Dame de Garaison.

Le coadjuteur de Lectoure et le P. Regourd l'y devancèrent.

L'abjuration eut lieu avec la plus grande solennité. Le coadjuteur officia pontificalement, entouré d'un clergé nombreux. Le P. Regourd prêcha sur la vraie grandeur.

Le retour de la nouvelle convertie à Devèze fut un triomphe. Toutes les paroisses en fête se portèrent au-devant d'elle, ayant à leur tête le clergé et les consuls, faisant retentir au loin leurs hautbois et leurs clairons.

Cette abjuration eut lieu le 24 juin 1618.

M. de Fontrailles se convertit en 1620 (2).

Le *Polybiblion* de juillet 1876 signalait chez Claudin, libraire à Paris, une plaquette concernant un exorcisme fait à Garaison vers le commencement du dix-huitième siècle (3).

Un exorcisme

(1) Le personnage était célèbre pour son gros ventre et pour son appétit. On racontait certaine aventure qui lui était arrivée en chaire après un déjeuné trop copieux. Tué au siège de Montauban d'un coup de canon dans le ventre, il fut pleuré par ses coréligionnaires comme s'ils avaient perdu une place de sûreté.

(2) Récit de Molinier. Dans les premiers jours de l'année 1642, un de Fontrailles négocia le traité du duc d'Orléans et de Cinq-Mars avec l'Espagne contre Richelieu, tandis qu'un d'Espénan tenait le parti du Cardinal-Ministre. *(Revue des Questions historiques, Richelieu, Louis XIII et Cinq-Mars,* année 1868, 1re livraison, p, 117).

(3) M. l'abbé Cazauran, *Notre-Dame de Garaison,* p. 4.

Résultat de ces pélerinages

Tel était l'éclat jeté par Notre-Dame de Garaison, que c'est à elle qu'on demandait la délivrance des pauvres possédés, que c'est à ses pieds qu'on abjurait l'hérésie, que c'était vers elle qu'affluaient les pèlerins. Ces renouvellements partiels avaient leur contre-coup autour d'eux et concouraient au renouvellement du corps social tout entier. Ils furent le grain de sable qui sur bien des points arrêta les ravages du Jansénisme et de la Révolution, et ils conservèrent intact le sentiment religieux, qui reparaît aujourd'hui sous les mêmes formes et qui seul peut relever la France.

CHAPITRE XIV

—

Dons — Fondations de messes et de lampes — Réductions

—

Aux visites de la Vierge le peuple catholique répondit par ces visites qu'on appelle des pèlerinages : c'était justice et convenance, à la fois. Mais les pèlerinages ne sauraient être permanents, et les âmes délicates voudraient reconnaître d'une manière permanente cette espèce de continuelle *présence réelle*, si l'on peut ainsi dire, que la Vierge laisse dans les lieux qu'elle a visités ; elles voudraient recueillir à chaque instant ces grâces de choix, qu'elle y a déposées et qu'elle y maintient plus qu'ailleurs.

Elles s'y firent donc représenter par des offrandes, par des fondations de messes et de lampes, qui, devenues une pierre de l'édifice, devenaient la prière permanente de qui les y avaient enchâssées.

La plupart donnèrent leur obole, petite peut-être aux yeux des hommes, mais remarquée de Celui qui vit et glorifia la veuve donnant le denier de son indigence. Ces offrandes sont toujours les plus nombreuses et formeraient, si elles étaient réunies, les sommes les plus considérables. Elles devraient être regardées comme le suffrage universel des petits, si les petits et le suffrage universel comptaient pour quelque chose, dès qu'ils sont gênants.

Do-nations : Jean de Mun

D'autres laissaient une preuve écrite de leur générosité. « Le 13 août 1718, Messire Jacques de Mun, » seigneur baron de Barluzan, chevalier de St-Louis, » ancien commandant de la citadelle de Nancy, héri- » tier de son père Jean de Mun, conseiller au » Parlement de Toulouse, reconnaît devoir aux cha- » pelains, représentés par Charles Tarbès, leur syndic, » la somme de mille livres à eux léguées par son dit » père dans son testament du 19 juillet 1710 (1). »

Jeanne de Barère

Jeanne de Barère, veuve de feu Dumestre, ancien contrôleur des décimes au diocèse de Tarbes, demande à être ensevelie dans l'église *paroissiale* de St Jean-Baptiste, dans le tombeau qu'elle y possède et où est enterré son mary...; enfin, elle laisse et donne la somme de deux cents livres à la chapelle de Notre-Dame de Garaison (2).

Legs condi-tionnels

Mais il est rare que ces legs ne soit pas accompagnés d'obligations liant les chapelains d'une manière plus ou moins rigoureuse.

Annibal-Nicolas Fieffé

Annibal-Nicolas Fieffé, receveur général de Mgr de Vic, ancien archevêque d'Auch, fait donation de certaines sommes, d'un calice et de deux burettes d'argent, des meubles et effets qu'il a dans la chambre où il est malade et où l'ont recueilli près d'eux MM. les chapelains; mais il voudrait être enterré dans la chapelle, entre les deux bénitiers (3), et,

(1) Etude de M. Duguet. (?)

(2) 14 novembre 1650.

(3) L'autre bénitier est, depuis la Révolution, dans l'église de Bazordan, un seul bénitier, suffisant bien, sans doute, à la piété de ces temps-là !

quant aux honneurs à rendre à sa dépouille mortelle, aux prières à faire pour le repos de son âme, il sait qu'il continuera à être traité, même après sa mort, comme il l'a été jusque-là, *en confrère et en affilié* (1).

La plupart préféraient des fondations de messes et ne manquaient pas d'indiquer avec le plus grand soin le nombre de messes à dire ; le jour ou du moins l'époque où elles devaient être dites ; la qualité de ces messes : si elles devaient être de *Requiem*, de la Vierge, de la Sainte Trinité, du Saint-Esprit ; si elles devaient être basses ou *hautes*, avec diacre et sous-diacre ; les prières à faire après la messe : avec le *De profundis* chanté du haut de la tribune, dit l'un ; *avec les répons et Libera accostumés*, stipule Étienne de Bézian, sieur de Mazade ; *avec les prières que bon semblera aux chapelains*, se contente d'ajouter Dominique Abadie. Un docteur anglais, Chelborne, demande le *Salve Regina*, à la fin de la messe ; Mlle Françoise de Narrieux demande *l'inviolata*. M. de Roquefort, sieur de Domazan, fonde une messe haute, pendant laquelle les deux grands cierges seront allumés, et les litanies de la Vierge seront dites à la fin.

Le 29 mai, était célébrée, chaque année, une messe de *Requiem* solennelle, où les chapelains et autres prêtres assistaient, pour feu M. de Pelleport, prêtre de Salies, qui avait fait la chapelle son héritière.

Le premier jour non empêché après la Nativité de Notre-Dame de septembre, on célébrait solennel-

(1) 27 janvier 1704.

lement, avec diacre et sous-diacre, une messe haute de *Requiem* pour les âmes des chapelains et autres prêtres de cette chapelle décédés. Tous les prêtres résidants dans la chapelle y assistaient avec leur surplis et avec les solennités portées par le missel et cérémonial, conformément à la délibération prise l'an 1644 (1).

Le service anniversaire pour Pierre Geoffroy avait lieu très solennellement, *avec la bière au milieu de l'église* (2).

Motifs divers de ces fondations

Les motifs de ces fondations sont les plus divers : Gérald du Burg, conseiller au Parlement de *Bordeaux*, est *pourté de dévotion envers la Sainte Vierge;* Mme de Gratepont fait une donation de trois mille livres, « soubz les conditions et charges » que les prêtres de Garaison feront dire et célébrer » des messes pour le repos de la donatrice et les » âmes de ses parents trépasséz »; Catherine de Gramont, comtesse de Lauzun, veut attirer la protection de Notre-Dame sur sa famille ; la ville de Mirande remercie la Vierge de l'avoir préservée de la peste (3).

« Le jour de s. Etienne, 26 décembre, le matin » après grâces, en vertu d'une délibération prise par » eux, les chapelains chantaient le *sub tuum præsi-* » *dium,* en action de grâces d'avoir été préservés du feu (4). »

Toutes les classes de la société se mêlent dans ces fondations

Tous les rangs de la société se mêlent et se coudoient dans ces cahiers (5) de fondations de messes, échappés à la Révolution.

(1) Cahier des chapelains.
(2) *Ibid.*
(3) *Ibid.*
(4) *Ibid.*
(5) L'auteur en possède deux.

Ce sont : Marie Soulé, de Lutillous ; Peyronne Espenan, *fame* Pandelle, *sène et gaillarde* ; Jeanne Lagarrigue, épouse Lannes, *saine de ses entendement et mémoire, bien voyant, oyant, parlant et parfaitement bien connaissant* ; puis, des marchands : Gras, de Lectoure ; Benoît Duon, de Toulouse ; Dominique St-Martin, de Chélan ; Recurt, de Garaison.

Ce sont des pharmaciens, comme Dubois, de Boulogne ; des chirurgiens, comme Dufaur, de Mirande ; des médecins, comme Barus, de Blajac, Georges Caupène, d'Auch, etc.

On y trouve, en assez grand nombre, des conseillers et des présidents des Parlements de Toulouse et Bordeaux : Gérald du Burg, Le Mazuyer, de Comère, d'Auterive, de La Lane, etc. ; des prêtres du ministère : Descalas, curé de Castelbajac ; Biravent, ancien enfant de chœur de la chapelle ; Cazauban, vicaire de Bonnefont ; Feuga, *prébandier* d'Auch ; Maynier, chanoine et chantre de Trie ; Messire François de Rabaudy, archidiacre de Rivière en l'église cathédrale de St-Bertrand de Comminges ; des prêtres habitués et des chapelains (1) ; Jean Fossé, évêque de Castres.

Les villes de Boulogne et de Mirande ont leurs fondations de messes.

La noblesse avait sa place marquée dans ce sanctuaire de Marie : elle y était largement représentée par les de Gachedat, de Betbèze, de Monlezun, de Cazaux de Laran, de Marin, de Narbonne, de Gratepont, de Roquefort, de Carbonneau, de Pa-

____

(1) Pierre Teynier, habitué de la chapelle ; Espiet, Malaubert, St-Martin, St-Paul, Le Roy, etc. etc., chapelains.

nassat, de Combe, de Viscarros, de St-Martin, de Gensac, de Goras, de Mun, de Lauzun, etc. etc.

Marquis de Montespan

Le 4 avril 1651, « Messire Jean-Antoine de Pardeillan, marquis de Montespan, seigneur de Gondrin, duc de Bellegarde, lieutenant du roi en la haute Guienne et maréchal des camps et armées de Sa Majesté, de son bon gred et en recognaissance des grâces et faveurs signalées qu'il a reçues de Dieu par l'intercession de la Sainte Vierge, a donné et donne à la dévote chapelle Notre-Dame de Garrezon la somme de douze cents livres, payables trois mois après son décès par son hoir... à condition que les sieurs chapelains célèbreront une messe tous les samedis et fêtes de Notre-Dame selon l'intention dudit seigneur...... »

Famille royale

Enfin la Famille royale était inscrite au premier rang.

Anne d'Autriche remettait, le 27 juin 1667, à Mgr de Lamothe, archevêque d'Auch, les fonds pour la fondation à perpétuité de cinq messes basses à célébrer aux fêtes de la Conception, de la Purification, de l'Annonciation, de l'Assomption et de la Nativité de la Très Sainte Vierge.

Selon les Lettres patentes données à Paris, au mois de mai 1655, quatre messes hautes étaient chantées aux jours de la Purification, de l'Annonciation, de l'Assomption et de la Nativité de Notre-Dame *pour la conservation de la sacrée personne du roi Louis XIV et la prospérité de son Etat* (1).

Lampes

Une autre dévotion, chère à la piété des pèlerins, était la fondation d'une ou de plusieurs lampes.

(1) Cahier des chapelains.

La lampe doit brûler devant Notre-Seigneur Jésus-Christ qui est *la lumière du monde ;* elle brûle souvent devant l'image de la Vierge ou de quelque saint, que l'on honore d'un culte spécial ; l'huile de ces lampes a servi plus d'une fois de véhicule à des grâces de guérison (1).

Les lampes étaient dans *la dévote et sainte chapelle* comme *la louange perpétuelle* (2) du jour et de la nuit. Elles étaient plus précieuses les unes que les autres, comme étaient plus parfaits les sentiments, plus grandes les générosités ou les ressources des bienfaiteurs qui leur avaient assigné leur place ; leur lumière était variée, comme les motifs qui avaient décidé la fondation ; mais toutes ces clartés douces et mystérieuses représentaient bien les clartés et les consolations que tant d'âmes avaient obtenues en ce même lieu, devant cette même Vierge.

Certaines de ces lampes, comme celle de Mme de Lansac, ne devaient brûler que *tous les samedis et aux quatre grandes fêtes de Notre-Dame* (3); d'autres, comme celle de Mme Dambrez, ne brûlaient que *depuis l'Ave Maria du matin jusqu'au salut du soir ;* la plupart devaient brûler jour et nuit.

Les chapelains en entretenaient une, en vertu d'une délibération prise en commun. Messire de Saint-Sébier, abbé de St-Savin, en avait fondé une

(1) Le saint curé d'Ars attribuait les guérisons qu'il opérait à l'huile de la lampe qui brûlait devant la statue de sainte Philomène ; bien des guérisons ont été opérées avec l'huile des lampes qui brûlent devant Notre-Dame de Lourdes, à Constantinople.

(2) *Laus perennis.*

(3) Ces fêtes étaient, pour les uns, la Conception, la Nativité, l'Annonciation et l'Assomption ; pour les autres, la Nativité, l'Annonciation, la Purification et l'Assomption.

autre. Nous avons vu le maréchal d'Ornano offrir *trois magnifiques lampes d'argent;* il y en avait une du duc d'Epernon, une autre de Suzanne de Gramont, marquise de Montpezat ; une de M. de Cambolas, une autre de Mlle de Foix de Candale.

Lampes de quelques villes Quelques-unes attestent la protection de Notre-Dame de Garaison sur des villes entières et la reconnaissance de ces villes envers Notre-Dame de Garaison.

Castelnaudary « La ville de Castelnaudary, en Languedoc, à l'oc-
» casion du mal contagieux dont la Vierge de Garai-
» son l'avait délivrée, le 9 juin 1630, offrit une lampe
» d'argent. Elle prit en plein conseil la résolution de
» faire un fonds pour entretenir le luminaire de leur
» dite lampe, et, jusqu'à ce que cela fût fait, de payer
» tous les ans la somme de 18 livres, comme il paraît
» par la lettre du 4 mai 1632, signée de MM. Dat et
» Descambis, consuls (1). »

L'Isle-en-Dodon L'Isle-en-Dodon, qui avait obtenu la cessation du fléau par le vœu d'une lampe d'argent, se ravisait et, après en avoir demandé la permission à son évêque, consacrait le prix de la lampe à la fondation de quatre messes par an à perpétuité. « Comme ainsi soit
» qu'en l'année 1629 la ville de l'Isle en Dodon fut
» affligée de la contagion, en sorte que tous les remè-
» des étaient inutiles à ceux qui en étaient frappés,
» les habitants auraient recouru à l'intercession de
» la Sainte Vierge, fait des prières publiques et vœu
» de donner une lampe d'argent à la chapelle de
» Garaison, pour obtenir la cessation du mal, lequel
» étant cessé et passé par une grâce spéciale de Dieu,

(1) Cahier des chapelains, fondations de lampes.

» sur le point qu'on était d'accomplir ledit vœu, il
» aurait été trouvé bon à la plus grande gloire de
» Dieu de le changer et convertir la lampe en une
» fondation pour la célébration de quatre messes
» sous la rente annuelle et perpétuelle de douze livres
» dix sols, et, pour faire licitement ladite mutation
» et changement, ils auraient demandé pouvoir et
» permission à Messire Révérendissime Barthélemi
» de Donnedieu, Evêque de Comminges, lequel l'au-
» rait accordé et octroyé (1)..... »

Il est facile à tous de voir combien ces fondations
doublaient l'influence des chapelains, en les mettant
en continuel contact avec toutes les classes de la
société, en les faisant bénéficier de l'illustration du
sanctuaire.

Mais la perpétuité est une charge lourde. Telle
somme, qui serait aujourd'hui follement excessive,
ne sera pas suffisante deux cents ans après. Douze sols,
du temps de Mgr de Trapes, étaient suffisamment
rénumérateurs pour une messe haute hebdomadaire.
Le prix de l'argent baissa, des moments de gêne
vinrent pour les chapelains, lorsque la famille de
Rochechouart leur disputa la possession du domaine
d'Esclassan (2).

Pour faire face à cette situation, les vicaires généraux de Mgr d'Auch rendirent, le 23 mai 1668, une
ordonnance autorisant la vente de trente-six lampes
d'argent et de cinq cent quarante-deux effets en or et
en argent.

Réduc-
tions
devenues
néces-
saires

(1) Cahier des chapelains, fondations de lampes.
(2) Quelques membres, du moins, de cette noble famille.

Il fallut réduire les messes elles-mêmes. Le taux des messes de la chapelle n'atteignait même pas le taux des messes du diocèse, et elles étaient trop nombreuses pour que les chapelains pussent les célébrer toutes : ils auraient donc été obligés à faire dire l'excédent par des prêtres étrangers, en leur payant la différence, ce qui eût constitué pour l'Œuvre un grave préjudice ; ils entretenaient un personnel fort nombreux et tout un corps de musique ; ils donnaient gratuitement l'hospitalité ; ils continuaient la décoration et les embellissements du sanctuaire.

Pour que les pèlerins ne fussent pas *privés de la musique, décoration et hospitalité*, M. Étienne d'Aignan, archidiacre de Magnoac en l'église métropolitaine d'Auch et vicaire général de Mgr Lamothe-Houdencour, taxa, le 27 novembre 1665, à vingt sols chaque messe basse votive et à quatre livres chaque messe haute, « et ce par manière de provision » jusqu'à ce que par mondit Seigneur l'Archevêque » il y soit plus expressément pourvu. »

Ce fut Mgr Augustin de Maupeou qui, le 22 novembre 1706, taxa définitivement les messes basses à une livre.

Ce règlement devait être imprimé, lu et publié à haute voix dans la chapelle aux solennités de Noël et de la Nativité de la Très Sainte Vierge ; il devait demeurer affiché à la porte de la chapelle et à celle de la sacristie, ainsi qu'au-dessus de la table où se recevait l'argent des dites messes (1).

Conduite opposée
L'austérité des commissaires de 1792 s'indignait contre ces réductions de messes, de lampes et de

(1) Ordonnance de Mgr de Maupeou, signée Saint-Luc ou plus exactement Saintluc.

missions ; contre ces Archevêques d'Auch, *trop débonnaires et par ailleurs trompés,* qui les avaient permises... Les révolutionnaires de tous les temps et de tous les pays ont fait bien autrement que l'Eglise, que ces Archevêques et ces chapelains : sans enquête, mais non sans profit pour la plupart, ils se sont emparés de toutes les fondations et de toutes les richesses de la France et de tous les Etats catholiques. L'Eglise réduisait les fondations, quand cette réduction était devenue absolument nécessaire; la Révolution se les adjugea dans leur totalité, les dissipa sacrilègement et les engouffra dans la banqueroute finale.

Leurs *opérations* sont bien plus perfectionnées !

CHAPITRE XV

—

Propriétés rurales. — Bois et allées
Procès Lavat

—

En dehors de cette influence religieuse, les chapelains exerçaient encore une influence considérable, grâce à leurs vastes propriétés seigneuriales et rurales, grâce à leur manière intelligente et douce de les administrer.

Que la grande propriété n'est pas si nuisible à l'Eglise

On a beau dire que les possessions terrestres absorbent trop les gens d'Eglise, qu'elles les détournent de leur vocation, qu'elles les retiennent dans une atmosphère inférieure et qu'elles leur font des ennemis; nos adversaires acceptent volontiers pour eux les inconvénients dont ils essaient de nous faire peur, en vue des avantages qui les compensent. La grande propriété fournit à l'Eglise, en lui assurant plus d'indépendance, tout un peuple de clients, intéressés à sa prospérité matérielle. Voilà pourquoi nos sociétés laïques la rendent si difficile et à peu près impossible à tout ce qui leur deviendrait un contrepoids.

Modération des chapelains

Nous avons constaté la modération exceptionnelle des chapelains dans la revendication de leurs droits seigneuriaux. Nous constatons le même esprit dans leur façon d'acquérir et de gérer leurs propriétés rurales.

Le 20 avril 1692, Michel Sagazan, ayant perdu son fils Dominique, étant lui-même seul, vieux, impuissant à gagner sa vie, nourri depuis longtemps par les chapelains, se décide à leur faire donation des biens qu'il possède. Mais il en excepte *le pré de la rivière*, une *chastanière* et la terre y joignant, pour payer ses créanciers et son chirurgien Hinsegras. Messieurs les chapelains le nourriront durant sa vie, lui feront après sa mort les honneurs funèbres à leur discrétion, mais il désire être enseveli dans la chapelle et avoir une messe basse à perpétuité — priant lesdits sieurs chapelains de donner à sa fille, mariée à P. Bourgade, de Tournay, la somme de quarante livres, en sus de ce qui lui est dû de restes de sa constitution — se réservant ledit donateur l'usufruit des biens donnés durant sa vie.

Les chapelains n'ont pas l'air de remarquer ces multiples *réserves*.

Ils ne paraissent pas avoir eu de préférence exclusive pour un genre d'exploitation plutôt que pour un autre; ils ont exploité certaines de leurs propriétés avec leurs domestiques et leurs ouvriers; ils ont affermé les autres contre un paiement déterminé en argent ou moyennant le partage des fruits, mêlant souvent dans leurs contrats et le partage de certains fruits et le paiement d'une certaine somme.

Nous avons constaté la présence d'un personnel assez nombreux de domestiques, le soin qu'on prenait de leur instruction religieuse, les remontrances qu'on leur faisait certains jours de la semaine. D'autres pièces montrent qu'on leur adjoignait des ouvriers, lorsque le travail le demandait et pour peu qu'il le demandât (1).

Divers contrats

Tajan

Le chapelain et syndic Betbèze « baille pour six » ans, à titre de ferme et arrantement, au sieur » Abadie, dit Bosc, laboureur à Tajan, une pièce de » terre *aux plats*... et encore la chataigneraie *à la* » *Croix*, moyennant dix-huit livres, à la charge de » faire perdre un chemin qui s'y trouve mal à pro- » pos, où personne n'a le droit de passer..., et pa- » reillement de fournir, greffer et entretenir ladite » métairie (2). »

Mane

Mane semble avoir été donnée *à demy-fruits*. On dit bien : « Toute la vendange et le vin de cette mé- » tairie appartiennent en entier au bordier », mais on ajoute aussitôt : « Ce ne sera que pour les trois » premières années. »

Métairie de Montauban située à Garaison

Joseph Belvèze, syndic de la chapelle, « baille, à » titre de boriage, à Pierre et autre Pierre Miro, » père et fils, la métairie de Montauban, située à » Garaison (3)... M. le syndic s'oblige à fournir les » semences et bestiaux nécessaires, ensemble un » char, un tombereau et la ferrure pour un harnais... » le chauffage... Lesdits preneurs paieront quarante- » cinq livres, apporteront aux chapelains cinq sacs » de châtaignes, de celles qui se ramassent dans la » métairie; trois paires de chapons et trois paires » de poules à la Toussaint, et trois poulets à la » St-Jean... Ils donneront, en outre, la moitié des » oies, canards et dindons qui se nourriront dans » ladite métairie (4)... »

(1) Le procès Lavat, par exemple.
(2) 9 mai 1784.
(3) Là où se trouve aujourd'hui la maison Lages.
(4) 10 novembre 1777.

La grande pièce rurale, annexée à la métairie noble d'Anguian, était plus considérable. Le capital de la *gazaille* de bestiaux à *grosses cornes*, jument et cochons, était estimé mille quarante-sept livres, sept sols et six deniers ; la *gazaille* de bestiaux à laine était de cinquante-trois têtes : à la fin du bail, le métayer devait représenter la même quantité et valeur de bétail, au jugement de deux experts. Les terres étaient livrées ensemencées (1) : les métayers devaient les rendre pareillement ensemencées de ces mêmes quantités de grains. Ils payaient aussi les impositions royales ; en novembre, huit paires d'oies engraissées ; douze cents livres, en deux termes : à Noël et à Pâques. « En cas de grêle, si la » récolte est totalement enlevée, les métayers n'ont » rien à payer aux chapelains et ils gardent tout le » revenu du bétail pour frais de semences qu'ils doi- » vent fournir eux-mêmes. »

Nous sommes loin des dégrèvements obtenus à force de pétitions, de *protections*, et dans quelle mesure insuffisante !

Ici encore, les chapelains stipulaient aussi peu d'argent que possible, parce que l'argent est ce qui manque le plus à l'homme de la campagne. Travaux, châtaignes, poules, poulets, oies et dindons lui coûtent beaucoup moins. Même aujourd'hui, de temps à autre, il portera quelqu'un de ces présents, sans y être obligé par un contrat.

___

(1) 60 sacs de blé ; 4 sacs combles d'avoine ; 7 sacs de mixture de blé et de *paumoule* (espèce d'orge du Midi) ; 7 sacs de *paumoule* pure ; 3 sacs de *sarde* (orge de qualité inférieure pour nourrir la volaille), mesure comble ; 4 sacs de fèves ; 1 sac de pois carrés ; 1 sac de vesces ; 2 boisseaux de haricots, mesure de Samatan.

Ces conventions nous dispensent d'en citer d'autres.

L'absence de documents et notre incompétence ne nous permettent pas d'apprécier les perfectionnements que les chapelains introduisirent dans leurs propriétés; tout montre, cependant, qu'il y avait loin de l'état où il les avaient portées à l'état où ils les avaient reçues.

Bois des Chapelains Mais il est un genre de propriété qui réclame encore plus de désintéressement, où les corps ecclésiastiques et religieux n'ont pas de supérieurs et comptent trop peu de rivaux parmi les plus grands terriens : la formation, la conservation, l'entretien des forêts et des bois.

Les bois et les inondations Le plateau de Lannemezan, de plus en plus dénudé, plein de fondrières et de marécages, où les argiles sont à fleur de terre, donne naissance à huit ou dix rivières qui en descendent dans toutes les directions : le Gers, les deux Baïses, la Baïsole, etc. Quoique sans communication avec les vallées montagneuses, il peut, en temps de pluies opiniâtres, réunir, à lui seul, des masses d'eau vraiment prodigieuses, et toutes ces eaux *sauvages*, courant avec fureur sur un sol qui n'oppose pas d'obstacle, vont grossir instantanément la Garonne, le Gers, toutes les rivières, et déterminent ces crues excessives et soudaines qui engloutissent périodiquement tant de millions et parfois tant de vies humaines. Auch, Vic-Fezensac, l'Isle-en-Dodon, ne perdront pas de sitôt le souvenir de cette nuit pleine d'angoisses du 3 juillet 1897.

Où est le remède ?

Certains ont préconisé le drainage (1). Le drainage, répond un conservateur des eaux et forêts (2), ne servirait, au moment du danger, qu'à procurer à ces torrents un écoulement encore plus rapide et plus désastreux.

Inspecteurs et conservateurs des forêts, professeurs à l'École normale forestière, savants, dont le nom fait autorité, ne connaissent qu'un remède efficace : le reboisement. Nous ne citerons qu'une opinion, mais ce sera l'opinion d'un maître. M. Albert de Lapparent écrivait à M. Fabre, inspecteur des forêts : « Partisan convaincu du reboisement dans » les sols imperméables, j'applaudis des deux mains » à la campagne que vous poursuivez » de reboiser les landes de Lannemezan (3).

Les forêts ne sont pas seulement pour la terre une superbe parure : elles ne sont pas seulement des filtres merveilleux et des centres de production d'oxygène, tandis qu'elles absorbent le carbonne; elles maintiennent aussi l'équilibre de la température, régularisent les courants d'air, protègent les collines et les pentes, en donnant de la cohésion aux terres qui les recouvrent. Elles empêchent presque toujours la formation des torrents, réduisent le volume des crues et en ralentissent l'allure. » Quand la pluie » tombe sur un bois, elle mouille d'abord toute la » voûte du feuillage, descend peu à peu et n'arrive

(1) Il est vrai que c'était à l'approche des élections, où l'essentiel était d'obtenir quelques voix de plus par la perspective de ces travaux !...

(2) M. de Gorsse. Il ajoute plaisamment : « On n'avait pas encore » imaginé, pour préserver quelqu'un de la pluie, de le placer, sous » les tuyaux de descente qui drainent et canalisent les eaux des » toitures ! » *Revue de Comminges*, t. XIV, année 1899, 3e trimestre.

(3) *Revue de Comminges*, t. XIII, année 1897, 4e trimestre.

» par terre que goutte à goutte. Alors, elle pénètre
» doucement dans le sol qui s'en imprègne, comme
» le fait une éponge. Une partie de cette eau est
» absorbée par les arbres ; l'autre, plus considérable,
» s'infiltre dans les couches plus profondes du ter-
» rain et finit par y rencontrer un fond imperméable
» dont elle suit les pentes, pour s'échapper au dehors
» sous forme de sources (1). » Ainsi, les forêts bri-
sent les courants qui portent au loin la dévastation
et les ruines ; elles tiennent en réserve les eaux qui
portent avec elles la fertilité et la fraîcheur.

Le remède consisterait donc à créer des massifs
forestiers importants sur des versants dénudés.

Le Chêne   Mais l'arbre prendra-t-il dans un sol où ne pous-
sent que les bruyères et les fougères, les tuies et les
ajoncs ? Oui, un arbre tiendra bien cette place : le
chêne. Il peut avoir ses maladies, réclamer plus de
soins, des soins plus intelligents, mais il a fait ses
preuves plus que séculaires.

Les chapelains possédaient un nombre considérable de bois :

Noms et conte-nance des bois des chape-lains   Le bois de Barthère, d'une contenance de 24 arpents et 28 perches (2) ;

Le bois de Lassalles (26 arpents et 73 perches) ;

Le bois du *Bédat* (30 arpents et 94 perches) ;

Le *Triage* (2 arpents et 88 perches) ;

Trois bois à Monlong : l'un de 6 arpents et 7 per-

(1) *Dictionnaire de la Bible*, fascicule 16ᵉ, 1ʳᵉ partie, forêts.
A. Legendre.

(2) *L'arpent* du pays est le double du *journal* du pays ; le *journal* du pays étant de 25 ares 52 centiares, *l'arpent* sera de 51 ares
4 centiares.
La perche valait 2 centiares 32.

ches, l'autre de 2 arpents et 57 perches, et le troisième de 1 arpent et 89 perches;

Le bois de *St Roch de l'Ermitage* (70 arpents et 66 perches);

Le *Rieutort* (37 arpents);

Le bois au-dessous du Bédat (19 arpents et 9 perches) (1);

Enfin, les chapelains cultivaient un ensemencement en glands, depuis 2, 3, 4, 5 et 6 ans.

La contenance totale des bois des chapelains était de 219 arpents et 71 perches (2).

Dans ce total n'étaient pas compris les 12 arpents 94 perches des allées et avenues, qui donnaient tant de majesté et de recueillement aux abords du Sanctuaire (3). Un ennemi des chapelains, dont nous aurons à parler bientôt (4), les trouvaient *prodigieusement longues*.

Les *prodigieuses* allées avaient coûté bien des frais et des soucis.

« Les chapelains, dit leur syndic, s'efforçaient de
» rendre cette solitude agréable et attrayante à
» ceux qui de tous pays venaient en dévotion. Ils
» avaient déjà fait deux allées très belles et en
» avaient commencé une troisième, le long d'un che-
» min qui tend à la ville de Bagnères. Mais, arrivés
» à dix pas d'une petite maison et cour, lorsqu'ils
» voulurent faire des creux de l'autre côté du che-

(1) Serait-ce le bois de *la Bourrugue*, dont il est souvent parlé?

(2) Ces noms et ces chiffres sont tirés du procès-verbal de la visite de ces bois, faite par M. de Bastard, grand-maitre des eaux et forêts, 20-24 septembre 1752.

(3) Visite de M. de Bastard, ut supra.

(4) Florentin Pie.

» min pour y planter de beaux chênes, Lavat, le
» maître de cette maison, leur fit signifier, le 14 octo-
» bre 1702, d'avoir à combler les creux, remettre le
» terrain dans l'état où il était et payer des intérêts
» qui seraient fixés par des experts choisis, protes-
» tant se pourvoir contre les chapelains et les ou-
» vriers qu'ils avaient employés. Il présenta devant
» le Juge de Mouléon une requête si impertinente,
» que le Juge ne voulut pas *la répondre* (sic); enfin,
» il porta plainte contre les deux ouvriers... et les
» fit décréter » de prise de corps (1).

De son côté, le syndic retira toutes les tolérances
accordées jusque là, réclama une nouvelle *reconnais-*
sance de tous les biens que Lavat possédait en Barthère et en Garaison, un nouvel *arpentement* pour
savoir si Lavat n'avait pas empiété, tous ses droits
de Seigneurie directe et foncière, les arrérages de
vingt-neuf ans, etc. etc.

Le syndic eut le tort de tomber dans des suscepti-
bilités et dans des personnalités. Voyant Lavat en
prendre à son aise avec les droits des chapelains,
se donner à lui-même du *sieur* et donner à sa femme
le titre de *demoiselle*, il lui observa qu'on ne donnait ces titres « qu'aux personnes distinguées par
» leur naissance ou par quelque profession honora-
» ble; que Lavat, avant son mariage, n'était connu
» que sous le nom de *Pierrot* et que sa femme ne
» s'appelait que *Marion...* »

A quoi Lavat-Pierrot répondit : « Le syndic n'est
» pas traitable sur les qualités que les parties pren-
» nent, et sa délicatesse... en est blessée comme
» d'une usurpation. A la bonne heure, s'il n'y avait

(1) Mémoire du syndic des chapelains.

» pas de l'aigreur !... Il est surprenant que ces cho-
» ses touchent si vivement les ministres des autels...,
» et il est encore plus surprenant, si, en écrivant un
» procès, on fait un capital de pareilles vétilles... »

Le procès dura plus de deux ans.

Le 4 septembre 1704, la Cour de Toulouse porta
son jugement en faveur des chapelains. Le 4 décembre suivant, Pierre Lavat et Marie Aurignac se dé-
sistèrent devant notaire et devant témoins « de la
» faculté à eux accordée de pouvoir prouver leurs
» prétendus faits, consentant que le présent désiste-
» ment soit insinué en la Cour du Parlement de
» Toulouse... »

On voit que les embellissements coûtent parfois
plus que leur valeur !

Les éloges des étrangers couvraient du moins ces
quelques voix discordantes. M. de Bastard vantait
« la sage économie employée par les chapelains dans
» l'usage de leurs bois. »

« Ils semèrent des glands, plantèrent des chênes,
» tracèrent des allées et obtinrent ainsi des résultats
» merveilleux. Encore vers 1830, la contrée de Ga-
» raison possédait les plus beaux chênes du Midi de
» la France (1). »

Les chapelains trouvèrent dans l'administration
de leur temps un concours énergique. Leurs bois
étaient peu et mal gardés : M. de Bastard leur im-
posa un garde et lança une proclamation menaçant
les délinquants d'amendes et de punitions exem-
plaires.

Mesures
de
protec-
tion

(1) *Lys du Val,* 1847, p. 88, note contre la destruction des bois.

Son lieutenant, M. de Gariscau, maître des eaux et forêts de la maîtrise de Comminges, poursuivit avec fermeté les coupables dont ces ordonnances n'avaient pas arrêté les déprédations (1).

Sécularisation et destruction des forêts

La *sécularisation* finit par avoir raison des bois des chapelains, comme elle a eu raison de tant d'autres bois et de tant d'autres choses en France et partout.

Un ministre italien, qui a eu sa part dans le mal qu'il dénonce aujourd'hui, ordonnait à ses subordonnés de l'Instruction publique de réunir les populations et de leur faire comprendre les grands avantages des forêts : « Les bois, écrivait-il, sont richesse et santé... La sagesse antique proclamait » les bois *sacrés;* l'exécrable soif de l'or de nos contemporains les a presque détruits... Les études » modernes de la sylviculture auraient perfectionné » l'œuvre de nos aïeux, si l'avidité ignorante des » acheteurs de biens domaniaux (2) n'avait compromis ces grands intérêts (3)... »

Il a raison.

Notre grande et savante administration forestière a raison.

Toutes ces voix, arrivant de points si opposés, glorifient de la sorte la culture de nos chapelains. Au lieu de détruire la plupart des bois qu'ils avaient

(1) Condamnation prononcée contre 2 habitants de Monlong, le 26 janvier 1774, contre Castet, dit Jeanoutat, le 20 sept. 1778, etc.

(2) Lisez : biens volés à l'Eglise et aux monastères.

(3) Circulaire Bacelli, Ministre de l'Instruction publique, *Civiltà cattolica* du 5 août 1899.

plantés, il aurait fallu en créer de nouveaux là où ils auraient empêché la formation des torrents (1). Mais les revenus d'une forêt sont lents et médiocres, tandis qu'une vente de beaux chênes produit immédiatement une somme considérable. La conservation des forêts est un bien général, tandis que la vente des arbres est un bien personnel et palpable.

Or, si le paganisme avait ses bois *sacrés*, les poètes de tous les temps ont aussi appelé *sacrée* la soif de l'or (2).

Et, pour réprimer les passions, on peut toujours compter sur l'inefficacité des mots à effet, des objurgations les plus éloquentes et des mises en scène les plus théâtrales.

(1) La présence d'une forêt sur un sol empêche la formation des torrents : c'est la première des lois fondamentales, proclamées par Surrell. *Revue de Comminges*, t. XIV, année 1889, 3ᵉ trimestre.

(2) Auri *sacra* fames.

CHAPITRE XVI

—

Aumônes et rentes des Chapelains

—

Les aumônes et les rentes des chapelains, en leur faisant partout des obligés, étendaient aussi partout leur influence.

Barère, le conventionnel, disait : « L'aumône est cléricale (1). »

Son expression, qui devançait notre siècle, serait tout aussi juste aujourd'hui. Même aujourd'hui que le prêtre est pauvre lui-même, les pauvres qui d'instinct devinent leurs amis (2), vont à lui de préférence à tous ces enrichis qui détestent et craignent leur contact.

Aumô-nes
Une note, qui semble rédigée par un économe en peine d'équilibrer sa caisse, nous apprend que la charité catholique alimentait les aumônes des chapelains, mais que son apport était insuffisant à un

(1) Nous avons déjà trouvé Jeanne de Barère, bienfaitrice de la chapelle de Garaison.

Le futur conventionnel, de son côté, ne devint un féroce Jacobin que lorsque la peur d'être guillotiné lui fit juger préférable de guillotiner... les autres. Lors de son mariage, le 12 mai 1785, M. Barquissan, curé de St-Jean, de Tarbes, lui délivrait le certificat suivant : « Nous déclarons que M. Barère de Vieuzac professe avec » édification la religion catholique, apostolique et romaine, et qu'il » est parfaitement instruit de ses mystères et obligations. »

Instruit, c'est possible ; mais gêné, bien peu !...

(2) Nous parlons du *pauvre*, et non du *misérable* tel que l'impiété l'a fait.

degré dérisoire : « Il y a une somme de 6000 livres
» au denier 25 et de 2000 livres sur le clergé de Com-
» minge réduite au denier 2, ce qui donne de rente
» annuelle 200 livres qu'on doit distribuer aux pau-
» vres qui se présentent à la porte; mais on est
» obligé de donner beaucoup au-delà, et cela ne peut
» s'évaluer. Tout le voisinage, malades, passans,
» pèlerins, ermites, religieux, prêtres, tout tombe
» sur cette maison, comme il est marqué dans le ver-
» bal de visite en 1747. »

Bien que le peuple soit dans tous les temps la
dupe et la victime des mêmes calomnies; bien que
ceux qui ne lui donnent rien lui fassent croire trop
souvent que ses bienfaiteurs pourraient et devraient
lui donner davantage, qu'ils ne lui donnent que par
intérêt, par peur ou par ambition, ces aumônes larges et quotidiennes des chapelains pénétraient de
reconnaissance la plupart de ces âmes et valaient au
loin à ces hôtes charitables une réputation méritée
d'absolu désintéressement.

Leurs capitaux venaient au secours d'une autre
classe, bien digne de l'intérêt que l'Eglise lui a té-
moigné dans tous les siècles : la classe de ceux que
des embarras d'argent livrent à l'usure comme une
proie, si une main puissante et secourable ne se
tend vers eux.

Une institution de crédit a toujours été regardée
comme un bienfait public, lorsque l'amour du lucre
et une influence détestable n'en font pas un fléau
social. Renouant avec les Evêques du passé, les
Evêques de nos jours encouragent de leurs bénédic-

tions et parfois de leur bourse, la fondation des caisses rurales et de toutes ces œuvres de bienfaisance, destinées à donner aide et indépendance au peuple obéré des campagnes et à l'ouvrier des villes.

Couvents et Châteaux — Les couvents et les châteaux protégèrent longtemps les petits et les humbles. La royauté, en attirant la noblesse à la cour, avait fait déserter les châteaux en trop grand nombre, et beaucoup de tenanciers ne connaissaient de leur noble seigneur que les rentes qui lui étaient dues. La commende royale, que Montalembert appelait *une confiscation déguisée*, en donnant les Abbayes à des courtisans peu faits pour de telles fonctions, y avait introduit un relâchement général et en dilapidait les richesses qui entretenaient le faste de ces étranges élus à la cour ou sur de grands théâtres. Cette double désertion arrivant à la fois, avait, sur bien des points, laissé le peuple seul en face d'une bourgeoisie, trop généralement égoïste et peu croyante, et ne faisait que mieux apprécier l'appui d'une société religieuse là où il existait encore.

Il existait dans le pays de Garaison.

Garanties qu'offraient les prêts des chapelains — Contents du vêtement et de l'entretien pour eux-mêmes, les chapelains pouvaient, tout en assurant les ressources de l'Œuvre, respecter les délicatesses de la charité la plus exigeante. Intérêts modérés, discrétion assurée, certitude qu'ils ne profiteraient pas d'un moment de gêne soit pour demander davantage, soit pour urger des paiements qu'ils savaient impossibles, ils offraient les garanties les plus idéales et se présentaient comme une Providence aux particuliers et aux communautés, aux châteaux et aux communes.

Nous avons déjà vu la commune d'Arné et le Magnoac recourir à eux, du vivant de Geoffroy : nous allons voir les ressources dont ils disposaient, lorsque la Révolution les jeta sur les chemins de l'exil (1).

Les fondations devaient avoir toutes un placement sûr. Tantôt, c'étaient les chapelains qui acceptaient les placements faits par les bienfaiteurs; tantôt, c'étaient les bienfaiteurs qui acceptaient les placements proposés par les chapelains.

Mais l'abondance n'arriva que fort tard.

D'une *déclaration des biens et revenus de la chapelle de Garaison*, faite le 19 janvier 1730, *au bureau diocésain d'Auch*, il résulte « que le total des reve» nus et rentes était de 7160 livres, 7 sols, 11 1/2
» deniers, et le total des dépenses de 6551 livres, ce
» qui donnait un excédant de 609 livres,.., 7 sols,
» 11 1/2 deniers, pour nourrir en santé et en mala» die 18 prêtres, 4 élèves, 4 musiciens, 6 enfants de
» chœur, un nombreux personnel d'officiers et de
» domestiques... Ce qui ne suffisant pas, il y a été
» suppléé par les dons des fidèles et l'honoraire des
» messes qu'on y vient faire dire. Cette Maison
» n'ayant commencé et ne pouvant se soutenir que
» par le moyen de la Providence, il est à remarquer
» que, de 1713 à 1726, par la diminution des susdits
» dons et distributions des messes, les chapelains
» ont été obligés d'emprunter 4798 livres 17 sols et
» de consumer des fonds remboursés en argent 6467
» livres, pour les dépenses nécessaires de la Maison.

Années
de
déficits

(1) Nous jugeons inutile et fatigant pour le lecteur de copier les divers placements faits par les chapelains sur les communautés et sur les particuliers.

» Depuis 1726 jusqu'à présent, la diminution des
» dons et des rétributions de messes ayant continué,
» on n'a pu ni payer l'emprunt ni remplacer les
» fonds consumés, et, au contraire, on en a consumé
» d'autres (1)... »

Comptabilité des chapelains

De 1738 à 1767, il existe *dix-sept* cahiers de comptes annuels tenus par les syndics des chapelains (2).

Le syndic de l'année visitait les propriétés, les unes après les autres.

Il inscrivait les recettes de l'année, provenant des métairies, des terres et de rentes diverses.

Il notait ses propres dépenses en voyages, actes judiciaires, soldes d'administration, l'état de la gerbe, de la vendange, des grains, du vin, des semences, du bétail.

A son retour, une commission de trois chapelains, appelés *auditeurs des comptes*, vérifiait rigoureusement tous ses chiffres, et leurs noms figuraient sur le cahier à côté du nom du syndic.

Tous ces cahiers sont parfaitement tenus et d'une manière uniforme.

Les recettes s'élèvent à plus de dix mille livres en 1738, dépassent même, en 1747, le chiffre de seize

(1) Les commissaires ajoutent : « La présente déclaration comprend
» les fonds de terre et rentes colloquées dans différents diocèses...
» Les dates, noms des notaires, et sommes contenues dans tous les
» contrats ont été fournis dans un cahier séparé... »

Le tout est signé : D'AIGNAN DU SENDAC, vicaire général,
        L'abbé DE NOÉ, député du Chapitre,
        D'AIGNAN, député des dignités,
        ROBERT, député des Collèges,
        MELLY, député des curés,
        SIMON, syndic fixe,
        DAVET, greffier.

(2) G. 1098.

mille, sauf à retomber à huit, sept, six mille livres en des années moins prospères.

Du reste, les amateurs de statistiques trouveront en note les chiffres exacts (1).

Mais les douze cahiers G. 1102, qui vont de 1778 à 1789, accusent une hausse qui atteindra 46539 livres 7 sols 9 deniers, en 1778, et qui ne descendra plus au-dessous des 25131 livres de l'année 1788. Les oscillations, comme on le voit, sont considérables; elles dépendaient de la prospérité du bétail et des récoltes ou des sinistres de l'année, des accidents, des épidémies... Les dépenses dépendaient des réparations à faire, des pèlerinages à recevoir, etc. Elles ne dépassèrent pas les 3749 livres de l'année 1784 et parfois elles s'abaissèrent, comme en 1787, jusqu'à 1238 livres (2)

Années
d'excé
dents

(1) Recettes. — Les recettes sont en argent et presque toujours par petites sommes.

Année 1738 :	10230 livres		Année 1746 :	8637 livres
— 1739 :	6449 livres		— 1747 :	16192 livres
— 1740 :	8605 livres		— 1756 :	7502 livres
— 1741 :	10267 livres		— 1757 :	11666 livres
— 1742 :	6652 livres		— 1758 :	6574 livres
— 1743 :	8715 livres		— 1762 :	9937 livres
— 1744 :	6598 livres		— 1763 :	10437 livres
— 1745 :	8565 livres		— 1767 :	10198 livres

(2) Nous ne résistons pas au plaisir de reproduire ces chiffres qui sont la meilleure apologie de l'administration des chapelains.

Année 1778 — Somme totale........	46539 livres	7 sols 9 deniers
Charges et dépenses..	1446 livres	4 sols 6 deniers
Revenu net..........	45093 livres	3 sols 3 deniers
Année 1779 — Somme totale........	33583 livres	6 sols 6 deniers
Charges et dépenses..	1348 livres	12 sols 6 deniers
Revenu net..........	32234 livres	14 sols
Année 1780 — Somme totale........	31481 livres	16 sols 5 deniers
Charges et dépenses..	2321 livres	6 sols 8 deniers
Revenu net..........	30160 livres	9 sols 9 deniers
Année 1781 — Somme totale........	30615 livres	
Charges et dépenses..	3496 livres	
Revenu net..........	27119 livres	

Emploi de ces excédents

Quel fut l'emploi de tous ces excédents ?

Ils servirent à reconstituer les fonds qu'avaient absorbés les années de déficit, à créer des rentes plus considérables que celles dont on avait constaté l'insuffisance, à reprendre les constructions projetées par les chapelains. Les chapelains avaient réuni d'immenses matériaux, dont l'inventaire de 1791 et 1792 fait l'énumération, et les travaux atteignaient le premier, lorsque la Révolution, en dispersant les ouvriers, *dispersa* du même coup les matériaux.

Conclusion en faveur des chapelains

Deux choses étonnent dans ces chiffres : la grandeur des charges et la modicité des dépenses (1).

On a beau se rappeler sans cesse que ces hommes

Année 1782 —	Somme totale........	32043 livres
	Charges et dépenses..	1957 livres
	Revenu net..........	30085 livres
Année 1783 —	Somme totale........	34340 livres
	Charges et dépenses..	1962 livres
	Revenu net..........	32348 livres
Année 1784 —	Somme totale........	26931 livres
	Charges et dépenses..	3749 livres
	Revenu net..........	23182 livres
Année 1785 —	Somme totale........	33769 livres
	Charges et dépenses..	1479 livres
	Revenu net..........	32290 livres
Année 1786 —	Somme totale........	30461 livres
	Charges et dépenses..	1370 livres
	Revenu net..........	29191 livres
Année 1787 —	Somme totale........	29141 livres
	Charges et dépenses..	1238 livres
	Revenu net..........	27903 livres
Année 1788 —	Somme totale........	25131 livres
	Charges et dépenses..	1636 livres
	Revenu net..........	23495 livres
Année 1789 —	Somme totale........	37171 livres
	Charges et dépenses..	1483 livres
	Revenu net..........	33687 livres

Ces 12 derniers cahiers sont contresignés à chaque page par Dutilh, commissaire du district de Nesle.

(1) Les chiffres des dépenses n'indiquent évidemment que les dépenses *en argent,* mais cette modicité paraîtra merveilleuse encore...

se contentaient, comme l'Apôtre, *du vivre et du vête-ment;* d'un côté, la haute figure qu'ils ont su faire, leurs aumônes abondantes, leur quotidienne et large hospitalité, et, de l'autre, cette économie respectueuse des ressources d'une Œuvre sainte, tous ces contrastes sollicitent notre plus sincère admiration. Quel exemple pour ces financiers d'Etat, dont les équilibres et les excédents fictifs mènent, dit-on, à la banqueroute; pour ces particuliers, dont les besoins augmentent avec l'augmentation des revenus !

On a beau se reporter à la valeur de l'or et de l'argent, à l'époque des chapelains; quel roi de la finance de nos jours se contenterait d'une rente n'ayant que la valeur des trente-quatre mille livres des chapelains en 1789 ! Quel riche bourgeois se contenterait de leurs quinze cents livres de dépenses, avec toutes leurs charges !...

Des écrivains qui retardent, se sont vertueusement élevés contre les richesses *scandaleuses* de l'Eglise et des Couvents en 1789. L'Eglise de France, après dix-huit siècles, possédait environ cinq milliards qui tenaient lieu du budget des cultes, du budget de l'instruction publique, du budget de l'assistance publique et d'une partie du budget des beaux-arts; nous venons de constater les richesses de Garaison, après trois siècles de bienfaits et de gloire. En moins d'un siècle, des familles, deçà et delà l'Atlantique, ont ramassé des fortunes qu'on dit deux ou trois fois supérieures à celle de l'Eglise de France tout entière et qui ne remplacent aucun budget. Le moindre banquier, au bout de quelque temps, s'est fait des rentes bien autres que celles des chapelains. Et nul de ces austères censeurs de l'Eglise ne trouve le moindre mot d'indignation contre des fortunes soudaines et même parfois vraiment scandaleuses, celles-là!... En vérité, l'on serait tenté de leur demander ce que leur rapportent et ces attaques et ces silences!...

Il vaut mieux croire que les apparences les présentent sous un mauvais jour.

CHAPITRE XVII

—

Les chapelains et les Etats des Quatre-Vallées

—

Les huit syndics et députés d'Aure, de Magnoac, de Neste et de Barousse, réunis sous la présidence de leur juge-mage, composaient *les Etats des Quatre-Vallées* (1).

Ils s'occupaient des affaires et des intérêts communs aux vallées-sœurs et fixaient la part des impositions que chacune d'elles devait supporter et fournir.

Attributions et pouvoirs de ces Etats

« Leurs pouvoirs étaient ceux des autres Etats » du royaume. Ils avaient le droit de traiter, statuer » et délibérer ce qui leur paraissait utile au pays » qu'ils représentaient. » Ils n'acceptaient pas de

(1) C'étaient le 5 février 1766 : Jean-Jacques de Gaillard, conseiller du roi et juge-mage des Quatre-Vallées et de Barbazan, président; noble Pierre Dutrey, de Troubat en Barousse, et Guillaume Gaillard, de Monléon en Magnoac, syndics généraux des Quatre-Vallées ; Jean Féraud, notaire royal et avocat, d'Arreau, et Jean-Bernard Roucaud, avocat en Parlement et notaire royal, de Guchan, députés de la vallée d'Aure ; Jean-Pierre de Lafargue et Florentin de Pie, avocats en Parlement, députés de la vallée de Magnoac; Jean Sajous, bourgeois de Bizous, député de la vallée de Neste, et Louis Soulé de Lafont, avocat en Parlement, député de la vallée de Barousse.

Le suffrage des électeurs paraît avoir été fidèle à Dutrey, Laforgue, Sajous et Soulé de Lafont, tant que dura la monarchie. Les autres furent tour à tour remplacés, par Dassy, médecin, Urbain Ducuing, Gertoux, Ladrix, Caze, Ozun, etc., etc.

On trouve, durant quelque temps, deux signatures Féraud : Féraud, député, et Féraud, greffier.

mandat impératif : « Jamais les Etats n'ont consulté
» les Communautés des Vallées sur aucun des objets
» qui intéressent le pays en corps ; ils ne tiennent de
» ces communautés que le choix (qu'elles ont fait
» d'eux), mais eux seuls ont toujours traité avec le
» roi des abonnements, des députations, des dépenses
» imprévues et extraordinaires (2)... »

On ne leur reprochera pas de méconnaître l'importance de leurs fonctions !

Caractère de ces représentants — Tous ces représentants appartenaient pour un petit nombre à la petite noblesse et pour la très grande part à la bourgeoisie. Imbus presque tous des idées de Voltaire et de Rousseau, hantés des souvenirs païens de la Grèce et de Rome, ils avaient la discussion intolérante comme leurs modèles, et il leur arrivait, ils en feront l'aveu, d'oublier la charité chrétienne et la courtoisie française.

Siège de ces Etats — Le siège de leurs Assemblées était Garaison, à l'hôtel du Grand-Logis. L'article 1er du règlement de 1744 portait : « L'assemblée des Quatre-Vallées
» d'Aure, Magnoac, Neste et Barousse se tiendra le
» mois d'octobre dans le lieu de Garaison... à la-
» quelle Assemblée le sieur intendant et commissaire
» départi pourra assister à toutes les délibérations
» qui y seront prises et signera l'état des impositions
» qui y seront arrêtées pour l'année suivante... »

Raisons de cette préférence — Garaison était un pèlerinage très fréquenté, à distance raisonnable de tous les députés et de l'Intendant dont la résidence était Auch : il y avait intérêt et honneur à ce que ce haut fonctionnaire suivît de près les délibérations des Etats. Les habitants des Quatre-Vallées sont renommés pour leur

(1) Séance des Etats à Escala, le 28 (le mois manque) 1767.

finesse : peut-être aussi leurs représentants attendaient-ils quelque profit de leur contact avec les chapelains ?...

Le 8 avril 1767, « il fut représenté par les syndics » que, la chapelle de Garaison formant un lieu » spécialement consacré à la dévotion pour la Vierge » et que les côtes qui d'un côté y mènent rendant » son approche mal aisée, il conviendrait de requé- » rir la permission d'une route qui en favorisât l'ac- » cès; que le bien général d'une partie de la province, » notamment de la vallée de Magnoac, devait inspi- » rer un tel projet en ce que la dévotion et la pro- » ximité attiraient souvent les habitants à ladite » chapelle : sur quoi. l'Assemblée délibéra que par » la vallée de Magnoac il serait demandé au Conseil » du roi la permission de faire un embranchement » à la grande route d'Auch à la montagne......, ainsi » qu'il sera fixé et déterminé par la personne commise » pour en dresser le plan, aux frais et dépens de la » dite vallée de Magnoac, concernant la demande » seulement. » *[Proposition d'une route nouvelle]*

Il y avait dans cette rédaction des obscurités voulues.

Une lettre du 14 juin suivant, adressée à M. de Journet au nom des Communautés de Castelnau, Larroque et Puntous, fit opposition à la demande des Etats. *[Opposition]*

L'Intendant renvoya la lettre aux intéressés.

Les Etats, assemblés cette fois, non pas à Garaison, mais à Escala, pulvérisèrent le malencontreux opposant avec toute l'emphase déclamatoire de l'épo- que, mais ils furent obligés de parler franc : « L'em- *[Explications tardives]*

» branchement, dit le procès-verbal, a été délibéré
» par deux raisons : la première, de son utilité pour
» la vallée de Magnoac à raison de son commerce
» avec Montréjeau en grains, vins.... et autres den-
» rées ; si la dévotion à la chapelle a été considérée
» comme un second motif, les *États* par cette vue
» auront-ils manqué de lumières ? Cette apostrophe
» est digne de son auteur qui sans doute dans ses
» ouvrages ne consulte pas la vraie lumière. Son
» reproche le caractérise et fait l'éloge des *États*.
» Pourquoi n'a-t-il pas dit que nos rois, en ordonnant
» l'édifice de la reconstruction des églises, sont
» sortis des limites de leurs vraies occupations et
» ont *dépacé* (sic) les objets qui devaient seulement
» fixer l'attention des Prélats ? Pourquoi encore
» n'a-t-il pas dit que la messe du Saint-Esprit qu'on
» fait chanter avant la tenue des *États*, forme une
» occupation étrangère et une dépense inutile ?....
» L'auteur de la requête est tombé dans des inconsé-
» quences affreuses... Tout le monde, sans doute, ne
» peut pas raisonner avec justesse... Mais l'auteur
» est inexcusable d'avoir prétendu faussement que
» l'embranchement a donné lieu à une imposition
» pour le construire... Aucune des Vallées, par la
» délibération du 8 avril dernier, n'a entendu se
» charger d'aucune espèce de frais soit en argent,
» soit en corvées, mais de ceux de la demande seule-
» ment pour l'autorisation du dit embranchement
» par la Vallée de Magnoac. *L'objet des États était*
» *uniquement de prouver aux chapelains de Garai-*
» *son la liberté de faire construire, à leurs entiers*
» *frais à tous autres égards, l'embranchement dont*
» *s'agit.... »*

Les *Etats* étaient dans leur rôle, en créant une route nouvelle dans les conditions les plus avantageuses à leurs électeurs. Le grand danger en ces temps étaient les disettes, et les disettes étaient d'autant plus faciles et d'autant plus terribles, que les routes manquaient souvent d'une ville à l'autre et surtout d'un village à l'autre. Une route nouvelle était donc un bienfait de premier ordre. La reconnaissance populaire attache encore au souvenir de Mgr de Chanterac, Evêque d'Alet, le surnom *d'Evêque des routes* et dresse en ce moment une statue à Félix Armand, l'un des curés de ce Prélat et de ce diocèse, qui fit construire la route de Quillan à Axat (1). Le procès Lavat avait montré ce que les chapelains de Garaison savaient faire pour l'embellissement des routes, mais leur budget de 1767, après les années de déficit qu'ils venaient de traverser, montre pareillement qu'ils ne disposaient pas de ressources aussi abondantes qu'on le disait et qu'il aurait fallu pour entreprendre une telle œuvre. Eussent-ils eu ces ressources, ils auraient pu les avoir engagées ou vouloir les engager ailleurs... Enfin, le moins eût été de les prévenir et de leur laisser l'honneur et le bénéfice d'une initiative personnelle.

Pourquoi les chapelains déclinent ces ouvertures

Aussi ne s'empressèrent-ils pas d'user d'une *liberté* qu'on leur donnait avec plus d'ampleur que de désintéressement.

Les Etats renouvelèrent leurs instances, lorsque l'Intendant visita la chapelle, le 14 novembre de l'an-

Nouvelles instances auprès de l'Intendant.

(1) Le conseil municipal de Quillan (Aude) a nommé, en juin 1900, une commission pour examiner et présenter ce projet de statue.

née suivante, juste au moment de leur réunion : « MM.
» les syndics et députés ayant été instruits de l'arrivée
» du Seigneur Intendant au lieu de Garaison, ont
» délibéré de se rendre en corps à son hôtel, chez
» MM. les chapelains du dit lieu. Ils lui ont marqué
» la satisfaction et l'honneur qu'ils reçoivent par sa
» présence et combien il est avantageux à leur pays
» qu'il connaisse la pureté de leur administration et
» la nécessité de venir au secours des Quatre-Vallées,
» motifs qui ont été ramenés dans les discours qui
» lui ont été adressés par M. Pierre Dassy, docteur
» en médecine, député de la vallée de Magnoac—aux-
» quels ledit Seigneur Intendant a répondu de la
» façon la plus reconnaissante aux Vallées — après
» quoi, Mgr de Journet et ladite Assemblée se sont
» acheminés pour aller à la messe du Saint-Esprit
» qui a été célébrée dans ladite chapelle — après
» laquelle Mgr de Journet et ladite Assemblée se
» sont rendus dans une des salles de l'hôtel de
» MM. les chapelains. »

La séance commença tout aussitôt, et naturellement l'utilité et la nécessité de l'embranchement
furent admises d'une commune voix, mais « se réser-
» vant les vallées d'Aure, de Neste et de Barousse
» de ne contribuer ni par corvées ni autrement aux
» frais dudit chemin de communication, attendu
» qu'il se rencontre dans la vallée de Magnoac et que
» chacune des vallées dans son territoire a fait
» jusqu'ici les frais des constructions et entretiens
» des chemins. »

M. de Journet recommanda-t-il le chemin projeté
à la munificence des chapelains ou se contenta-t-il de
promettre son appui devant le conseil du Roi ?... Le

procès-verbal des séances ne fournit aucune indication.

Les Etats des Quatre-Vallées ne négligeaient aucune occasion de se montrer aussi pieux que le Barère de cette époque, aussi dynastiques que les Girondins, les Montagnards et le Robespierre de la Constituante (1).

Le 5 février 1766, « après la messe du Saint-Esprit » chantée suivant l'usage dans la chapelle Notre-Dame » de Garaison, l'Assemblée se rendit à l'hôtel accou- » tumé du *Grand-Logis* et dans la salle ordinaire, » où, avant toutes choses, ils marquèrent les regrets » que la perte de Mgr le Dauphin, prince qui était si » chéri et si digne de l'être, fait ressentir à leurs » cœurs de Français. Il sera fait, le jour de demain, » un service solennel pour lui, et, à cet effet, MM. les » chapelains seront priés de prêter à ladite Assemblée » leur église et leur ministère.... Et, advenu le jour » 6°, ladite Assemblée, principalement occupée de la » délibération prise de s'acquitter envers feu Mgr le » Dauphin et son auguste mémoire, a commencé par » se rendre à la chapelle Notre-Dame de Garaison » pour y faire faire le service solennel pour lui... »

Les Etats demandèrent que, le 1er février 1775, *dans la pieuse et dévote chapelle Notre-Dame de Garaison, un service pour le repos de l'âme de Louis XV eût lieu avec toute la solennité que les circonstances pouvaient exiger et que l'importance du sujet le méritait.* Ils prièrent donc MM. les chapelains, *non seulement de se prêter aux vues de*

Ferveur religieuse et dynastique des Etats

(1) Nous avons vu la piété de Barère louée par son curé de St-Jean de Tarbes. Tous ces députés signèrent des adresses de fidélité à Louis XVI,

*l'Assemblée, mais encore d'y assister tous en per-
sonne...* Les chapelains répondirent qu'*ils se prête-
raient d'autant plus volontiers à la demande des
Etats, qu'elle était conforme à leurs sentiments.*

Et le lendemain, 2 février, une messe d'action de
grâces pour l'avènement de Louis XVI fut célébrée
très solennellement.

Tout en restant sur le pied de la plus parfaite
courtoisie, les rapports des chapelains avec les Etats
des Quatre-Vallées semblent n'avoir pas été ceux de
l'entente cordiale.

Autre
tentative
des Etats
relative à
la salle
de leurs
délibéra-
tions

Une nouvelle tentative des Etats, en 1786, ne fut
pas plus heureuse que celle de l'embranchement de
la route.

C'était l'époque où les chapelains allaient entreprendre de nouvelles constructions.

« Conformément à l'usage des Etats voisins, les
» Etats des Quatre-Vallées, pour faciliter et rendre
» plus commode aux contribuables le montant des
» impositions, seront péremptoirement convoqués
» dans le courant de novembre de chaque année, et
» d'autant que le lieu de Garaison, assise des Etats,
» est une distance incommode et plus dispendieuse
» pour la pluralité des différents membres qui doi-
» vent se rassembler aux Etats, ladite Assemblée
» sera et demeurera fixée pour l'avenir au lieu de
» Labarthe de Neste, centre des Quatre-Vallées et
» par conséquent lieu plus commode aux dits habi-
» tants des dites Vallées. »

L'Intendant leur fit observer que Garaison était le
lieu fixé par le règlement de 1744; que tout nouveau
choix soulèverait des divergences; que, dans un

mémoire présenté au roi, des gentilshommes du pays avaient déjà proposé Castelnau.

L'Assemblée convint qu'il y avait des raisons pour et contre ces trois opinions : « Dans un pays comme
» les Quatre-Vallées, il serait difficile de trouver un
» centre parfait.,. Castelnau est en plaine, bien bâti,
» plus convenable que Labarthe, mais trop éloigné...
» Garaison est plus dans le centre commun relative-
» ment, non au nombre, mais à la force des vallées,
» et l'on ne peut raisonnablement objecter contre ce
» lieu que l'indécence du logement ; il n'est pas, en
» effet, convenable qu'une Assemblée se tienne au
» cabaret. On pourrait suppléer à cet inconvénient,
» en tenant les séances dans une des salles apparte-
» nant à MM. les chapelains, que vraisemblablement
» ils n'accorderont pas sans un ordre exprès, par la
» crainte de voir renouveler chez eux les altercations
» et les scènes indécentes qui se sont, à ce que l'on
» assure, passées différentes fois dans ces Assem-
» blées (1). Mais si l'on réfléchit que cette Maison
» est isolée, qu'on ne peut y avoir ni archives, ni
» registres, ni procès-verbaux, comptes ou rôles
» aucuns, qu'à chaque instant on est arrêté par le
» défaut de renseignements, ce qui oblige ou de faire
» des délibérations incomplètes ou de remettre à une
» autre année l'examen de quelques objets, on pré-
» férera un lieu fixe autre que Garaison.... Au
» surplus, il n'est pas instant de statuer sur cet
» objet ; il deviendrait même superflu, en laissant
» subsister les choses comme elles sont provisoire-

(1) C'est le propre de tous ces grands ennemis du *fanatisme religieux* d'être les plus fanatiques des hommes.

14

» ment, d'exiger des chapelains qu'ils fassent des
» dispositions pour recevoir les Etats, qui seront
» peut-être supprimés ou du moins constitués de
» manière à ne pouvoir plus se réunir à Garaison. »

**Résultat
et con-
clusion** Les chapelains refusèrent encore d'entendre.

Fut-ce un tort? Leur prestige, le besoin qu'on avait d'eux, l'espoir d'en obtenir de nouvelles ressources, eussent-ils longtemps imposé la réserve à ces *constituants* au petit pied?

Un avenir prochain va porter certains membres des Etats des Quatre-Vallées à la tête du département révolutionnaire des Hautes-Pyrénées, qui annexera Notre-Dame de Garaison.

CHAPITRE XVIII

—

Les chapelains et la Révolution

—

Les événements ont marché, depuis la messe d'actions de grâces demandée par les Etats des Quatre-Vallées, à l'occasion de l'avénement de Louis XVI. Le malheureux monarque montera bientôt sur l'échafaud, la monarchie des Bourbons subira une douloureuse éclipse, et la République sera proclamée dans Monléon au son du fifre et du tambour.

La province, en attendant, a disparu comme offrant trop de souvenirs et pouvant grouper les résistances contre un pouvoir qui ne veut plus de contre-poids. Elle a fait place au *département*, divisé en *districts* qui se subdivisent en *cantons* et en *communes*. A la tête du *département* et de chaque district siègent des *conseils d'administration* élus, et dans le sein de chacun de ces *conseils* une commission exécutive, appelée *directoire*.

Garaison fait maintenant partie du *département des Hautes-Pyrénées* et du *district de la Neste*, avant de devenir un des joyaux du *diocèse de Tarbes*.

Dans ces *conseils* et dans ces *directoires* figureront quelques représentants des Etats des Quatre-Vallées, tels que Florentin Pic, Féraud, Ozun, Gertoux, tandis que leur collègue Soulé de Lafont et la plupart des bienfaiteurs de la chapelle seront portés sur la liste des émigrés, que leurs biens seront mis en vente et qu'ils ne devront eux-mêmes leur salut qu'à la fuite (1).

Nos chapelains seront dépouillés tout d'abord, obligés ensuite de prendre le chemin de l'exil.

Avant de les suivre, exposons les principes qui les guidèrent sur ce chemin de la croix, sans doute, mais aussi du devoir et de l'honneur.

I. La France catholique avait toujours reconnu, jusque là, à l'Eglise *le droit naturel et légitime d'acquérir et de posséder* (2), et n'admettait pas que ce droit fût une concession ou une tolérance de l'Etat. Bien plus, elle voulut que cette propriété ecclésiastique fût exempte d'impôts ; l'Eglise est souveraine dans sa sphère propre, et, de même que l'Etat s'exempte de tout impôt en sa qualité de souverain, de même l'Eglise en était exempte au même titre. Nous savons comment elle répondit à ces libéralités, en répandant ses bienfaits, non seulement sur les choses qui touchent de plus près à la Religion, mais encore sur l'instruction publique, sur l'assistance publique et sur les beaux arts.

Jusqu'au Protestantisme, ces principes furent reconnus, s'ils ne furent pas toujours observés.

Les princes protestants et surtout Elisabeth d'Angleterre, pour empêcher le retour de leurs sujets au

(1) Nous trouvons : à la tête du département, Florentin Pie (il ne signe plus *de Pie* !), Féraud, Ozun, Dauphole, Gertoux, Laïrle, Lacrampe, Antenac, Vergez-Dareit, Decamps, Fondeville, etc. ; à la tête du district de la Neste, Bourjac, Dutilh, Ducuing, Lay, etc. ; sur la liste des émigrés, veuve de Cazaux de Laran, veuve Lamarque-Marca, de Mun, vicaire général, et sa sœur, de Barège (seigneur de Lutilhous), Clément d'Abadie de Nodrest, etc.

(2) Le Syllabus a condamné cette proposition : « L'Eglise n'a pas » le droit naturel et légitime d'acquérir et de posséder. »

catholicisme et les lier au nouvel ordre des choses, leur avaient largement distribué partie des biens que l'Eglise avait dans leurs états : ce fut même *la liberté de conscience* la plus appréciée des nouveaux convertis.

Nos rois *très chrétiens*, *très catholiques* et *très fidèles*, ne pouvant aller aussi loin, s'en consolèrent trop souvent, en prenant avec les églises de leurs royaumes des *libertés gallicanes* et autres. Plus d'une fois, ils portèrent une main sacrilège sur *le temporel* des Papes, des évêques et des couvents ; leur *régale* fut une usurpation et leur *commende* un abus des plus nuisibles. Mais ils avaient les applaudissements des légistes qui ne trouvaient jamais, disons-le une fois de plus, *leurs couronnes assez rondes* (1).

Même en dehors des cas de crise aiguë, la royauté avait fait prévaloir une jurisprudence peu bienveillante.

L'arrêt du Conseil du 12 décembre 1673 ordonnait aux ecclésiastiques de fournir la déclaration du temporel de leurs bénéfices, puis, dans le délai de quarante jours, à peine de saisie de ces biens, de faire publier trois fois, dans l'église paroissiale, à la messe *haute* des dimanches ou fêtes, cette déclaration qui n'était reçue comme vraie qu'autant qu'aucune protestation n'était venu l'infirmer. Il fallait même autant de publications qu'il y avait de paroisses dans

(1) Voltaire à qui l'un d'entre eux demandait ce que la philosophie penserait de certains *arrondissements* opérés par certaines *annexions*, répondit plaisamment que « la figure ronde est pour la » philosophie la plus noble de toutes. » Digne allié de certains légistes pour aduler et guillotiner les rois !

le ressort desquelles étaient situés ces biens. Nouvelles publications étaient faites, à trois jours de plaids consécutifs, à l'audience du juge royal ou aux audiences des juges royaux (1).

Le gouvernement connaissait ainsi de la manière la plus exacte les ressources qu'il avait sous la main.

Nous avons constaté la soumission des chapelains, qui était la soumission de tout le clergé français.

Parfois même, dans une détresse évidente, le clergé prenait une généreuse initiative. Le 20 avril 1790, il offrit de faire un emprunt de quatre cents millions, hypothéqués sur ses biens. L'emprunt eût certainement réussi, et la crise financière eût été conjurée.

Mais la Révolution veillait. Elle voulait la confiscation des propriétés ecclésiastiques ; elle voulait pousser la bourgeoisie plus loin que n'étaient allés nos rois et la lier par des achats sacrilèges à la rupture définitive avec l'Eglise.

« Comme Naboth défendit sa vigne au prix de son » sang (2), » comme chaque particulier défend son bien, comme chaque Etat défend chacune de ses provinces, de même l'Eglise défend ses propriétés avec les armes qui lui sont propres. Elle se le doit à elle-même, pour remplir son devoir, pour rappeler ses enfants au leur, pour sauvegarder son indépendance. Elle le doit aux bienfaiteurs qui lui ont confié tant de largesses pour le salut de leurs âmes et des âmes qui leur étaient chères, avec des charges que la spoliation rend dès lors impossibles. Elle le doit aux fidèles à venir, qui seront frustrés de la générosité prévoyante de leurs pères.

(1) Voir notre chapitre VIII, seigneurs et vassaux.
(2) Bulle d'excommunication de Pie VII contre Napoléon Ier.

L'Eglise donc frappe d'excommunication les vendeurs et les acheteurs de ses biens (1); elle déclare ces ventes et ces achats sacrilèges et nuls. Mais les censures des Conciles n'arrêtèrent pas les juifs, les Protestants, les Francs-Maçons et les Jacobins, lorsque la Révolution fit main basse sur les biens de l'Eglise de France, et, à leur suite, douze cent mille acheteurs, soit ignorance ou cupidité, soit l'une et l'autre, s'en rendirent acquéreurs dans un laps de temps peu considérable; toutefois, comme il est difficile d'étouffer complètement la conscience, ces biens *nationalisés* perdaient dans les transactions courantes *quarante pour cent* de la valeur qu'avaient les biens légitimes et patrimoniaux (2). Le Pape valida ces achats au Concordat de 1801, pour le bien général de l'Eglise, mais, en les validant, il n'était pas en son pouvoir d'empêcher que l'origine de ses propriétés n'ait été sacrilège, et l'on dirait que ces biens, jetés dans la circulation, ont porté leur anathème au reste de la propriété, en France et ailleurs.

II. *La renaissance* païenne sévissait dans la jurisprudence, comme dans la littérature. Le pouvoir royal, surtout depuis Louis XIV, était considéré comme la

2° Extension excessive du pouvoir civil

(1) L'excommunication du Concile de Trente a été renouvelée par Pie IX contre contre les usurpateurs et détenteurs des biens et des revenus ecclésiastiques (IIe censure *latæ sententiæ* spécialement réservée au Souverain Pontife.)

(2) A force de célébrer le service que Napoléon Ier rendit à la Religion par le Concordat, on a peut-être oublié quelque peu le service que le Concordat rendit à Napoléon. « Le Concordat, dit » Taine, donna au Pouvoir le tiers de la fortune nationale, 5 milliards » et 270 millions de rente, pour ne recevoir que 17 millions... Le Gou- » vernement vola aux pauvres, aux enfants, aux fidèles, les biens des » Œuvres pies, du clergé, des écoles... C'est un failli qui a mangé » les biens de ses créanciers et leur jette en aumône 6 pour 100 de » leur créance, » quand il ne leur reprend pas encore cette aumône dérisoire par la suppression des traitements.

source et la raison de toute propriété (1) et de tout droit (2). Cette *quasi-adoration* (3) de l'autorité royale était alors tempérée par l'esprit chrétien, qui animait de haut en bas tout le corps social ; mais le moment approchait, où le pouvoir, redevenu entièrement païen, allait se substituer à Dieu, à l'Eglise, à tout. Le pouvoir fera la loi, et la loi courbera tout front, pliera toute conscience : « Où la loi parle, dira Bailly, la conscience doit se taire ! » Dieu et le droit seront d'un côté, mais la légalité sera de l'autre : la légalité l'emportera ! *Il vaudra mieux* dorénavant *obéir aux hommes qu'à Dieu !...* C'est l'homme s'adorant lui-même dans la loi qu'il a faite, se préférant à Dieu et à la loi divine !

Le directoire du département des Hautes-Pyrénées ne parlait pas, style à part, autrement que Bailly : « Ce n'est pas à nous à peser la rigueur ni *la justice* » du décret (de l'Assemblée). C'est assez que nous » sçavons qu'il est l'ouvrage des dépositaires du » pouvoir souverain, celui de la nation, par elle » transféré en leurs mains pour exercer en son nom » le pouvoir législatif (4) ».

Pas même *la justice !* La loi est peut-être *injuste,* mais c'est la loi !

(1) Louis XIV dans son testament disait à son successeur : « Tous » les biens de nos sujets sont à nous. » Mgr Freppel trouvait cette parole *plus qu'étrange* et il ajoutait avec raison : « Les trois cents » avocats et procureurs de 1789 n'auront qu'à reprendre cette thèse » du Bas-Empire pour se croire en droit d'exproprier l'Eglise sous » prétexte d'utilité publique. » (*La Révolution française à propos du centenaire de 1789, la Révolution et les légistes, p. 64).*

(2) Quidquid principi placuerit, vim legis habebit, axiòme cher aux légistes de tous les temps, que le *prince* soit roi, empereur ou peuple.

(3) Le duc de la Feuillade entretenait un cierge devant la statue de Louis XIV.

(4) 24 février 1792.

Peut-on pousser plus loin le fétichisme de la légalité ?

III. Au milieu de nos discussions politiques, chaque régime s'offre à nous, tour à tour, comme si une divinité tutélaire lui avait dicté ses lois, avait désigné ses dynasties impériales, royales ou républicaines, de gouvernants, et l'avait rendu *intangible*. Chacun essaie, tour à tour, d'attacher à la forme de gouvernement qu'il représente, une signification et une efficacité qu'elle n'a pas. La première République voulut rendre la royauté synonyme de tyrannie et se donner elle-même comme synonyme de liberté. Sans être indifférentes, les formes de gouvernement n'ont pas toute cette importance ; elles sont, les unes et les autres, ce que les font gouvernants et gouvernés. César et Brutus, pour parler le langage de ce temps, sont fort souvent des alliés et des complices pour confisquer la liberté religieuse, sans laquelle il n'y a pas de liberté véritable. La royauté avait corrompu la noblesse, opprimé l'Église ; elle n'en peut pas moins être une des formes de la liberté :

Sous un roi citoyen, tout citoyen est roi.

La royauté avait laissé prévaloir, si elle ne l'avait pas exigée, une étiquette de cour, trop imitée du Bas-Empire qui ne parlait que du *divin* Empereur ; elle avait oublié que l'adulation n'est pas le respect, tant s'en faut. En abolissant le titre de *Sire* et de *Majesté*, en rendant le tutoiement obligatoire, la République ne fut que grossière, sans devenir pour cela le symbole de la liberté et sans montrer d'autre fraternité que celle de Caïn. Au lieu d'une Bastille à peu près vide, elle en ouvrit autant que de prisons qu'elle remplit de *suspects*, c'est-à-dire, de condamnés à mort; au lieu de quelques rares lettres de cachet qui n'atteignaient guère que la noblesse, elle en édicta chaque jour contre les prêtres, les nobles et le peuple honnête; sous prétexte que le peuple n'avait pas tous les droits, elle lui retira ceux qu'il avait; et, en supprimant les corporations et les associations, en l'isolant dans son impuissance personnelle, elle le mit pour longtemps dans l'impossibilité de reconquérir les droits perdus et lui donna la licence en compensation. Pour nous prouver que nous sommes égaux et libres, il faut autre chose que les mots d'égalité et de liberté écrits partout en lettres majuscules!... Les tyrannies anonymes et multiples d'une Assemblée sont plus féroces que la tyrannie d'un roi ou d'un empereur qui en porte le poids et la responsabilité devant l'histoire et devant le révolver, la bombe ou le poignard (1).

L'Eglise, autrement large, accepte toutes les formes de gouvernement, mais combat toutes les lois mauvaises.

Les chapelains suivirent son exemple.

Abordons maintenant le drame qui va se dérouler dans un petit coin du Magnoac. C'est un épisode du *grand duel* qui se livre en France et partout entre l'Eglise et la Révolution (2).

---

(1) On parle souvent de l'*ancien* régime. Je ne trouve pas que le *nouveau* diffère tant de l'*ancien!* C'est la même omnipotence du pouvoir, que ce pouvoir soit un roi ou des assemblées; c'est la même défiance de l'Eglise, la même *chasse aux places*, la même surabondance de fonctionnaires, le même régime de *bon plaisir*, le même gaspillage des deniers publics, etc. Il y a peut-être quelques sentiments religieux en moins, mais c'est en général la même corruption. On a changé les titres et les titulaires...

(2)........ *Duello conflixere mirando.*

Une des premières préoccupations de la *Constituante* avait été le déficit de la dette nationale (1). L'Assemblée commença par demander aux contribuables aisés *le quart de leur revenu*, mais en laissant à chacun la faculté de fixer lui-même son revenu; pour stimuler les bons vouloirs, on décora cet impôt du nom de *don patriotique*.

Il produisit la somme de *dix millions*.

Les chapelains avaient apporté leur part (2).

La générosité n'ayant pas comblé le déficit, la Révolution ne voulut pas laisser au clergé l'honneur de conjurer la crise par l'emprunt de quatre cents millions, hypothéqués sur les biens de l'Eglise, mais résolut de donner l'assaut à tous ces biens eux-mêmes.

Quelques mesures préparatoires lui aplanirent les voies et préparèrent l'opinion. Dans la folle nuit du 4 août 1789, la *Constituante* abolit la dime, « ce qui, » dit Sieyès, donnait *soixante-dix millions de rente*, » non aux pauvres, mais aux propriétaires, nobles » et bourgeois, qui ayant acheté la terre avec cette » charge, l'avaient payée d'autant moins (3). »

(1) Deux milliards de dette (quatre milliards d'aujourd'hui) et un déficit annuel de cinquante-six millions : une vraie plaisanterie pour nos équilibristes en budgets !......

(2) « J'ai reçu de MM. les prêtres de Garaison la somme de *deux* » mille onze livres pour les deux premiers termes de leur don » patriotique, sçavoir :

« Recepissé de la Monnoye de Toulouse pour argenterie vendue, » que j'ai pris selon l'arrêté du département du 20 du présent mois :

» 1398 liv. 13 sols 1 denier.

» Un assignat de 50 livres.....................50 livres.

» Numéraire.........................22 liv. 6 sols 11 deniers.

» Fait à Labarthe, le 23 septembre 1791

Lay, receveur du district de la Neste. »

(3) Ce n'est pas l'unique fois que la Révolution prend soin des intérêts des riches, tout en prétendant ne travailler que pour *le pauvre peuple*.

Afin de rencontrer le moins de résistance possible, un décret du 15 février 1790 supprima les vœux monastiques, en attendant le brutal décret du 18 août 1792, qui supprimait les Ordres religieux, au nom de la liberté, bien entendu !

Biens du Clergé confisqués — Enfin, le 22 avril 1790, les biens du clergé furent mis à la disposition de la nation !

Ce que s'en promettait la Révolution — En faisant de tous les acheteurs de ces biens autant d'ennemis irréconciliables de l'Eglise, la Révolution atteignait le prêtre, et le faisait descendre du rang de propriétaire à la condition de *salarié*, qu'on dépouille plus facilement, plus vite, avec moins de bruit ; elle espérait même le réduire à la condition de *fonctionnaire*, qui le mettrait entièrement sous le joug du pouvoir civil et justifierait toutes les spoliations.

Constitution civile du clergé — Elle y joignit, le 12 juillet 1790, *la Constitution civile du clergé*, qu'acceptèrent en trop grand nombre les prêtres de notre pays (1).

Pas un chapelain ne la jura.

Les chapelains défendirent leurs droits pied à pied. Jamais nous n'avons rencontré sous leur plume ni une de ces larges thèses qui agrandissent un horizon, ni un de ces cris du cœur qui trouvent le chemin des cœurs. En sentaient-ils la parfaite inutilité avec de tels adversaires, ou bien, habitués au *cas de conscience*, se renfermèrent-ils dans la *casuistique* de la légalité ? Ils mirent du moins en complète évidence

(2) Leur fut-elle présentée telle que nous la lisons aujourd'hui dans nos livres d'histoire ? Quelques uns ont prétendu, sous la foi du serment, n'avoir rien signé de pareil... Un mensonge de plus ou de moins à la charge de la Révolution n'aurait, après tout, rien de si étonnant.

l'arbitraire et la partialité de ces législateurs étroits, appliquant un principe ici, un principe contraire là, selon les besoins et les haines du moment.

Ils obtinrent un moment que la vente de leurs propriétés serait suspendue, sans pouvoir empêcher qu'elles ne fussent déjà partagées entre les divers districts où elles étaient situées : de Labarthe, de Mirande, de Lombez, de Muret, de St-Gaudens (1).

Premières demi-mesures relatives aux propriétés des chapelains

Le syndic Lardos paya, durant un certain temps encore, toutes les impositions (2), comme si les chapelains n'avaient pas cessé d'être propriétaires, mais, pour bien leur signifier qu'ils n'étaient plus que des gérants, le même syndic Lardos reçut l'ordre de présenter ses comptes aux municipalités des lieux où se trouvaient les possessions des chapelains. Il présenta *vingt* cahiers in-folio, paraphés par Dutilh, commissaire du district de la Neste. Le directoire du district les renvoya à chaque municipalité, avec injonction de les vérifier en détail. Quelques unes les vérifièrent sans difficulté ni objection ; d'autres se récusèrent, disant qu'elles n'avaient pas de suffisants moyens de contrôle ; un petit nombre réclamèrent l'abolition immédiate de tout droit seigneurial.

Ces demi-mesures ne pouvaient avoir qu'un temps.

(1) Garaison et Barthère, Arné, Monlong, Villemur, Betpouy et Barthe, Campuzan et Hachan, etc. sont au district de Labarthe de Neste ; Esclassan et ses dépendances, à Mirande ; Mane, Anan, Anguian, le moulin de Larboust, etc., à St-Gaudens, Lombez et Muret.

(1) « Je soussigné, percepteur de la commune de Monléon, déclare » avoir reçu de M. Lardos, chapelain, syndic de Garaison, la somme » de 787 livres 2 sols pour toutes les impositions que Messieurs les » chapelains faisaient en 1791.

   » A Garaison, le 18 mars 1792

   » Mulle, collecteur. »

Des plaintes contre les chapelains, sollicitées peut-être, dans tous les cas écoutées avec bienveillance, réveillaient, par ailleurs, *le civisme* des assemblées départementales.

Pour marcher vite, le directoire du département résolut, en juin 1791 (1), d'imposer aux chapelains le serment à la *Constitution civile du clergé :* « Consi-» dérant que, d'après les lettres patentes qui établis-» sent la chapelle en Congrégation, *il est évident* (2) » que les chapelains de Garaison sont *fonctionnaires* » *publics, puisqu'*ils sont chargés par lesdites lettres » patentes d'administrer *les secours spirituels,* et » notamment ceux de prédication et d'instruction(3)... » le directoire déclare que les chapelains de Garaison » sont *fonctionnaires publics* (4) et tenus en cette » qualité de prêter le serment prescrit par la loi du » 27 décembre. »

Ainsi parce que Louis XIII et Louis XIV avaient garanti la tranquille possession des propriétés de la chapelle, afin que les chapelains pussent vaquer aux œuvres spirituelles que leur avaient assignées leur fondateur et les Archevêques d'Auch, c'étaient nos rois qui leur avaient donné le pouvoir, qu'ils n'avaient pas eux-mêmes, de prêcher, d'enseigner, de confesser, d'administrer les sacrements ? C'étaient nos rois et leurs lettres patentes, qui avaient donné aux chapelains *la charge d'administrer les secours spirituels ?...*

(1) Une copie porte la date du 30 juin, une autre celle du 3 juin ; la dernière aura probablement omis le 0...

(2) C'est ce qu'il fallait prouver !...

(3) Qu'on retienne bien ce mot, car le même directoire dira le contraire, quelques mois plus tard.

(4) Notre grand Comique leur aurait répété : « Votre *ergo* n'est qu'un sot ! »

Mais les menaces du directoire étaient plus sérieu- Menaces
en cas de
refus
ses que sa jurisprudence : « La municipalité de
» Monléon notifiera aux chapelains la présente décla-
» ration. Huit jours après, les officiers municipaux
» se transporteront à Garaison, à l'effet de recevoir
» le serment des chapelains et de dresser procès-
» verbal de la prestation du dit serment ou du
» refus de le prêter.

» Dans le cas de refus, il sera procédé à leur égard,
» comme il a été procédé dans les maisons reli-
» gieuses. Les officiers municipaux feront inventaire
» de tout le mobilier de la maison et chapelle, et,
» après avoir laissé à chaque chapelain le mobilier
» qui est à *leur* (sic) usage, ils mettront sous le scellé
» le reste du mobilier de la dite maison et chapelle,
» et ils enverront procès-verbal du tout au directoire
» du département.

» Il sera accordé huit jours aux chapelains pour
» quitter la maison, et, ce délai expiré, les officiers
» municipaux de Monléon se transporteront à la dite
» maison, à l'effet de la rendre libre, et ils y établi-
» ront un concierge (1). »

Les chapelains n'acceptèrent pas la qualification Résis-
tance des
chape-
lains
de *fonctionnaires publics;* leur logique victorieuse
jeta le directoire du département dans un état
d'exaspération, dont nous entendrons un écho plus
loin.

Ce n'était que partie remise, avec une nouvelle
plaie d'amour-propre blessé en sus.

____

(1) Cela est signé : Vergez Darcit, vice président, Descamps,
secrétaire général.

Biens des chape-lains dé-clarés na-tionaux

Le 13 décembre suivant, l'Assemblée administra-tive du département rapportait le décret suspendant la vente des propriétés des chapelains et le rem-plaçait par un autre décret déclarant *nationaux* les biens de la chapelle : « L'Assemblée administrative, » considérant que l'Etablissement de Garaison ne » peut être *considéré* comme Etablissement d'ins-» truction (1) ni de retraite...; que les congrégations » non exerçant l'instruction ni retraite... ne peuvent » être d'aucune utilité à l'Etat, seul et vrai motif de » l'ajournement...; que la défense que les chapelains » ont fournie, n'a pu faire changer en aucune manière » l'état de la question..., qu'une erreur de fait est » toujours réparable..., rétracte l'arrêt de l'Assemblée » administrative du 22 novembre 1790 et déclare que » les biens des chapelains sont du nombre de ceux » dont la vente a été décrétée, charge le directoire » de la prompte exécution du présent arrêté, de » l'apposition des scellés et de faire rendre compte » aux chapelains de la gestion administrative des » biens dont ils ont *joui* (2). »

Inven-taire confié au district de la Neste

Cette mission fut confiée à deux délégués de l'Assemblée du district de la Neste : François Bourjac et Dutilh. Le mauvais temps, la neige, la nuit et la... peur les forcèrent à coucher à Monlong. Le lende-main, ils se remirent en route, mais « en *sommant* » la municipalité de Monléon de prendre toutes les » mesures que leur prudence et leur sagesse leur » suggéreraient pour la *sûreté* des commissaires et » la régularité de leurs *opérations.* »

(1) Ils ont dit le contraire un peu plus haut !
(2) Ils ne parlent que de *jouissance,* jamais de *propriété.*

Le maire de Monléon, Cizos-Larrey, homme de loi (ils le sont tous !) et Clément Surville, procureur de la commune, se rendirent à Garaison, à la tête d'un piquet de vingt-cinq hommes de la garde nationale, « qu'ils distribuèrent sur les avenues de » la chapelle, sur les issues et entrées d'icelles, ainsi » que des écuries, pour prévenir toutes déprédations » qui nous avaient été annoncées par la *rumeur* » *publique* (1). »

Précautions ridicules

Les chapelains (2) se réunirent, pour entendre la lecture de la délibération du département : «Ils nous » ont déclaré, écrivent les commissaires, que, bien » loin de s'opposer à l'exécution d'iceluy (mandat), » ils se soumettent de grand cœur à l'esprit de la loi, » s'ils se rapprochent de leur zèle patriotique (sic), » ne pouvant cependant *dissimuler* (3) que le bien » qu'ils possèdent, est un bien qui leur est transmis » par des voies légales, mais qu'ils en font le sacrifice, » puisque la force majeure l'emporte (4). »

Notification aux chapelains et leur réponse

A travers ce style qui sue l'embarras et l'hypocrisie, on entend encore les chapelains affirmer leur respect pour toute loi juste et leur sincère patriotisme, mais protester contre cette inique spoliation d'un

---

(1) Un pouvoir a mille moyens de se créer une *rumeur publique ;* la vérité vraie est que, par un sentiment qui l'honore, Garaison ne cachait pas ses sympathies pour les chapelains.

(2) Les douze chapelains étaient : Philippe Bousigues, Joseph Belveze, Nicolas Bruils, Bertrand Lardos, Jean-Antoine Doat, Joseph Tarrible, Paul Soulez, Jean-Louis Courtade, Jean-Boniface Dufaur, Jean-Marie Ducasse, Jean-François Blaignan, André-Germain Dayrens.

(3) Pourquoi l'auraient-ils *dissimulé ?*

(4) C'est le même sécretaire qui écrit *fil d'arrachal* pour *fil d'archal.* La connaissance du patois est parfois utile pour comprendre ce français et ces orthographes pas mal fantaisistes.

bien légitime et déclarer qu'ils ne cédaient qu'à la violence.

La municipalité de Monléon partage avec le district La municipalité de Monléon, piquée de n'avoir pas eu la confiance de l'administration, avait fait parvenir sa plainte au directoire du département. Elle fut écoutée. L'inventaire était à peine commencé depuis deux jours, lorsqu'un courrier extraordinaire du 23 décembre substitue Cizos-Larrey à Bourjac et comme secrétaire Surville à Soulé, toutefois sous la surveillance de Dutilh, commissaire du district.

L'inventaire de la chapelle et de la maison dura jusqu'au 31 décembre, avec repos en la solennité de Noël.

Inventaire des Archives L'inventaire des archives n'eut lieu qu'en mai 1792. Bourjac et Surville furent désignés par le département, désireux de réconcilier le district et Monléon. Afin de mieux prévenir encore tout froissement, les deux commissaires s'adjoignirent Cizos-Larrey et Lacassin, « citoyens habitants de Monléon, qui ont » accepté avec ce zèle et civisme dont ils ont donné » des preuves non équivoques, et cette *loyeauté* (sic) » qui caractérise les vrais citoyens français. »

Il fallut bientôt interrompre les *opérations*, parce que les commissaires ne savaient pas lire les vieilles écritures.

Ils clôturèrent, le 4 juin.

Ils avaient trouvé, sinon lu, 690 pièces et dossiers.

Estimation des propriétés relevant du district de Neste Les propriétés de la chapelle, situées dans le district de la Neste, qui étaient les plus considérables furent estimées par des experts 332.580 livres et 16 sols.

Que valaient autrefois la plupart de ces terres ?

Et, quand une direction intelligente leur a donné la valeur qu'elles ont, de nouveaux Barbares font invasion et disent : « Ce bien est à nous, c'est à vous » de sortir ! »

Les chapelains, menacés de rester sans ressources, avaient réclamé le revenu de trois petits bénéfices, dont deux d'entre eux jouissaient ; l'indemnité qui leur était due pour l'entretien durant plusieurs mois de trois domestiques, ayant continué à demeurer chez eux, quoique travaillant pour le compte de la nation ; le paiement des arrérages de l'année 1791, montant à la somme de six mille huit cent quarante-une livres, douze sols, trois deniers ; ils avaient enfin demandé que certains biens meubles, tels que livres, linge, chevaux à leur usage, argenterie autre que celle destinée au service divin, etc. ne fussent pas considérés comme biens nationaux...

Réclamations des chapelains

Le directoire du district de la Neste accueillit ces demandes avec une faveur et une largeur relatives. Le département, au contraire, ajournait toujours les deux dernières revendications. François Blaignan, indigné, lui fit signifier par huissier opposition à son arrêté, supprimant les chapelains et ordonnant la vente de leurs propriétés.

Accueil qui leur est fait

Opposition de Blaignan

Le directoire du département répondit, en confirmant son décret de vente des biens de la chapelle comme nationaux et en ordonnant l'apposition des affiches, les publications et le *retirement* (sic) de l'argenterie.

Réponse du directoire du département

Privés de leurs biens, les chapelains demandèrent un traitement auquel ils avaient droit.

Demande d'un traitement

Le district de la Neste émit un avis favorable et proposa pour chaque chapelain la somme de 1488 livres 8 sols 10 deniers, basée sur le revenu dont ils avaient été dépouillés et qui était passé au district et au département.

Le département fut digne de lui-même.

Les chapelains lui avaient été dénoncés comme ayant *spolié* la chapelle. Ordre fut donc transmis de leur demander compte, avant tout, de la croix pectorale, d'un diamant et de deux aubes de dentelle, souvenirs de Mgr de Montillet, ancien archevêque d'Auch; d'une tabatière d'or, avec un *cadruple* (quadruple) espagnol dedans; de cinq cents quintaux de foin; d'un quintal de cire; du linge; de l'argent destiné à payer la bâtisse, qui est estimée *cinquante mille livres* et qu'ils n'ont pas entreprise sans avoir l'argent à l'avance... Ainsi, pour ces honnêtes gens, c'étaient les maîtres qui volaient?... L'Eglise a bien mis sur les autels s. Jean Cantius qui, dans un de ses pèlerinages, fut arrêté et dépouillé par des voleurs. Interrogé s'il n'avait pas d'autre argent, le saint répondit qu'il n'avait plus rien, mais, ayant ensuite trouvé sur lui quelques autres pièces, il courut après eux et les leur présenta. Emus de tant de candeur, les brigands lui rendirent tout ce qu'ils lui avaient enlevé. Cette conduite n'est pas obligatoire et elle n'eut certainement éveillé chez ces hommes du directoire aucun de ces remords généreux. Ceci n'est dit que pour maintenir les principes, car nous verrons plus loin la fausseté de ces délations.

Examinant ensuite le chiffre que le district proposait pour le traitement des chapelains, le directoire du département le jugea tout-à-fait excessif. Il réduisit, réduisit, réduisit. De la somme de 22.490 livres 5 sols 4 deniers, qui avait servi de base, il déduisit plus de 12 mille livres pour toutes sortes de raisons ou de prétextes qu'il serait trop long d'énumérer ; il déduisit aussi le prix des objets disparus, des bestiaux et des foins vendus, la jouissance depuis 1789 des biens devenus nationaux, *des chevaux et autres bestiaux nationaux* (sic), plus la dépense du prêtre Dayrens, reçu comme habitué depuis la défense expresse faite par la loi.

Il concluait : 1° le traitement des douze chapelains demeure donc fixé à 828 livres 16 sols 3 deniers ; 2° on les paiera, à charge qu'ils prendront chacun sa part du don patriotique, acquitté avec l'argenterie ; 3° le prêtre Dayrens ne peut prétendre à aucun traitement (1).

Réductions et conclusions se valaient.

On dirait même que le département n'avait nullement entendu faire le moindre traitement aux chapelains, mais donner une leçon au district et lui indiquer le point de vue auquel il fallait se placer pour le faire, le moment venu.

Quelques jours après, le 28 avril 1792, un nouvel arrêté déclara « supprimée la ci-devant maison des » ci-devant prêtres de Garaison » et décréta : « 1° que » le bureau des finances examinerait les comptes » que lesdits prêtres ont remis de *l'arrégie* (sic) des » biens de la maison, les années 1790 et 1791 ; 2° que, » le 9 mai prochain, lesdits prêtres seront tenus de » cesser leur séjour dans ladite maison ; 3° qu'après

Au lieu d'un traitement, le directoire du département fixe le jour où les chapelains doivent quitter la chapelle et la maison

---

(1) C'est là qu'on peut lire l'éloge cynique de la légalité, que nous avons cité plus haut.

» leur sortie, il sera procédé à la vente des meubles;
» 4° que, après la vente, on fixera le traitement
» desdits prêtres (1). »

L'expulsion d'abord, le traitement ensuite !...

Première communion des enfants du pays

Dans ces conjonctures pleines d'anxiété, les chapelains n'oublièrent pas qu'ils avaient charge d'âmes. Avant de quitter ces lieux, sachant que nul pasteur légitime ne viendrait de sitôt les remplacer, ils préparèrent tous les enfants à la première communion et leur laissèrent Notre-Seigneur Jésus-Christ comme leur suprême adieu. Puis, le 9 mai venu, ils se

Sortie des chapelains, le 9 mai 1792

réunirent une dernière fois dans la chapelle aimée, se recommandèrent encore à leur bonne Mère, lui recommandèrent les fidèles qu'ils étaient forcés d'abandonner, la conjurèrent de garder son propre sanctuaire de Garaison, se donnèrent le baiser du départ et s'éloignèrent, au milieu des larmes des assistants.

Nouvelles instances du syndic Lardos

Le syndic Lardos se hâta de notifier au département qu'ils étaient sortis. qu'ils s'étaient séparés et qu'ils étaient *obligés de recourir à leurs familles pour fournir à leur subsistance.* Ils réclamaient donc leurs traitements, et les leur fixer au plus tôt *ne serait que justice.*

Mais les torts qu'on pardonne le moins, sont les torts qu'on s'est donnés envers des innocents. Le département voulait bien parler de justice; la pratiquer n'était pas son plus grand souci.

Transport à Monléon de la sta-

Il essaya pourtant de se concilier les faveurs d'une partie de ces populations. Les fidèles de Monléon avaient demandé que la statue miraculeuse et les

(1) Signé : Pie, président d'âge — Manant — Soulé, secrétaire.

autres statues de la chapelle ne fussent pas livrées aux flammes, et les avaient réclamées *comme objets d'art;* toute considération religieuse eût fait écarter la requête par ces représentants de la liberté de conscience!... Le 20 mai 1792, le département accorda le transfert de ces statues à Monléon, « dans un lieu que sa clôture doit rendre impéné-
» trable, attendu que la chapelle de Garaison dépend
» de l'église paroissiale de Monléon, et est de trop.
» Et attendu que les habitants de Monléon et des
» pays circonvoisins se conduisent par les vrais
» principes en fait de religion (1). ne laissant redou-
» ter aucun des excès dont le fanatisme, abusant de
» l'ignorance et crédulité. amène le danger, il autorise
» le transfert de l'image et des reliques, en confor-
» mité du vœu des citoyens de cette ville. Il autorise
» même lesdits citoyens à *mettre* dans cette transla-
» tion les cérémonies religieuses que l'Evêque du
» département permettra. »

Oui, un peu de joie religieuse était même permise, pourvu que l'Evêque *assermenté* en approuvât la qualité et dans la mesure où il l'approuverait... On est rarement aussi aimable et aussi large!... L'ukase était signé : Pie et Manant.

Tout étant ainsi préparé, le département délégua, le 15 juillet 1792, l'un de ses membres pour aller prendre sur les lieux des renseignements que la suite nous fera connaître. Le délégué n'était autre que Florentin Pie (2), et Florentin Pie, des Quatre-Vallées, accepta, Le haut commissaire se présenta,

----

(1) Toujours les mêmes Papes laïques, gardiens des vrais prin-cipes !...

(2) Il ne signe plus Florentin *de* Pie.

escorté de six gardes nationaux et d'un caporal. Il choisit pour secrétaire Cizos-Larrey, maire de Monléon, et tous les deux visitèrent la chapelle, la maison et les propriétés.

Avant même d'être entré dans la maison, Pic constata que « le portail avait été écorné, pour » enlever deux ou trois pièces saillantes de marbre » noir. »

Il pénétra, suivi de son secrétaire, dans cette chapelle où il se tenait autrefois si recueilli.

Il n'y avait plus d'autels !... « Les communes de Monléon, Bazordan, Gaussan, Villemur et Caubous les avaient partagés entre elles pour les besoins ou l'ornementation de leurs églises, avec la permission de M. l'évêque du département... Plusieurs confessionnaux, beaucoup d'*estalues* (sic), et les *eaux-bénitiers* (sic) avaient été enlevés par les mêmes, avec les mêmes permissions... La moitié de la grille de fer, qui fermait le *cœur* (sic) était totalement renversée, parce qu'il avait fallu faire sortir le maître-autel et que la porte était trop petite... Le dégât, si toutefois ça en est un, est le seul (1) que nous avons remarqué à la chapelle qui, se trouvant supprimée, nous paraît devoir être totalement dépouillée pour faire servir ses dépouilles à l'ornementation des églises où l'Etre suprême (2) est honoré par un culte que la nation salarie (3). »

L'inspection de la maison leur démontra que le concierge n'avait pas heureusement remplacé les

Ce qu'étaient devenues la chapelle, la maison et les forêts

(1) L'enlèvement des autels, des *eaux-bénitiers,* etc. ne compte pour rien, sans doute ?...

(2) Avant Robespierre !...

(3) Voilà un criterium inédit pour juger de la *bonté* d'une Religion !...

s'occupa d'eux encore, le 7 octobre 1792. Les chapelains avaient très justement protesté contre la qualification de *fonctionnaires publics* et contre les étonnantes raisons sur lesquelles le directoire l'appuyait. Nos Amphictyons des Hautes-Pyrénées n'aimaient pas à être contredits : « L'Assemblée du conseil du » département, vu l'arrêté du 3 juin 1791 (1) décla- » rant les ci-devant chapelains *fonctionnaires publics*, » confirme ledit arrêté, *déclare de plus fort* (2) qu'ils » sont *fonctionnaires publics*; qu'ayant refusé le » serment prescrit par la loi du 27 novembre » 1790, ils doivent éprouver pour leur traite- » ment la réduction à laquelle sont sujets les » *fonctionnaires publics ecclésiastiques*, qui, étant » tenus au dit serment, ont refusé de le prêter. Le » conseil arrête que le procureur général syndic » transmettra incessamment un extrait du présent » au directoire du district, pour en donner connais- » sance au receveur de l'arrondissement, soit afin » qu'il s'y conforme, soit pour la réduction de la » pension des prêtres à cause de leur refus de ser- » ment, soit pour que le paiement de leur traitement, » quand il y aura lieu, ne leur soit pas fait d'a- » vance (3). »

Pendant que ces proconsuls jacobins refusaient à ceux qu'ils avaient sacrilègement dépouillé le morceau de pain que, par devoir et par honneur, ils auraient dû leur offrir avant toute demande, que deve-

ment entend que les chapelains soient traités comme des fonctionnaires publics ayant refusé le serment à la constitution civile du clergé

(1) Nous avons observé déjà qu'ailleurs on lit : le 30 juin.

(2) *Crier* n'est pas *prouver*.

(3) 7 octobre 1792. Signé : Pie, président d'âge, J.-P. Forgue, secrétaire général. On remarquera l'hypocrisie avec laquelle ils insinuent ce qu'ils voudraient que fît le receveur, sans oser le lui commander clairement.

naient toutes ces richesses, ainsi *nationalisées* à la fois dans la France entière?

La vente des immeubles se faisait dans les conditions les plus déplorables. Tout était mis en vente en même temps, et cette multiplicité et cette simultanéité de ventes amenaient une formidable dépréciation. Qu'on ajoute les agiotages de financiers dépourvus de scrupules, les abus d'autorité des puissants du jour, les connivences des acheteurs entre eux, des répugnances religieuses que parvenait seule à assoupir la certitude d'une bonne affaire; qu'on se souvienne que ces biens étaient généralement payés en assignats, que les assignats achevaient de perdre toute valeur à mesure qu'achevaient de disparaître les biens d'Eglise qui leur avaient été *assignés* comme garantie... Et l'on comprendra facilement que ces ventes de biens estimés *cinq milliards* n'aient pas payé les *deux milliards* de dettes de la France, n'aient servi qu'à enrichir des personnages véreux et que la République ait liquidé par une banqueroute de trente milliards d'assignats!...

Les effets mobiliers enlevés à Garaison, étaient envoyés à Tarbes, « sans inventaire, sans avis préa- » lable, sans aucune précaution extérieure qui as- » sure que ces malles et ces caisses n'ont pas été » éventrées et *expoliées* (sic), avant d'arriver à des- » tination. » Ainsi étaient arrivés à Tarbes deux candélabres en cuivre jaune, quelques cloches, des malles cordées et des coffres renfermant des orne- ments sacrés. Le directoire du département s'en pre- nait au directoire du district, le directoire du dis- trict rejetait la faute sur Bourjac qui, malgré ses collègues et la disposition de la loi, avait pris sur lui d'envoyer le tout à Tarbes par l'intermédiaire de la municipalité de Monléon ou de charger Surville et la municipalité de Monléon de l'envoi des ornements, cloches et autres objets, sans escorte, sans inventaire, sans précautions (1).

« Les vases sacrés, les lampes d'argent, les bijoux, » les ex-voto précieux de tout genre..., furent portés » au district de Labarthe-de-Neste (2). »

Vases sacrés, etc. portés à Labarthe

« Tous les papiers furent enlevés et brûlés, la » bibliothèque fut portée à Tarbes (3). »

Papiers brûlés, bibliothèque portée à Tarbes

Le gaspillage fut assez considérable, pour que le département se crût obligé à élever la voix : « Le » directoire du département, instruit de l'irrégula- » rité et des connivences qui interviennent dans les » ventes qui se font des effets mobiliers et meubles

Inutiles menaces du directoire du département

(1) Arrêté contre le district de la Neste pour l'envoi irrégulier d'effets de Garaison, 4 mai 1792, an II de la Liberté.

« On n'a jamais pu parvenir à connaître même approximativement » la valeur de l'argenterie des églises, confisquée par la Révolution. » Ramel l'a évaluée à 45 millions, Cambon à 25 seulement. Le » 15 mai 1792, il déclarait... que sur plus de 6 millions de livres qui » auraient dû être versées pour cette confiscation à la trésorerie, un » peu plus d'un million seulement l'avait été effectivement, et qu'il » y avait en conséquence plus de cinq millions d'arriéré... En » l'an III, il avoue franchement le pillage. Il résulte de tous les » documents officiels qu'à trois époques la confiscation de l'argen- » terie d'église a enrichi les bons Jacobins, et qu'une minime partie » seulement de ces 45 millions, d'après Ramel, de ces 25 millions » d'après Cambon, a été versée au trésor public.

» Les cloches, d'après Ramel, ont produit 30 millions de livres » pesant, soit 15 millions en comptant dix sous la livre. En 1790, » le rapport de Nourissart (20 août)... annonçait à la Constituante » qu'on en tirerait 184 millions de recette, en comptant 20 sous la » livre. Or, Cambon contredit Ramel et déclare que pour faire de la » monnaie avec le métal des cloches, on avait acheté cher du cuivre, » dépensé 5 à 6 millions et que l'on se trouvait en perte. » *Le direc-* *toire*, par Ludovic Sciout, tome 1er page 85, note. L'auteur renvoie lui-même à Stourm, *Finances de l'ancien Régime et de la Révolu-* *tion*, t. II, p. 465.

(2) *Lys du val*, 1847, p. 73.

(3) *Lys du val*, 1847, p. 74-75.

» nationaux qui sont dans la chapelle et maison de
» Garaison et ses dépendances, charge le procureur
» de la Neste de l'informer des faits et moyens ten-
» dant à procurer la vilité des ventes... et de
» *quereller* où et ainsi qu'il appartiendra les ventes
» où la vilité des prix indiquera qu'il est intervenu
» quelque inobservation de forme ou omission de
» mesures qui auraient empêché ces méventes (1). »

Mais le département avait beau faire la grosse voix, la conscience publique comprenait d'instinct que, s'appropriant lui-même les biens d'église, il ne pouvait faire justice bien rigoureuse de ceux qui en prenaient leur part.

Vente de Barthe et Betpouy

Quelques jours après ces menaces, les belles propriétés de Barthe et de Betpouy étaient vendues trente-cinq mille cent livres, après une simple surenchère de cent livres (2).

Chacun achetait dans ces conditions (3).

Fidélité de Garaison aux chapelains

La chapelle et la maison de Garaison ne furent achetées que plus tard. D'un côté, ce couvent en pleine solitude ne tentait aucunement l'industrie, et, de l'autre, Florentin Pie ne nous cache pas que les habitants restaient attachés aux chapelains : « Les
» habitants de Garaison se trouvent trop affectés par
» le regret de la suppression desdits prêtres et trop
» bercés encore par ceux-ci dans l'espoir de leur
» retour, pour qu'ils voulussent s'expliquer franche-
» ment sur des faits intéressant ces prêtres. »

(1) 19 avril 1792.

(2) 25 mai 1792.

(3) Dans le district de Vic-Bigorre, le couvent des Bénédictins de St-Lézer était acheté par le citoyen Bouvet qui le revendait au citoyen Barère, de la Convention.

Il leur garde âpre rancune de n'avoir rencontré parmi eux pour la délation basse et fausse que le bordier et son fils !...

La tradition du pays a conservé le souvenir d'un sacrilège, mais ce fut un étranger qui le commit et qui en subit la punition. Un habitant des environs. armé d'une barre de fer, en porta un coup à la statue en bois du Christ de la chapelle et lui coupa la main. C'était en 1793. L'homme à la barre de fer se maria : une enfant naquit de ce mariage, mais la petite naquit sans main ; en place de main, on voyait un cône et à l'extrémité de ce cône un ongle (1).

Sacrilège et punition

Veut-on savoir l'avenir qu'on préparait à Notre-Dame de Garaison ? « C'est un local très propre à » former une maison de correction, commune aux » départements de Haute-Garonne, Gers et Hautes-» Pyrénées.

Avenir réservé à Garaison

» Arreté (sic) en Directoire le 20 décembre 1792.

A. Darrabiat, prés.

S. P. Dauphole   B. P. Gertoux.

En attendant, on en fit une fabrique de salpêtre, jusqu'au jour où un particulier l'acheta.

Garaison fabrique de salpê- tre et pro- priété particu- lière

C'était mal remplacer un passé plein de gloire !

Cependant le séjour de la France devenait de plus en plus dangereux pour les chapelains.

Le séjour de la France devient périlleux pour les chape- lains

L'Assemblée législative, dans sa séance du 10 août 1792, rendit exécutoire le décret du 25 mai précédent,

---

(1) On constate des châtiments semblables dans un grand nombre de localités : au sanctuaire de Héas, à Morlaas (voir le *Ça et là* de L. Veuillot), à St-Pé de Bigorre (voir dans l'*Annuaire de 1897* la pièce en vers, intitulée *Le Maudit*) etc. Les panégyristes de la Révolution ont observé sur tous ces faits le silence le plus absolu ou les ont traités de superstitieuses *rengaines.*

que Louis XVI n'avait pas voulu sanctionner et d'après lequel les ecclésiastiques, ayant refusé de prêter le serment *à la Constitution civile du clergé*, devaient quitter le sol de la France ou être déportés, lorsque vingt citoyens électeurs d'un canton le demandaient.

Inspirer *le civisme* de la dénonciation à vingt citoyens électeurs d'un canton est chose facile à une administration quelconque et, par ailleurs, rentrait plus dans les goûts du directoire des Hautes-Pyrénées que d'allouer aux chapelains un traitement convenable.

Exil des chapelains
Les chapelains partirent, sans traitement d'aucune sorte.

Dix d'entre eux passèrent en Espagne.

Ceux qui meurent en Espagne
Joseph Belvèze, Nicolas Bruils, Jean-Antoine Doat, Joseph Tarrible, Jean-Louis Courtade, moururent sur cette terre hospitalière, et Jean-Louis Courtade eut le bonheur d'être assisté dans ses derniers moments par Mgr La Tour du Pin, archevêque d'Auch, exilé comme eux.

Ceux qui rentrent en France
Bousigues, Lardos, Soulez et Dufaur, après avoir partagé en Espagne le pain de l'exil, revirent leur patrie. Ne pouvant plus se réunir dans leur bien-aimé sanctuaire de Garaison, devenu propriété particulière, les uns, brisés par l'âge, les privations et les souffrances, rentrèrent dans leurs paroisses ou dans leurs familles; les autres, les plus valides, exercèrent encore le saint ministère dans les paroisses où l'obéissance les envoya. Tous moururent, environnés de respect et de l'auréole des confesseurs de la foi.

André-Germain Dayrens ne passa que peu de mois en Espagne. Il rentra dans son diocèse d'Auch, où il remplit les périlleuses fonctions de vicaire général jusqu'au rétablissement du culte catholique. Il mourut chanoine de la Métropole, laissant après lui la réputation d'un prêtre pieux, d'un prédicateur instruit et d'un excellent directeur.

Jean-Marie Ducasse et Jean-François Blaignan refusèrent de s'expatrier et voulurent, au péril de leur vie, l'un dans le Gers, l'autre dans le Magnoac et la Neste, continuer les secours de la Religion à leurs frères et compatriotes qui les réclamaient aux prêtres restés fidèles. On s'est longtemps souvenu avec édification des saintes industries de Ducasse. Les ressources, déployées par l'esprit inventif de Blaignan, sont démeurées légendaires. Tous les deux surent déjouer les poursuites continuelles, ordonnées par tous les directoires. Quand l'orage fut passé, Ducasse alla dans la retraite attendre le moment de la récompense. Blaignan, nommé curé-doyen de Castelnau, renouvela sa paroisse, s'adonna aux missions pour renouveler les paroisses des confrères qui l'appelaient et prodigua partout les trésors de son zèle apostolique. Il s'éteignit, plein de jours et de mérites, pleuré de ses paroissiens et de tous ceux qui l'avaient connu.

Ainsi disparurent les chapelains, les uns après les autres.

Ils tombèrent, mais comme des vaillants, comme des prêtres. Ils confessèrent la foi, et pas un ne faillit.

16

**Conclu-
sion**

Les œuvres pour lesquelles on souffre, sont des œuvres qui ne meurent pas. Elles peuvent se transformer, selon les besoins du temps, mais elles restent.

Et les hommes qui ont souffert pour ces œuvres et pour l'Eglise, ne périssent pas tout entiers.

Ils auront des successeurs (1).

(1) Dayrens, mort en 1839, a vu la restauration de Garaison.

PIÈCES JUSTIFICATIVES

I

Ce serait ici le moment et le lieu de mettre sous les yeux du lecteur l'acte de fondation de Geoffroy et la Bulle d'Urbain VIII. Mais la Bulle reproduit en partie l'acte de fondation, et nous avons cité de la Bulle les parties principales : celles qui regardent les propriétés acquises par Geoffroy, ses constructions, et celles qui ont servi de constitution aux chapelains (1).

Nous nous bornerons à ces larges extraits.

Ceux qui voudraient les lire dans leur intégralité, les trouveront dans l'ouvrage de M. l'abbé Cazauran. *Le berceau des Pères de Lourdes, Notre-Dame de Garaison.*

II

Nous donnons ci-après la liste des Archevêques d'Auch depuis les Apparitions jusqu'à la Révolution française, la liste des chapelains que nous empruntons au *Lys du Val* de 1847, et enfin les guérisons opérées par l'intercession de Notre-Dame de Garaison et représentées par les peintures que l'on voit à la voûte du fond de la chapelle.

(1) Voir les chapitres VI, IX et X.

LISTE DES ARCHEVÊQUES D'AUCH

Depuis l'Apparition de Notre-Dame à Garaison

Jusqu'à la Révolution française

Jean VI, Cardinal de la Trémouille...............	1490-1507
François-Guillaume, Cardinal de Clermont-Lodève.	1507-1538
François III, Cardinal de Tournon...............	1538-1551
Hippolyte Charles, Cardinal d'Este...............	1551-1562
Jean VII de Chaumont........................	1566-1578
Louis, Cardinal d'Este.........................	1578-1586
Henri I de Savoie (au temporel seulement)......	1590-1597
Léonard de Trapes............................	1597-1629
Dominique de Vic............................	1629-1661
Henri II de Lamothe-Houdencour...............	1662-1684
Armand-Anne-Tristan de Labaume de Suze......	1692-1705
Augustin de Maupeou.........................	1705-1712
Jacques Desmarets............................	1713-1725
Melchior, Cardinal de Polignac.................	1726-1741
Jean-François de Montillet de Chastellard.......	1742-1775
Claude-Marc-Antoine d'Apchon..................	1775-1783
Louis-Apollinaire de Latour du Pin-Montauban...	1785-1802

LISTE DES CHAPELAINS DE NOTRE-DAME DE GARAISON
Empruntée au *Lys du Val* de 1847

On y trouvera, sur douze colonnes, les noms des douze Chapelains nommés pendant que le fondateur vivait, et ensuite, colonne par colonne, les noms de leurs successeurs, avec l'année de leur nomination, qui désigne l'année de la mort du prédécesseur ou de sa sortie de Garaison. Tous ceux qui ont été premiers Chapelains ou Supérieurs sont marqués d'une étoile.

1613. Hubert Charpentier.	1613. Dominique Cassaigne.	1619. David Bequel.	1619. Jean-Antoine. Ducros.	1619. François Larroze.	1620. Bernard Burrel	1625. Joar Maumus.	1625. Jean Despaux.	1625. François Beaucaret.	1625. Jean Castain.	1625. Jacques-Fortis Gatinet.	1625. Odinet-Chouet.
1647. Guillaume Mansencal.	1629. Guillaume Cizos.	1628. Jean Sentets *	1630. Jean Devèze.	1630. Daymès.	1613. Gaspard Saint-Martin.	1637. Simon Sabatier.	1628. Etienne Molinier.	1643. François Anglade.	1631. Arnaud Santis.	1628. Dominique Lacassin.	1628. Raymond de Colomés.
1660. Pierre Fournier.	1637. Samson Abadie.	1665. Jean Duclos.	1655. Raymond Serres.	1634. Jean Couget.	1662. Etienne Dargnan *	1670. Pierre Deffez *.	1635. Jean de Ribeyran.	1656. Sanx Beauvoir.	1654. Bertrand Mondosse de la Poutge.	1634. Gabriel de Pélissier *.	1639. Dominique Soubiran.
1661. Jean Porté.	1642. François Le Roy.	1705. Dominique des Angles.	1666. Jean Clairac.	1671. Etienne Daure.	1682. Bertrand Abalia.	1705. Joseph Montant.	1672. Pierre Cristol.	1662. Jean Dupin *.	1656. Simon Rouède.	1650. Jean Mascaras.	1652. Antoine de Barbottan.
1664. Bernard Saint-Pierre *.	1677. Jacques Pérés *.	1712. Guillaume Saint-Arroman *	1682. Jean Barris.	1680. Jean-Pierre Armentier.	1684. Raymond Dauhas.	1709. Charles Tarbés.	1699. Barthélemy Voisin.	1688. Pierre Alabert.	1716. François de Gaujac.	1681. Dominique Espenan *.	1654. Laurent Sentets.
1699. Antoine Baylac.	1713. Bertrand Delloc.	1743. Barthélemy Belvèze.	1705. Gabriel Espiet *	1686. Jean Sarié.	1715. Jean-Paul Cailhau.	1740. Martial Dufaur.	1707. Marsan.	1710. Jean-Blaise de Malaubert.	1732. Jean Arqué.	1725. Jacques Larroux *.	1662. Guillaume Timaillo.
1723. François Demeste.	1727. Jean Lapeyre.	1744. Nicolas Latapie.	1734. Jean-Marie Cassaignolles.	1687. Barthélemy Saint-Paul.	1725. Gaudens Burgalat.	1758. Joseph Belvèze.	1709. Guillaume Espenan.	1710. François Lavergne *.	1751. Marc-Antoine Descrilho.	1780. Paul Soulés.	1663. Dominique Lacassin, Susd.
1746. Jacq.-Philippe Lagrange.	1777. Dominique Cizos.	1770. Jacques Rivière.	1757. Philippe Bonzigues.	1724. Anne de Belesta.	1727. Jean Carles *.	»	1755. Jean-Louis Courtade.	1768. Irénée-Bernard Clément de Marignan.	1755. Jean Lafforgue.	»	1667. Claude Salvage.
1763. Cauhapé-Benquet.	1783. Jean-François Cizos.	1773. Bertrand Lardos.	»	1725. Louis-Benoît Percin.	1787. Jean-Marie Ducasse.	»	1762. Dominique Darguil.	1777. Jean-Antoine Doat.	1766. Jean-Bernard Labat.	»	1671. Laurent Sentets, Susd.
1764. Joseph de Marignan.	1680. Jean-François Blaignan.	»	»	1743. Joseph-Marie de Marignan.	»	»	1777. Jean Lafforgue, Susd.	»	1781. Jean-Louis Courtade, Susd.	»	1673. Pierre Delas.
1767. Nicolas Bruils.	»	»	»	1744. Jean Loumès.	»	»	1778. Mathieu Guirandés de St-Mezard.	»	»	»	1680. Philippe Espiet *.
»	»	»	»	1745. Jean Dastugue.	»	»	1779. Joseph Tarrible.	»	»	»	1717. Jean Sabazan.
»	»	»	»	1790. André-Germain Dayrens.	»	»	»	»	»	»	1732. Dominique Belbeze.
»	»	»	»	»	»	»	»	»	»	»	1776. Joseph Branet (Brunet?)
»	»	»	»	»	»	»	»	»	»	»	1777. Louis Sarcet.
»	»	»	»	»	»	»	»	»	»	»	1783. Jean-Boniface Dufaur.

LISTE DES CHAPELAINS DE

Emprunté à ...

Nous empruntons pareillement au *Lys du Val* de 1847 la série et l'explication des *Miracles opérés par l'intercession de Notre-Dame de Garaison, et représentés par les peintures que l'on voit à la voûte de la chapelle.*

L'histoire de Notre-Dame de Garaison est écrite au vestibule de la chapelle dans des peintures de très peu de mérite au point de vue de l'art, mais très précieuses par leur antiquité et par les faits miraculeux qu'elles retracent. Nous avons pensé qu'il ne serait pas sans intérêt pour le pèlerin et pour le visiteur de Garaison de donner l'explication historique de ces diverses peintures. *Le Lys du Val* nous a fourni tous les détails. Nous avons numéroté ces peintures, nous numérotons nos explications. Il sera donc aisé d'interroger chacun de ces précieux *ex-voto*, et d'avoir immédiatement la réponse.

L'histoire de Garaison, ainsi étudiée dans ces vieilles peintures, nous paraît bien propre à édifier les fidèles, et à entretenir et à augmenter dans tous les cœurs la confiance et l'amour envers la reine du ciel.

Sur la voûte, en entrant, les trois premières peintures, marqués des n°⁵ 1, 2, 3, représentent les trois apparitions de la Sainte Vierge à la jeune bergère, Anglèse de Sagazan. Les détails de ces apparitions sont donnés au *Lys du Val de Garaison*, chapitre 1ᵉʳ. C'est là l'origine et le fondement de la dévotion de Notre-Dame de Garaison.

N° 4. — La peinture désignée par le n° 4, représente un gentilhomme au bord de la fontaine de Garaison, tenant d'une main un faucon, et de l'autre le cheval qui tombe dévoré par les flammes.

Le gentilhomme représenté par la peinture est un nommé Meric de Bazus, seigneur d'Espénan. Etant à la chasse dans les landes de Garaison, il voulut faire boire son cheval à la fontaine de la bergère, avant qu'elle fût entourée d'un mur qui la joint à la maison. Tout-à-coup des flammes s'échappent du sein des eaux et dévorent le cheval et le faucon que cet homme inconsidéré portait à la main. Lui seul est épargné pour être le narrateur du prodige dont il avait manqué d'être la victime (1).

Cette merveille a été peinte dans la chapelle pour en faire passer le souvenir à la postérité; elle est confirmée de plus, dit Molinier, par la voix unanime de tous les peuples des environs, et par le témoignage qui s'est conservé de génération en génération chez les descendants du gentilhomme qui est l'objet de cet étrange événement. J'ai parlé, dit le même historien, à une demoiselle de cette noble famille, nommée Françoise de La Tour, femme de M. de Boussos, petite fille du personnage à qui l'accident arriva, laquelle m'a protesté devant le saint-sacrement l'avoir autrefois appris de sa propre bouche. (Voyez le *Lys du Val de Garaison*, 2ᵉ édition. p. 260 et suivantes) (2).

Nᵒ 5. — La peinture nᵒ 5 représente un homme

(1) Quoique nous soyons bien convaincus des merveilleux effets des eaux de cette fontaine, nous ne prétendons pas qu'elles aient d'elles-mêmes la propriété de guérir des maladies; mais soit que Dieu ait voulu constater et perpétuer le souvenir de l'apparition de la Sainte Vierge, soit qu'il veuille récompenser la dévotion et la foi de ceux qui l'invoquent, il est vrai de dire que cette fontaine a presque toujours une vertu surnaturelle pour soulager les infirmes, telle que la reçut de la présence du Fils de Dieu la fontaine d'Emmaüs. *(Histoire de Garaison*, par MM. Suberville et Duchein),

(2) Nous renverrons toujours à la 2ᵉ édition du *Lys du Val,* dans les citations suivantes.

assassiné par deux voleurs à coups de poignard. Ce malheureux, tout couvert de blessures et nageant dans son sang, fut laissé pour mort par ses assassins. Respirant néanmoins encore et éclairé d'une lumière céleste, il invoqua le secours de Notre-Dame de Garaison, et soudain il se trouva entièrement guéri, ses blessures s'étant cicatrisées, comme s'il n'avait éprouvé aucun mal. *(Lys du Val de Garaison,* p. 274).

N° 6. — La peinture n° 6 représente un personnage mortellement blessé d'un coup de flèche au gosier. Privé de tout secours humain, il élève ses yeux et son cœur au ciel, et implore avec une ardente foi la protection de Notre-Dame de Garaison. Il est soudainement secouru par la bonne Vierge, et la douloureuse blessure disparaît totalement. *(Lys du Val de Garaisn,* p. 275).

N° 7. — La peinture n° 7 nous met sous les yeux un homme blessé d'un coup de flèche au bas-ventre. Réduit à la même extrémité que le précédent, il fait le même vœu et obtient la même faveur. *(Lys du Val,* p. 275).

N° 8. — La peinture n° 8 représente une furieuse tempête qui surprend un vaisseau en pleine mer et le réduit bientôt en tel état qu'il ne peut éviter le naufrage. Dans ce péril extrême, ceux qui composent l'équipage invoquent la protection de la sainte Vierge et font vœu, d'un consentement unanime, de venir faire leur dévotion à Notre-Dame de Garaison. Incontinent, ils éprouvent le secours de celle dont le pouvoir s'étend même au-delà des mers; et, à la faveur de cette étoile qui ne se couche jamais, ils arrivent heureusement au port. *(Lys du Val,* p. 277).

N° 9. — La peinture n° 9 représente un gentilhomme en habit rouge, nommé de Savaillan, hérétique converti à Garaison : on y voit son cheval.

Etienne Molinier assure que M. de Montégut, neveu du maréchal de Roquelaure, lui avait rapporté, comme en ayant été le témoin, qu'un gentilhomme huguenot de ses amis, vivant encore lors de cette déposition, nommé de Savaillan, s'étant un jour rencontré à Garaison avec d'autres coréligionnaires, eut la témérité et l'audace de vouloir, en haine de la religion, porter un coup de lance à l'image de la Vierge, qu'on voyait alors à la muraille de la fontaine de la bergère. Au moment où il étendait le bras pour frapper le coup, le cheval qu'il montait s'enfonça dans la terre jusqu'au ventre. L'hérétique effrayé et craignant d'être englouti tout vivant, comme un autre Datan, se désista promptement de son entreprise sacrilège et se convertit à la foi catholique. C'est lui-même qui, après sa conversion, a publié cette merveille. *(Lys du Val,* p. 270).

N° 10. — La peinture n° 10 représente un autre hérétique, accompagné de trois écuyers, qui veut détruire sans pouvoir y réussir l'image de Notre-Dame de Garaison.

Le miracle rappelé par cette peinture est très authentique. Je l'ai appris, dit Molinier, qui écrivait en 1630, de la bouche de plusieurs personnes dignes de foi, prêtres et autres, que la qualité met hors de tout soupçon et même de la déposition d'un témoin oculaire, nommé Jean de Sagazan, dont la maison est assez près de la chapelle. Le fait arriva de cette sorte.

Du temps des troubles de la ligue, un hérétique de la maison de Sus, en Biscaye, ayant fait mille ravages en Couserans, en Comminges, dans le Magnoac et dans toute la Gascogne, vint à Garaison et surprit la chapelle avec une compagnie de soldats. Il pilla tout ce qu'il put rencontrer et se saisit de l'image de la Vierge, croyant qu'elle fût d'argent ou de quelqu'autre matière précieuse; mais voyant qu'elle était de bois, il s'avisa d'en faire le jouet de son impiété et de la profaner avec scandale. Il crut qu'il ne pouvait mieux réussir dans son exécrable dessein qu'en la jetant au milieu d'un grand feu, capable de fondre le métal. O merveille qu'on ne saurait assez admirer! Le bois de cette sainte image devenant plus dur que le fer et le marbre, ne reçut aucun dommage de l'action des flammes. On eût dit le feu, devenu intelligent, respecter la sainte relique, et oublier sa propriété essentielle pour ne pas seconder le dessein sacrilège de l'ennemi de la mère de Dieu. Ce feu imita celui dont parle la Sagesse, qui *oublia la vertu naturelle qu'il a de brûler, reconnaissant l'obéissance et le respect que la créature doit à son créateur*. Sap. 16.

L'hérétique, secondé des ministres de sa fureur, employa pendant deux heures et davantage tous ses soins et toute son industrie à réduire en cendres la sainte image; et Dieu voulut que tous ses efforts demeurassent sans effet; il fut obligé de se retirer tout couvert de honte et de confusion. Les catholiques s'approchèrent aussitôt du feu et trouvèrent la sainte image entière au milieu d'un grand brasier. Ils l'en retirèrent avec respect et glorifièrent la sainte Vierge par une joie publique et universelle de la victoire qu'elle venait de remporter sur ce suppôt de Satan. Outre la tradition bien vérifiée et plusieurs autres témoignages authentiques qui confirment cette merveille, une personne très digne de foi, qui avait été présente à l'action et qui avait aidé à tirer l'image du feu, l'a racontée à Molinier, comme nous l'avons vu plus haut. *(Lys du Val,* p. 267).

Sur la paroi du mur à droite de la porte :

N° 11. — La peinture n° 11 représente un marchand de Toulouse qui vint à Garaison en habit de pénitent. On y lit ces mots : *Contrition extraordinaire. 1605.*

Cet homme avait mené pendant 8 ou 9 ans une vie si licencieuse qu'il n'y avait pas de désordre auquel il ne se fût livré. Il semblait avoir effacé de son cœur tout sentiment de foi et de religion. Mais la divine Providence, qui veille sur ceux qui s'oublient eux-mêmes, lui fit tomber entre les mains un petit imprimé qui rendait compte des prodiges opérés à Garaison.

La curiosité le porta à le lire, et Dieu s'en servit pour opérer sa conversion. Il fut si vivement touché en apprenant les grâces extraordinaires que Dieu répandait en ce saint lieu, qu'il fit vœu d'y venir en habit de pénitent, nu-pieds, et, une fois arrivé à quinze pas de la chapelle, de se traîner à genoux jusqu'au maître autel, un flambeau à la main, pour faire amende honorable à la divine majesté des crimes de sa vie passée. Ayant fait son vœu de cette sorte, et promis à Dieu, avec de grands sentiments de componction, de changer de vie, il se sentit dégagé, comme si tout d'un coup on avait brisé les liens de ses mauvaises habitudes.

Quelque temps après il vint à Garaison, pour remercier Dieu de cette faveur; et, afin d'accomplir point par point la promesse solennelle qu'il avait faite, il passa toute la nuit en prière dans l'église. Le lendemain, après avoir fait sa dévotion, il offrit un cierge de cire blanche du poids de trois livres, et écrivit de sa main la déclaration de la grâce qu'il avait reçue, le 12 avril 1608. (*Lys du Val*, p. 305).

Sous l'arceau qui soutient la voûte au-dessus
du premier confessionnal :

N° 12. — La peinture n° 12 représente Pierre Gaye-Provençal, domestique de Mgr l'archevêque d'Auch, préservé d'un naufrage.

Le 9 novembre 1608, Pierre Gaye-Provençal, au service de Mgr l'archevêque d'Auch, traversait en Chalosse une rivière, quand il fut emporté par les eaux débordées avec un grand péril de sa vie. Dans cette extrémité, il fit un vœu à Notre-Dame de Garaison, et, incontinent, il se trouva ramené sur le bord de la rivière hors de tout danger et sans avoir sur lui la moindre marque qui indiquât qu'il avait été dans l'eau.

Il vint accomplir son vœu à Garaison le dernier jour du même mois, et fit la déclaration de la grâce qu'il avait reçue, en présence de M. Charpentier, des autres prêtres de Garaison et de plusieurs autres témoins, signés à l'attestation. *(Lys du Val, p. 317).*

N° 13. — La peinture n° 13 représente Peyronne Tajan, d'Arné, sauvée des eaux. 1605.

Cette jeune fille, âgée de 10 à 12 ans, demeurait en service à Monlong. Elle voulut aller voir ses parents à Arné, quoique la petite rivière du Gers, qu'elle devait traverser, fut alors extrêmement enflée par l'abondance des pluies. Quand elle fut arrivée sur le milieu de la planche qui servait de pont, un tourbillon de vent l'enleva et la fit tomber dans le courant de l'eau. Elle aurait été bientôt engloutie sans une protection spéciale de la sainte Vierge, à qui elle se recommanda sous le nom de Notre-Dame de Garaison, aussitôt qu'elle s'aperçut du péril où elle était. Ce qu'il y a de plus merveilleux en tout cela, c'est que cette fille nagea sur les flots, quoique l'eau fût extrêmement rapide, quatre ou cinq cents pas, sans aucun mouvement des bras ni des jambes. Il lui semblait qu'elle était doucement soutenue par une main invisible, qui lui continua son secours jusqu'à ce qu'elle arriva heureusement à bord, sans avoir reçu aucun mal et sans avoir éprouvé aucun trouble au milieu d'un si grand danger, comme elle-même l'a déclaré.

Tous ceux du pays, dit Molinier, attestent cette merveille d'une commune voix; et moi-même étant sur les lieux, j'ai été curieux de parler à cette femme, la vingt-unième année après que la chose fut arrivée, et elle m'a raconté le fait avec toutes les circonstances que j'ai décrites. *(Lys du Val, p. 290).*

Sur la paroi du mur compris sous cet arceau :

N° 14. — La peinture n° 14 représente le coffre rempli dans la maison de la bergère du pain miraculeux dont il a été parlé au chapitre premier.

Sous le premier arceau, en entrant :

N° 15. — La peinture n° 15 représente une femme soutenue par deux béquilles, Rose de Barbadie, de St-Justin, près Marciac. 1602. Cette femme était depuis huit mois dangereusement malade d'une inflammation au pied droit, extrêmement grave. Le mal prenait chaque jour un caractère plus alarmant, et le pied faisait déjà horreur à voir, tant il était difforme. Ne trouvant de soulagement ni dans les remèdes naturels, ni dans l'art de la médecine, Rose se traîna sur deux potences à la chapelle de Garaison, où, ayant fait sa dévotion et ayant imploré avec ferveur le secours de la mère de miséricorde, elle fut soudainement guérie, en présence de M. Pierre Cizos, prêtre et sacristain de la chapelle, et de plusieurs autres témoins. (*Lys du Val*, p. 282).

Autre miracle du même lieu :

Une femme de St-Justin, nommée Rose de Barbé, avait en vain épuisé tous les secours de la médecine. Une cruelle paralysie lui avait ôté l'usage de ses jambes, et depuis longtemps deux béquilles l'aidaient à traîner son faible corps. Elle a toutefois une grande confiance en la très sainte Vierge. Oh! si elle pouvait aller à Garaison! Combien de fois elle en a eu le désir! Combien de fois elle l'a manifesté à ses parents! Enfin on se détermine à l'y conduire, sur un cheval, la veille de la Nativité de la

Vierge. Sa ferveur la retient toute la nuit dans la sainte chapelle, suivant la louable coutume de ceux qui viennent en dévotion en ce saint lieu. Le lendemain matin, pendant la messe qu'elle fait célébrer à son intention, ses jambes lui sont plus légères, ses douleurs moins vives, ses genoux reprennent leur souplesse : au moment de la communion, elle jette ses béquilles et s'approche d'un pas ferme et assuré de la Sainte Table, au grand étonnement des nombreux étrangers que la solennité du 8 septembre attire tous les ans à Garaison.

Cette femme, ainsi guérie, fit à la sainte Vierge son offrande, consistant en une nappe de vingt-quatre empans, filée de sa main et parsemée de vingt-quatre croix, brodées en bleu.

La présente narration fut rédigée devant le juge de St-Justin et toute la temporalité de l'archevêque d'Auch, 1599. *Lys du Val*, p. 279).

N° 16. — La peinture n° 16 représente Marie Büet, de Toulouse, guérie d'une maladie d'yeux. 1608.

Madeleine de Chauvet, mariée à M. Büet, conseiller au parlement de Toulouse, était atteinte d'une maladie d'yeux que les médecins, après avoir épuisé toutes les ressources de l'art, avaient déclarée incurable. Cette dame, pleine de confiance en la sainte Vierge, fit un vœu à Notre-Dame de Garaison, et envoya à la chapelle deux yeux d'argent qui furent attachés à l'image de la sainte Vierge. Le huitième jour après son vœu, la malade se trouva parfaitement guérie; et la sainte Vierge avait rendu la santé et la vue à ses yeux malades, en échange des yeux artificiels dont elle lui avait fait don.

Une attestation écrite par M. Charpentier, et une lettre de M. Arnaud Banide, prêtre de Toulouse et chapelain ordinaire de la reine, font foi de ce miracle. On voyait encore de son temps les yeux d'argent envoyés à la chapelle, dit Molinier. *(Lys du Val,* p. 308).

N° 17. — La peinture n° 17 représente un homme d'Acham, aujourd'hui Hachan, 1604, guéri par le vœu de sa fille.

Cet homme était alité depuis trois ans, et son mal était jugé incurable par les médecins. Dans le mois de septembre 1604, sa fille, âgée de 13 ans, fit un vœu à Notre-Dame de Garaison, pour obtenir la guérison de son père, et le malade fut instantanément rétabli. Il vint à Garaison quelque temps après, parfaitement sain et robuste, accompagné de sa fille et de neuf autres filles du même âge, qui, un flambeau à la main et les cheveux épars, vinrent faire une neuvaine en actions de grâces de cette faveur. Le père déclara lui-même le miracle, en présence de plus de cinq cents personnes, dont plusieurs l'avaient vu malade. *(Lys du Val,* p. 288).

à la voûte entre le premier et le second arceau :

N° 18. — La peinture n° 18 représente M. d'Arsilas, menant son fils guéri de plusieurs ulcères aux jambes. 1609.

M. d'Arsilas, seigneur d'Estensan, du diocèse de Comminges, demeurant près de Salies, avait depuis trois ans les jambes percées de plusieurs ulcères qui lui causaient des douleurs extrêmes et l'empêchaient de faire un seul pas. Après avoir inutilement épuisé toutes les ressources humaines pour obtenir la guérison ou au moins un soulagement à ses souffrances, il imita les marins qui lèvent les yeux au ciel quand la terre leur manque, et implorent le secours de Dieu, quand ils n'ont plus rien à espérer de celui des hommes. Désespérant de sa guérison et se voyant perdu sans ressources, il invoqua le secours de la sainte Vierge et fit vœu de venir à Garaison. Le vœu fait, il se trouva soulagé et se sentit assez fort pour entreprendre le pèlerinage de Garaison à pied. Arrivé sans aucune incommodité à la sainte chapelle, il fit sa dévotion pour accomplir son vœu, et déclara ce miracle à M. Charpentier, en présence de plusieurs témoins, le 20 août 1609. (*Lys du Val*, p. 315).

N° 19. — La peinture n° 19 représente une dame guérie d'une hémorrhagie par la bouche, à la suite d'un vœu fait par Pierre Lacome en 1647 et accompli en 1666. On y voit M. Lacome en habit de magistrat. Ce fait n'a pu être rapporté par Molinier, puisqu'il est arrivé après l'édition du Lys du Val. L'attestation a été égarée avec les autres papiers pendant la révolution.

A la voûte du premier portique, à gauche du bénitier; donnant entrée à la nef de la chapelle.

N° 20. — Le numéro 20 représente Jeannette Marsan, d'Aulon (vallée d'Aure), qui fut conservée pendant trois jours sous la neige. On y voit l'église et le village d'Aulon. 1603.

L'an 1603, l'hiver ayant été rigoureux et fort long, plusieurs avalanches roulèrent au mois de mars du haut de la montagne et causèrent les plus effrayants ravages. Le village d'Aulon fut entièrement détruit et enseveli sous la neige. Jeannette Marsan se trouva enveloppée avec toute sa famille sous les ruines de sa maison par une quantité prodigieuse de neige. Elle y passa trois jours parmi les morts sans éprouver aucun accident; elle dut son salut à la protection de Notre-Dame de Garaison dont elle avait imploré le secours et promis de visiter la chapelle. La sœur de cette jeune personne, appelée Guillaumette Marsan, et Thomas de Rony de Tajan, témoins oculaires de cette merveille, en firent la relation le 9 septembre 1606 devant Messieurs les prêtres de Monléon et devant M. Danté, avocat, d'Auch.

Nota. — Les descendans de Jeannette Marsan, chez lesquels le souvenir de cette faveur s'est conservé par tradition, ont envoyé un don à la chapelle depuis sa réouverture en 1835, par l'entremise de M. Jean Lafforgue, alors curé de. Guchan, vallée d'Aure.

N° 21. — La peinture n° 21 représente Guillelme Fourcade, de Villeneuve-de-Rivière en Comminges, qui recouvra la vue perdue depuis deux ans.

Cette femme était depuis deux ans si malade des yeux qu'à peine pouvait-elle se conduire. Elle était, au rapport des hommes de l'art, dans un danger évident de perdre ce qui lui restait de vue. Dans cette extrémité, Guillelme réclama le secours de Notre-Dame de Garaison et fit vœu de venir visiter sa sainte chapelle.

Elle exécuta son vœu, elle adressa sa fervente prière à Marie dans le sanctuaire de Garaison, et elle recouvra soudainement la vue. C'est ce qu'elle déclara elle-même le 9 septembre 1605, en présence de M. P. Geoffroy, d'Antoine Sabathier, de Monléon, et de MM. P. Cizos et Souverville, notaire, de Boudrac, signés à l'attestation qui en fut dressée. *(Lys du Val,* p. 287).

Sous le second arceau, en entrant :

N° 21. — La peinture n° 21 représente M. de Villa de Malabat, soutenu par une béquille et ayant les pieds contournés. 1610.

Pierre Villa de Malabat avait eu, à la suite d'une maladie, les pieds tellement contournés qu'il n'avait pu marcher depuis dix-huit mois. Il fit vœu de venir à Garaison pour implorer le secours de la sainte Vierge, et trois jours après il fut parfaitement guéri. Il entreprit à pied la route de Garaison, et quoiqu'il fût à une distance de sept lieues, il arriva en un seul jour, sans ressentir la moindre incommodité de son voyage. Il fit cette déclaration le 21 août 1610, en présence de M. de Rochefort, vicaire général de Mgr l'archevêque d'Auch, et de plusieurs autres témoins. *(Lys du Val,* p. 325).

N° 22. — La peinture n° 22 représente une femme de Puydarrieux, guérie d'un mal au pied. 1605.

Jeanne Fontan, de Puydarrieux, avait une plaie horrible, qu'une grosse épine lui avait causée au pied gauche en le lui traversant. C'était pitié de la voir sur son lit de douleur et d'entendre ses gémissements. Pour comble d'infortune, elle est convaincue de l'inutilité des remèdes et se croit à charge à sa famille et aux médecins, qui ont déjà épuisé sa bourse sans alléger son mal. Elle n'a donc plus aucun espoir de guérison. Cependant la fête de la Nativité approche; elle entend dire que partout on se dispose au pèlerinage de Garaison. Ah! que ne peut-elle s'y rendre elle aussi! Il lui semble, elle est sûre qu'elle y recouvrerait la santé.

Cette conviction lui donne des forces; elle se traîne sur deux potences avec beaucoup de peine; elle est devant l'auguste image un pied de cire à la main, comme un gage de sa confiance en la protection de Marie. Une foule immense l'environne; le prêtre bénit son offrande et prie; elle prie elle-même et bientôt elle se relève sans douleur : son ulcère a disparu. Elle veut demeurer trois jours dans la chapelle pour y continuer ses actions de grâces, et afin de se montrer plus reconnaissante de la faveur que Dieu vient d'opérer en elle par l'intercession de sa sainte mère. Ce miracle est attesté par plus de cent témoins oculaires. (*L)'s du Val*, p. 293).

Sous la voûte du second portique, entre le second et le troisième arceau, donnant entrée à la nef :

N° 23. — La peinture n° 23 représente l'accomplissement d'un vœu par des religieux en faveur du maréchal d'Ornano. 1608.

En 1608, la ville de Bordeaux était ravagée par la peste. Le maréchal d'Ornano, qui s'y trouvait pour le service de son roi, en fut lui-même atteint; et, dès les premiers instants, la maladie fut si intense et si aiguë, que les médecins, avouant l'impuissance de leur art, lui conseillèrent de demander à Dieu sa conservation. Mais avant qu'ils lui eussent donné ce conseil, il s'était déterminé de lui-même à recourir au souverain médecin. Il avait fait un vœu à Notre-Dame de Garaison, soit qu'il y fut porté naturellement par la confiance qu'il avait toujours eue pour la sainte Vierge, soit qu'il y fut aussi engagé par le bruit partout répandu des merveilles qui s'opéraient à Garaison. Il était beau de voir un guerrier distingué, qui avait tant de fois bravé la mort sur le champ de bataille, se confier avec une tendre piété à la Vierge de Garaison et l'invoquer comme son unique refuge! Il était beau surtout de voir sa foi récompensée aussitôt au milieu de tant de victimes que le fléau emportait! Sa reconnaissance fut vive et éclatante. Il manifesta hautement le regret de n'en pouvoir porter lui-même son tribut à la sainte chapelle.

Neuf religieux de la grande observance de saint François furent chargés de le remplacer. Ils vinrent offrir, au nom du maréchal, trois magnifiques lampes d'argent. Conformément à ses ordres, ils séjournèrent neuf jours à Garaison. pour offrir autant de fois le saint sacrifice de la messe en actions de grâces, et ils s'adjoignirent tous les jours trois autres prêtres, afin de compléter chaque jour le nombre de douze messes, en l'honneur des douze apôtres, suivant l'intention de l'illustre convalescent. La chose fut ainsi exécutée le 2 juillet, fête de la Visitation de l'année 1608, en présence de MM. Jean Maumus, Dominique Cassaigne et Hubert Charpentier, prêtres de la chapelle. On conservait de plus dans les archives une lettre de M. le maréchal d'Ornano, par laquelle il témoigne lui-même la faveur et les grâces qu'il avait reçues par l'invocation de la Vierge de Garaison. *(Lys du Val, p. 298).*

N° 24. — La peinture n° 4, représente M. et Mme de Noguès avec leur fille guérie d'un mal au visage., 1615.

En l'année 1615, Jean-Mathieu de Noguès et Catherine Gistac de Noguès vinrent à Garaison et déclarèrent que leur fille qu'ils menaient avec eux avait, l'année précédente, un mal horrible à la figure qui la rendait difforme et contrefaite. Ils firent un vœu à Notre-Dame de Garaison, et ils en remarquèrent presque aussitôt les heureux effets; car la fille fut soudainement guérie et sa figure et ses traits rétablis dans un état de régularité parfaite.

Cette déclaration fut faite en présence de Jean Tapin et signée par le père de la jeune fille. *(Lys du Val, p. 392).*

Sous la voûte du même portique, plus avant vers l'entrée de la nef :

N° 25. — La peinture n° 25 représente un jeune homme de Nay. atteint du haut mal et guéri par un vœu fait à Notre-Dame de Garaison. 1613.

Un jeune homme de la ville de Nay éprouvait d'horribles attaques d'épilepsie à tous les changements de lune. A la sollicitation de M. Bequel, curé de la ville, ses parents firent un vœu à Notre-Dame de Garaison, et le vœu accompli, le jeune homme fut entièrement délivré de cette cruelle maladie.

Neuf mois après le rétablissement complet de la

santé du jeune homme. M. le curé de Nay rendit témoignage de la merveille opérée en la personne de son paroissien par une lettre, écrite le 23 mars 1614 et conservée aux archives à l'époque où Molinier faisait son histoire. *(Lys du Val,* p. 382).

N° 26. — La peinture n° 26 représente une femme, nommée Jeanne Boaric-Fourcade, guérie du mal caduc. On y voit la malade, soutenue par une autre personne; une troisième est en prières. 1610.

Cette femme, du lieu de Rigapeau, avait fait vœu, le 22 du mois d'août 1610, de venir à Garaison le dernier jour du mois avec la procession de la paroisse. Le samedi suivant, elle changea d'avis et renonça au pèlerinage de Garaison, sans qu'elle pût alléguer d'autre motif de son changement que l'inconstance et la légèreté, trop ordinaires à certaines personnes. Mais Dieu qui punit quelquefois dès cette vie non seulement les crimes énormes, mais aussi l'inconstance et la légèreté, frappa le même jour cette femme d'une maladie cruelle. Elle eut successivement trois attaques d'épilepsie avec des symptômes effrayants. Reconnaissant alors sa faute, elle s'humilia profondément devant Dieu, et sur la représentation de M. de Salles, docteur en droit civil, elle renouvela le vœu qu'elle avait fait d'aller à Garaison, et tout aussitôt le mal la quitta.

Elle partit de Rigapeau le dernier jour d'août et arriva à la chapelle le 1er septembre. Elle fit sa dévotion, certifia la grâce qu'elle avait reçue avec toutes ses circonstances, et déclara de plus qu'elle n'avait jamais été atteinte de ce mal avant le jour où elle avait rétracté son vœu. La déclaration fut faite en présence de M. Cassaigne, prêtre de la chapelle, de M. Lacroix, vicaire de l'Isle de Barrans, de Pierre et Bertrand Salles, frères, habitants de Rigapeau, et de plusieurs autres personnes signées dans l'attestation. (*Lys du Val*, p. 325).

Sous le troisième arceau :

N° 27. — La peinture n° 27 représente Mme de Tramon de Pessan, abandonnée des médecins, et guérie à la suite d'un vœu fait à Notre-Dame de Garaison. 1611.

Dans l'année 1611, Marie d'Estarac, mariée à M. de Tramon, avocat, natif de Pessan près Auch, enceinte de quatre mois et demi, fut attaquée d'une pleurésie si intense, que la véhémence de la douleur et les ardeurs d'une fièvre continue la jetèrent dans les fureurs d'une étrange frénésie. En cet état, la mort était indubitable. M. de Tramon fit vœu pour elle à Notre-Dame de Garaison, et la sainte Vierge voulut la sauver et nous montrer qu'en péril extrême, il n'est point de meilleurs remèdes que sa puissante intercession : car aussitôt Marie d'Estarac fut délivrée de la frénésie.

Cependant la maladie première n'avait pas disparu, et chaque jour elle prenait un caractère plus alarmant. Les médecins, effrayés du danger, ne négligèrent rien pour sauver la mère, même au péril de l'enfant : tous leurs remèdes furent impuissants. On fit venir d'Auch un médecin habile pour opérer un accouchement : on croyait déjà mort l'enfant qu'elle portait. Toute l'adresse de l'homme de l'art ne servit qu'à torturer la pauvre patiente et n'amena aucun bon résultat.

Alors Mme de Tramon tourna toute sa confiance vers la sainte Vierge, et renouvelant le vœu que son mari avait fait déjà pour elle, elle promit à Dieu, de concert avec lui, de consacrer pour toujours l'enfant au service de la chapelle de Garaison, si elle mettait au monde un garçon, et qu'elle eût le bonheur de le conserver en survivant elle-même. Le vœu fut suivi du bon effet qu'on pouvait en attendre ; car la malade fut entièrement remise en quelques jours, et elle accoucha en son temps fort heureusement d'un garçon, le jour de l'Annonciation de la sainte Vierge.

Le père et la mère ne voulant pas mettre de retard dans l'accomplissement de leur vœu, vinrent à Garaison offrir leur enfant à la sainte Vierge le 26 mai de la même année ; et, après leur offrande, la mère reprit son fils et le rapporta en sa maison, à l'exemple de la mère de Samuël, pour l'élever jusqu'à ce qu'il pût être de quelque utilité à la chapelle. Avant de s'en retourner, ils firent la déclaration de cette merveille avec toutes les circonstances énoncées ci-dessus, en présence de Jean Sanche, notaire royal à Pessan, témoin oculaire du fait, Jean Pérés, prêtre, et noble Alexandre de la Roquain, qui sont tous signés à l'attestation. (*Lys du Val*, p. 346).

Nº 28. — La peinture nº 28 représente Jean de Boubènes, blessé à mort, et guéri immédiatement après avoir fait son vœu. 1608.

Dans l'année 1608, un gentilhomme nommé Jean de Boubènes, du lieu de Berat, fut blessé d'un coup de poignard qui lui traversa le corps; sa plaie fut jugée mortelle par cinq chirurgiens appelés pour lui donner des secours. Il souffrait depuis quatre jours des douleurs extrêmes, et il n'y voyait d'autre terme que la mort qu'il redoutait vivement. Il eut tout-à-coup la pensée de réclamer le secours de la sainte Vierge ; et, plein de confiance en son intercession, il fit un vœu à Notre-Dame de Garaison.

Le ciel écouta favorablement la fervente prière de cet agonisant: car, au même instant, il crut entendre une voix distincte qui lui promettait sa guérison. L'effet suivit aussitôt la promesse : un doux sommeil se saisit de lui incontinent, et, à son réveil, il se sentit soulagé de la moitié de son mal : dans peu de jours, il fut rétabli dans une santé parfaite. Il vint à Garaison pour accomplir son vœu, déclara lui-même cet évènement avec toutes les particularités que nous avons décrites, et, en présence de plusieurs témoins, signa de sa propre main l'attestation conservée aux archives de la chapelle. *(Lys du Val,* p. 302).

A la voûte comprise entre le troisième
et le quatrième arceau :

N° 29. — La peinture n° 29 représente le père Arnoux, prieur de St-Orens, à Toulouse. 1613.

Le père Arnoux, prieur du couvent de Sainte-Croix, dit de Saint-Orens, à Toulouse, avait à la jambe gauche une fluxion qui, produisant une enflure extraordinaire, lui causait des douleurs si aiguës, qu'il ne pouvait voyager ni à pied ni à cheval sans ressentir une incommodité extrême. Il y avait vingt ans qu'il était dans cet état. Lassé de la longueur de sa maladie, qui semblait avoir prescrit, contre tous les remèdes qu'on employait pour la combattre, il fit vœu de venir à pied à Garaison contre le sentiment de ses religieux, qui lui représentaient l'exécution de son dessein comme absolument impossible.

Néanmoins se confiant en la protection de celle qu'il allait invoquer, il entreprit à pied un voyage de 18 à 20 lieues de pays, et le fit avec un si heureux succès, que bien loin d'en être incommodé, comme il l'avait été jusqu'alors toutes les fois qu'il faisait la plus petite course, il ne ressentit ni enflûre, ni fluxion, ni douleur quelconque ; et, arrivé à la sainte chapelle, il se trouva parfaitement guéri de son infirmité. Il célébra la sainte messe en actions de grâces d'une faveur si signalée et fit sa déclaration en présence de M. Guillaume Maurel, prêtre et docteur des saints canons de la ville de Toulouse, et de frère Laurent Sabatier, religieux du couvent de la Daurade, de la même ville, 3 juin 1613. (*Lys du Val*, p. 376).

N° 30. — La peinture n° 30 représente Mme Marie d'Estival, mariée à M. Fortis, avocat, à Auch, avec ses deux enfants, miraculeusement sauvés dans un danger imminent. 1611.

L'an 1611 et le 7 du mois de mai. Marie d'Estival mariée à M. Fortis, avocat, de la ville d'Auch, était en route pour venir en dévotion à Notre-Dame de Garaison avec deux de ses enfants, dont l'un était âgé de 15 ans et l'autre de 9 à 10. Ils étaient arrivés à Devèze, et comme ils traversaient le canal du moulin sur un mauvais pont, la jument qui portait les deux enfants broncha, et les enfants roulèrent avec la jument dans le canal avec un danger imminent de perdre la vie. Cependant par une faveur très sensible de la sainte Vierge, les enfants furent conservés dans ce péril extrême; ils sortirent de l'eau sans être secourus de personne et sans avoir seulement les habits mouillés, comme autrefois les trois enfants sortirent de la fournaise ardente, sans que le feu eût touché leurs vêtements. Ce miracle est attesté par deux meuniers du moulin de Devèze, par Domenge de Gallian, Jean Destivan et Jeanne de Coëns. De plus il y a un procès-verbal de tout ceci rédigé par Mgr l'archevêque d'Auch et conservé dans la chapelle. *(Lys du Val, p. 337).*

Sous le troisième portique, donnant entrée à la nef :

N° 31. — La peinture n° 31 représente M. Perer, sauvé du naufrage. 1641.

L'an 1641, le vingt-un juin, Daniel Perer, du lieu de Bentayou, en Béarn, enseigne au régiment de M. le baron de Navailles, allait avec un détachement rejoindre le gros de l'armée en Piémont. Le détachement séjourna un jour à Mezes, dans le comté de Pézenas, en Languedoc. Perer profita de ses moments de loisir pour visiter la ville et ses alentours. Il se promenait avec six ou sept soldats le long d'un grand étang qui baigne la ville et qui s'étend jusqu'à la mer avec laquelle il communique. Un petit esquif était sur le bord; ils voulurent se donner le plaisir de faire un tour dans l'étang, et bien que l'esquif fût sans matelot, sans aviron et sans gouvernail, ils ne balancèrent pas à y monter, parce que le temps était parfaitement calme et serein.

Mais ils ne furent pas plus tôt entrés dans le frêle vaisseau, qu'un tourbillon les poussa au milieu du lac, et de là dans la mer agitée par une furieuse tempête. Bien qu'habitués aux hasards de la guerre et toujours exposés aux périls des combats, ces militaires se voyant sans rames, sans aviron, et par conséquent sans aucun moyen d'éviter le naufrage, furent saisis de terreur, et la mort leur apparut inévitable sans un secours spécial du ciel qu'ils invoquèrent avec ferveur. Perer principalement, quoique élevé dès l'enfance dans les erreurs de Calvin, donna de grandes marques de repentir; il appréhendait souverainement de mourir dans une religion dont il avait reconnu la fausseté.

Il fit vœu de se convertir et d'aller faire sa confession et sa communion dans la chapelle de Garaison dont il avait entendu raconter plusieurs merveilles, si, par l'intercession de la Sainte Vierge, il pouvait échapper à ce péril imminent. Son vœu fut exaucé sur le champ : l'orage cessa, la mer calma ses flots, et un petit vent poussa doucement la barque au rivage, près de Frontavau, où l'on n'avait jamais vu aucun navire aborder, tant les lieux étaient inaccessibles.

Quand il fut arrivé à l'armée, Perer raconta à quelques-uns de ses amis et de ses parents, qui étaient de la même secte, ce qui s'était passé et comment il avait été délivré d'un péril aussi imminent, par le vœu qu'il avait fait de se convertir et d'aller faire sa confession et communion à Garaison. Il croyait peut-être par le récit de cette faveur miraculeuse les faire rentrer avec lui dans le giron de l'église catholique ; mais ses amis le tournèrent en ridicule, et attribuèrent au hasard ce qu'il regardait comme une faveur du ciel. Ils jetèrent ainsi le refroidissement dans son cœur et le firent changer de résolution.

Cependant Dieu qui voulait sauver ce gentilhomme en punissant son peu de foi, lui envoya huit jours après une violente fièvre qui le réduisit bientôt à toute extrémité. Le malade reconnut que son mal était un châtiment du ciel : il conçut un véritable repentir de sa faute, il renouvela son vœu avec beaucoup de ferveur, et soudain la santé lui revint. Le premier usage qu'il en fit, fut de se rendre sans délai à la ville de Gap pour y faire son abjuration entre les mains d'un père capucin. Il vint à Garaison pour accomplir son vœu, le 14 mai 1642, et, après avoir fait sa confession et communion, il fit la déclaration de la double grâce qu'il avait reçue, en présence de MM. Combolas, frères, prêtres et chanoines de St-Sernin, de Toulouse, et de M. Guillaume Ransan, prêtre et vicaire de la paroisse de Luc, qui l'avait accompagné dans son pèlerinage. « J'étais aussi présent à la chapelle, dit Molinier, » historien de Garaison, et travaillais à cette édition, » quand ce gentilhomme y est arrivé, et témoigne » avoir ouï de sa bouche tout ce que j'ai mis en ce » narré. » La déclaration fut en outre signée de Bernard Burret, Jean Coget, Jean Bobée, prêtres de la chapelle. (*Lys du Val*, p. 561).

N° 32. — La peinture n° 32 représente un religieux

de l'ordre de St-Dominique, perclus de tous ses membres, et guéri à la suite d'un vœu fait à Notre-Dame de Garaison dans l'année 1693. On y voit le religieux et les béquilles, devenues inutiles, jetées à terre.

La déclaration de cette merveille n'a pu être insérée dans l'histoire de Garaison, et elle a été égarée en 1789 avec les autres papiers qui se trouvaient renfermés dans les archives de la chapelle.

Sous le quatrième arceau, en face la porte d'entrée :

N° 33. — La peinture n° 33 représente Philippe de Reiniés, guéri d'une paralysie. 1619.

Dans l'année 1619, un gentilhomme de la juridiction de Muret, nommé Philippe de Reiniés, était entièrement paralysé depuis deux ans et demi, et les médecins avaient déclaré son mal incurable. Plein de confiance en la protection de la sainte Vierge, il eut recours à Notre-Dame de Garaison, et fit vœu de venir à la sainte chapelle s'il obtenait sa guérison. Il se trouva d'abord si soulagé qu'il se sentit assez fort pour monter à cheval. Il se dirigea vers la sainte chapelle; mais il avait encore les pieds et les jambes tellement enflés qu'il ne pouvait marcher qu'avec une extrême difficulté. Le lendemain du jour où il fut arrivé à Garaison, Philippe de Reiniés se rendit de grand matin à la chapelle, invoquant avec ferveur la sainte Vierge. Il fut subitement exaucé : car au même moment il se trouva sans enflûre, sans douleur et aussi agile que s'il n'avait ressenti aucune incommodité. Il courut au grand autel, et tout ravi de joie, il fit chanter le *Te Deum* en reconnaissance de la grâce qu'il avait reçue de la Reine du ciel. On dressa tout aussitôt une déclaration en présence de Dominique Duranty et Nicolas Nallot, prêtres et chanoines de Barran, de Jacques de Lassale, receveur général du taillon de Languedoc en la généralité de Toulouse, maître Emmanuel de Chasteau, prêtre, résidant pour lors à Garaison, de MM. Larose, Baron, Arroy et autres prêtres, demeurant dans la chapelle. *(Lys du Val,* p. 410).

N° 34. — La peinture n° 34 représente un religieux de l'observance de saint François, guéri d'une maladie aux yeux. 1642.

Un religieux de l'observance de saint François, connu sous le nom de Père Dariet, était affligé depuis douze ans d'une fluxion à l'œil droit, qui lui faisait souffrir des douleurs très aiguës. Il avait expérimenté toute sorte de remèdes et il n'avait éprouvé aucun soulagement. Cette infirmité nuisait beaucoup à l'exercice du saint ministère et devenait chaque jour plus grave et plus incommode. Il n'attendait plus rien pour sa guérison de la part des hommes; il mit toute sa confiance en la Reine du ciel. Il fit vœu de venir à Garaison, et, au mois de juillet de l'année 1641, il s'acheminait vers la sainte chapelle. Après avoir célébré la sainte messe au maître-autel et fait ses autres dévotions, il prit avec beaucoup de foi de l'huile d'une des lampes qui brûlaient devant l'image de la Vierge, en frotta l'œil malade, et, au même instant, la fluxion disparut, la douleur se calma, et son œil fut rétabli dans une parfaite santé.

Le dévot religieux, plein de reconnaissance pour

le bienfait reçu, revint seize mois plus tard à Garaison, pour publier hautement cette subite guérison et en rapporter la gloire à Jésus et à Marie. Il écrivit lui-même et signa de sa propre main la déclaration de cette merveille, le 10 novembre 1612. *(Lys du Val, p. 333).*

N° 35. — La peinture n° 35 représente Mme de Mamous, de Souberre, délivrée d'un accouchement pénible et laborieux.

Dans l'année 1609, Jeanne de Mamous, de Souberre, dans le bas Armagnac, diocèse d'Aire, était depuis huit jours en travail d'enfant. Les hommes de l'art avaient reconnu que l'enfant était mort depuis ce temps, et que l'accouchement était impossible sans une opération qui devait amener la mort de la mère, vu l'état de faiblesse et de maladie où elle était réduite.

Un des assistants eut l'idée de recommander cette moribonde à Notre-Dame de Garaison ; et le vœu ne fut pas plus tôt formé que la dame fut miraculeusement délivrée, et bientôt après rétablie en parfaite santé.

L'attestation de cette merveille fut faite à Garaison le 1er juillet 1600, écrite de la main de M. Charpentier, et signée des témoins dont on peut voir les noms dans la déclaration gardée dans les archives. *(Lys du Val, p. 312).*

N° 36. — La peinture n° 36 représente Nicolas Plantey, guéri miraculeusement. 1620.

En 1620, au mois de juin, dans les fêtes de la Pentecôte, un jeune homme âgé de 29 ans, nommé

Plantey, de St-Loubez, près Bordeaux, reçut une grâce fort signalée et tout-à-fait miraculeuse à Garaison. Comme il n'avait que 13 ans, il éprouva à la cuisse gauche un accident à la suite duquel les nerfs se contractèrent de telle sorte, que la jambe demeura beaucoup plus courte que l'autre : peu à peu elle se flétrit et finit par se sécher entièrement.

Le jeune homme devint extrêmement difforme : il ne pouvait marcher qu'en penchant la tête vers la terre, et appuyé péniblement sur deux bâtons. Le mal avait résisté pendant quinze ou seize ans à toute sorte de remèdes, et il devenait de jour en jour plus grave. La mort seule devait mettre un terme à ses souffrances.

En cette conjoncture désespérée, il tourne ses yeux et son cœur vers le ciel. Pour obtenir de Dieu ce qu'il ne pouvait plus attendre des hommes, il fit vœu de se rendre à Garaison. Il se mit aussitôt en chemin et se traîna appuyé sur ses béquilles. A peine fut-il arrivé à deux ou trois lieues de la chapelle, qu'il commença à sentir du soulagement dans la cuisse malade par le relâchement et l'extension des nerfs et des tendons qui reprenaient peu à peu leur situation.

La joie du jeune homme fut extrême; sa ferveur et sa confiance s'accrurent; il redoubla de vitesse, et il arriva enfin à la sainte chapelle. Là il fit sa confession, il communia, il entendit dévotement la sainte messe, et puis il fit sa prière à la sainte Vierge pour obtenir, par son intercession, l'entier rétablissement de sa santé. Il fut exaucé : car, au même instant, il fut entièrement guéri. Il se trouva sain, aussi droit et aussi agile qu'il était avant son accident. Il ne lui fallut plus ni bâtons, ni appuis pour marcher.

Dans l'ivresse de son âme, non seulement il raconta aux prêtres de Garaison la faveur qu'il venait de recevoir de la sainte Vierge, mais pour rendre gloire à Dieu et pour exalter la bonté et la puissance de Marie, il fit faire dans son pays une relation juridique et authentique du miracle qui venait d'être opéré en sa faveur, par maître Jean de La Roche, lieutenant en la prévôté royale d'Entre-deux-Mers, dans le Bourg, Parquet et Bailliage de Saint-Loubez, à la requête de M. François Planche, prêtre et vicaire de Saint-Loubez, assistant Nicolas Plantey, après avoir ouï les témoignages de Henri Conilh, notaire royal, Bernard Faupud, sergent royal, Pierre Giraud, notaire royal, Bertrand de Lignac, sergent royal, Jean Duprat, praticien, Guillem Daby, Naudems Fortô, Jean Bienassis, Pierre Rousier et plusieurs autres habitants de la paroisse de St-Loubez : tous d'un commun accord dirent et attestèrent avoir vu ce jeune homme impotent de sa jambe, sans pouvoir s'en aider d'aucune façon ni même porter de soulier au pied, durant l'espace de 15 ou 16 ans. Cet acte ainsi dressé fut envoyé à la chapelle et conservé dans les archives. *(Lys du Val,* p. 412).

N° 37 — La peinture n° 37 représente Mme de Serres, de Toulouse, qui a obtenu la guérison de son mari par un vœu fait à Notre-Dame de Garaison dans l'année 1688. On y voit le malade couché dans son lit et la dame priant à genoux à ses côtés.

Cette faveur obtenue postérieurement à la dernière édition de l'Histoire de Garaison, faite en 1646, n'a pu être relatée dans l'histoire, et la déclaration conservée aux archives n'existe plus.

N° 38. — La peinture n° 38 représente P. Lassus, de Toulouse, guéri après son vœu. 1622.

En 1622, un jeune homme de 17 ans, nommé Pierre Lassus, natif de Toulouse, de la paroisse de St-Sernin, reçut à la chapelle de Garaison, par l'intercession de la sainte Vierge, une faveur où l'on voit éclater visiblement la puissance de Dieu. Il avait été saisi d'une maladie si violente le jour de l'Annonciation de la même année, qu'elle le conduisit en peu de temps aux portes du tombeau. Il se rétablit un peu, mais il demeura paralytique et comme perclus de tous ses membres. Il ne pouvait plus marcher que courbé vers la terre et soutenu par deux potences sur lesquelles il se traînait avec beaucoup de peine et d'incommodité. On avait d'abord espéré que cette infirmité ne serait que passagère et que le jeune homme se raffermirait sur ses bases, en reprenant ses forces ; mais, au contraire, son mal augmentait tous les jours, et tous les jours se courbant davantage, il devait employer de plus courtes échasses. Son état était vraiment digne de compassion.

Le pauvre patient tourna ses regards vers le ciel. Il fit vœu de se rendre à Garaison pour demander à Dieu, par l'intercession de la sainte Vierge, la grâce que tant d'autres y avaient obtenue en de semblables nécessités. Il se mit en route et arriva enfin à Garaison, après un long et pénible voyage, le 30 juillet 1622. Le lendemain, qui était un dimanche, il vint à l'église vers cinq heures du matin. Comme il entendait la messe devant le grand autel et qu'il s'adressait avec ferveur à la mère de miséricorde, pour qu'elle lui obtînt le rétablissement de sa santé, il fut soudainement saisi de convulsions et d'un tremblement très violents, accompagnés d'un craquement de tous ses os et d'une vive douleur en toutes les parties de son corps : au même moment, il s'écria de toutes ses forces : *Vierge Marie, aidez-moi*, et il tomba dans un évanouissement pendant lequel il fut sans parole et sans mouvement.

Un accident si étrange et si extraordinaire jeta l'étonnement et le trouble dans l'esprit de tous les assistants : on le crut déjà mort. Mais la surprise se convertit bientôt en admiratisn et en actions de grâces : car lorsque le prêtre qui célébrait la sainte messe fut arrivé à l'élévation de la sainte hostie, comme s'il en fût sorti une vertu divine, semblable à celle du serpent d'airain élevé dans le désert, le jeune homme se ranima, les convulsions, le tremblement, la douleur, tous les autres symptômes mortels disparurent, et à la fin de la messe il se leva sur ses pieds, il marcha droit, sans appui, et il ne lui resta de son incommodité que la joie de s'en voir parfaitement délivré.

Plusieurs témoins oculaires, dignes de foi, ont attesté la vérité de cette merveille : entre autres, M. Laroze, chapelain de Garaison, qui confessa ce malade : M. Rives, de St-Martory, qui disait la messe et qui le communia, M. Montet, chapelain et maître de musique, M. Mascaras, recteur de Biran, M. Burret et autres.

Pour donner encore plus d'autorité à ce miracle, le jeune homme, de retour à Toulouse, fit dresser par Dominique Dalet, notaire royal, un acte authentique où sont signés les témoins Jean Bacquère, prêtre, Pierre Grassin, marchand, et Jean Delpech, maréchal, de Toulouse, qui attestent l'avoir vu perclus et impotent avant qu'il fût allé à Garaison, et remis en parfaite santé à son retour. (*Lys du Val*, p. 418).

N° 39. — La peinture n° 39 représente Mlle Daguerre. 1623.

L'année 1623, Mlle Naudine Daguerre, mariée à M. Chastelet, de Bordeaux, était devenue sourde par accident, et la surdité durait depuis six mois, nonobstant tous les remèdes indiqués par les plus célèbres médecins de Bordeaux. La jeune dame, accompagnée par son mari, fit le pèlerinage de Garaison pour demander à Dieu par l'intercession de la sainte Vierge la guérison qu'elle n'osait plus attendre des hommes. Son voyage eut tout le succès qu'elle en avait espéré : car dès qu'elle eut mis le pied dans la chapelle, elle éprouva un commencement de guérison ; elle entendit distinctement l'horloge ; elle répondit pertinemment à tous ceux qui lui adressèrent la parole, tandis qu'elle n'entendait rien auparavant : et le lendemain, après avoir fait ses dévotions, elle se trouva parfaitement délivrée de la surdité.

Elle fit sa déclaration en présence de Jean Larrin, de Langon, Etienne Andou, de Lupiac, et de Fris, de Lamazère, près Condom, qui ont certifié l'avoir accompagnée dans son voyage et l'avoir reconnue entièrement sourde; et en outre en présence de M. Desclivac, de Guillaume d'Abatie, avocat au parlement de Toulouse, et des prêtres de Garaison, tous signés avec elle dans l'attestation. *(Lys du Val,* p. 423).

N° 40. — La peinture n° 60 représente P. Marquez, de Marignac. 1615.

Pierre Marquez, de Marignac, prêtre du diocèse de Rieux, vint à Garaison le 12 juin 1615 et fit la déclaration suivante. Il attesta que pendant qu'il étudiait à Toulouse, il fut atteint au pied droit d'une maladie si douloureuse, qu'elle lui causa une fièvre brûlante, suivie d'une horrible frénésie. Douze fistules s'ouvrirent à l'entour de la cheville de son pied. Réduit en 19 jours à toute extrémité, il fut abandonné des médecins.

Dans cet état désespérant, d'où la seule main de Dieu pouvait le retirer, il eut recours à sa miséricorde. Il fit vœu de se faire prêtre, de venir à Garaison pour y célébrer la seconde messe après son ordination, et d'y veiller et jeûner pendant quinze jours. Il n'eut pas plus tôt formé ce vœu, qu'il fut soudainement guéri, l'an 1609.

Il se fit prêtre, comme il l'avait promis, et vint à Garaison le 12 juin 1615, afin d'y accomplir ses vœux. Il déclara ce que nous venons de rapporter en présence de M. Jean du Gros et P. Blanquet, signés avec P. Marquez, dans l'attestation conservée dans les archives. *(Lys du Val,* p. 388).

N° 41. — La peinture n° 41 représente E. Portal, de Toulouse. 1628.

La délivrance d'un péril extrême n'est pas une moindre grâce que la guérison d'un mal incurable, et il y a plus grand miracle, ce semble, à arracher un homme d'entre les mains sanglantes de ses ennemis, que de le guérir d'une maladie mortelle. Tel est le fait que nous allons raconter.

Dans les derniers troubles entre les catholiques et les calvinistes, au plus fort de la guerre, un jeune catholique, de Toulouse, nommé Etienne Portal, fut pris par les Huguenots de Revel. Ils ne le tuèrent pas sur le champ, mais ils se promirent de satisfaire plus à l'aise leur fureur en le faisant mourir sur un gibet. Tout était déjà préparé pour l'exécution : la potence était debout, l'échelle était plantée, le catholique était sur l'échelle, la corde au cou et le bourreau n'attendait que le signal. Dieu voulut alors confondre l'insolence des ennemis de notre sainte religion et relever l'honneur de sa sainte Mère par un prodige éclatant.

Le catholique fervent se recommande à la sainte Vierge sans avoir en vue aucune chapelle particulière ; mais en ce même moment la mère du jeune homme, qui était à Toulouse, avertie du danger que courait son fils, faisait pour lui un vœu à Notre-Dame de Garaison. La double prière du fils et de la mère fut exaucée : car la corde se rompit par trois fois entre les mains du bourreau, et toutes les précautions qu'il prit, pour réussir, demeurèrent inutiles. Les hérétiques, qui assistèrent en grand nombre à l'exécution, ne purent s'empêcher de voir dans ce prodige le doigt de Dieu. Aussi, couverts de confusion, ils n'osèrent plus attenter à la vie de ce catholique, et ils le rendirent à la **liberté**.

Ce miracle, dont le bruit se répandit aussitôt dans la ville de Toulouse, arriva en 1628. Le jeune homme vint à Garaison le dernier jour du mois de mai de la même année, pour acquitter le vœu de la mère et rendre grâces à Dieu. Il fit la déclaration de cette merveille en présence des chapelains de Garaison, et l'un d'eux, Jean Maumus, en dressa procès-verbal. « Depuis, en l'année 1642, au mois de juin, j'ai » parlé dit Molinier, à l'homme même, qui m'a té- » moigné le fait avec les mêmes circonstances que » j'ai déduites, en présence de M. Arroy, prêtre, de » Cazères, et d'un autre ecclésiastique. » *(Lys du Val,* p. 455).

N° 42. — La peinture n° 42 représente les religieux de Toulouse. 1639.

L'an 1639, les religieux de Ste-Croix, du couvent de St-Orens, de Toulouse, furent empoisonnés par un garçon qui avait mis malicieusement du poison dans la soupe de la communauté. Le bruit s'en répandit bientôt dans toute la ville : les médecins et les apothicaires employèrent toutes les ressources de leur art sans succès : les convulsions étaient horribles, les symptômes effrayants, et une mort cruelle et prompte allait enlever tous les religieux. Ils implorent le secours du ciel par l'intercession de la sainte Vierge et font ensemble un vœu à Notre-Dame de Garaison. Depuis ce moment, les terribles effets du poison cessèrent, et aucun religieux ne succomba.

Cette communauté religieuse vint en procession cette même année à la chapelle de Garaison pour acquitter le vœu qu'elle avait fait : une grande multitude de peuple voulut la suivre. Un de ces religieux prêcha, publia la grâce qu'ils avaient obtenue et attesta ainsi authentiquement leur délivrance miraculeuse. *(Lys du Val, p. 548).*

N° 43. — La peinture n° 43 représente M. de Grézel miraculeusement guéri en 1632.

M. de Grézel, assesseur de Sarlat, était dangereusement malade en l'année 1629, et ne trouvait aucun soulagement dans les remèdes des médecins. C'est que l'art de la médecine est impuissant quand le mal est parvenu à un certain dégré d'intensité et que la nature a tout à fait perdu ses forces. Le malade jette les yeux sur une image de Notre-Dame, qu'il avait précédemment portée de Garaison. Il est à présumer que c'était une image de Notre-Dame de Pitié, tirée sur le modèle de l'image en relief qui est sur l'autel de la chapelle.

Nous pouvons dire que la vue de cette image le guérit, comme la vue du serpent d'airain guérissait les Israélites des morsures vénimeuses du serpent. Cette image en effet représenta à son esprit et la tendresse de Marie envers les affligés qui ont recours à elle et son pouvoir auprès de son divin Fils; et dans ce moment il fit un vœu à Notre-Dame de Garaison, d'où cette image était venue, et aussitôt il se trouva guéri.

Il vint à Garaison en 1632, et offrit en actions de grâces deux chandeliers en argent avec une ode latine qu'il avait lui-même composée. Il obtint des chapelains que cette ode qui révélait à la fois et son esprit et sa gratitude, fût placée sur l'autel avec les deux chandeliers, comme un monument destiné à perpétuer le souvenir du miracle dont il avait été l'objet. *(Lys du Val*, p. 491).

N° 44. — La peinture n° 44, sans inscription et sans date, représente un religieux. Nous avons cherché à connaître la faveur qu'il avait obtenue de Notre-Dame de Garaison. Nos investigations ont été sans résultat.

Voyez à la naissance de la voûte et sur la face latérale de l'arceau qui soutient cette voûte à droite, au fond du vestibule.

N° 45. — La peinture n° 45 représente M. de Lasserre, prêtre de St-Sulpice et du diocèse de Rieux, presque aveugle depuis deux ans et quatre mois, guéri après l'accomplissement d'un vœu fait à Notre-Dame de Garaison. 1613.

M. de Lasserre, prêtre de St-Sulpice et du diocèse de Rieux, avait, depuis deux ans et quatre mois, perdu la vue au point qu'il lui était impossible de distinguer les objets qui se trouvaient sous ses yeux. Désirant obtenir sa guérison, ce prêtre, plein de foi, fait vœu d'aller en pèlerinage à Garaison. Deux fois il se rend à la sainte chapelle et il ne ressent aucun soulagement. Cependant il ne perd rien de la confiance qu'il avait mise dans le pouvoir et la bonté de la sainte Vierge Marie; mais, se souvenant que Dieu, selon la remarque de saint Augustin (1), veut que l'on demande avec constance et ferveur les grâces signalées, et que l'on désire ardemment les obtenir, il entreprend pour la troisième fois le pèlerinage de Garaison, et comme les deux premières

(1) Deus differt dona sua, ut discas magne magnè desiderare. D. Aug.

fois, il offre par Marie ses vœux à Dieu, et fait ses dévotions.

Quoiqu'il n'eût pas obtenu la faveur qu'il venait de solliciter, il se retirait résigné avec le guide qui le conduisait et l'empêchait de chopper en chemin, lorsque subitement il lui sembla qu'un obscur et épais brouillard disparaissait de devant ses yeux et s'évaporait comme un léger nuage devant le soleil; et au même instant il commença à y voir clair, et recouvra ainsi parfaitement la vue.

Il revint quelque temps après à Garaison pour remercier Dieu et la sainte Vierge du bienfait obtenu, et en fit la déclaration en présence de M. Antoine de Cornet, procureur dans la sénéchaussée de Lectoure, de M. Antoine Binos, bourgeois de la ville de Bordeaux, et de M. Charpentier, qui signèrent avec lui l'attestation, datée du 3 septembre 1613. (*Lys du Val*, p. 379).

Voyez à gauche, au fond du vestibule,
sur le côté du mur qui soutient la voûte.

N° 46. — La peinture n° 46 représente M. de Cartier, médecin de Castelsarrasin, qui obtient la guérison de sa petite enfant. 1620.

L'année 1620, une fille de 4 ans, nommée Gaillarde de Cartier, fille de M. de Cartier, médecin, de Castelsarrasin, était devenue entièrement aveugle à la suite de la petite vérole. Il n'y avait aucun espoir qu'elle pût jamais, par des moyens humains, recouvrer la vue : c'était la décision des médecins. Ses parents, pleins de foi et de religion, firent un vœu pour leur fille à Notre-Dame de Garaison et à saint

Charles Borromée; et sitôt que le vœu fut fait, le père gardien des capucins de la même ville lui frotta les yeux avec un *Jesus-Maria*, et incontinent elle commença à ouvrir les yeux et à y voir clair.

L'attestation de ce miracle fut dressée dans le lieu même, le dernier jour de novembre 1620, et signée par le père Felbert, d'Auch, gardien des capucins de Castelsarrasin, par M. de Cartier, père de la fille, Marie d'Ardurat, sa mère, La Tapie et Jean Per, apothicaire, tous témoins oculaires du miracle. *(Lys du Val.* p. 417).

N° 47. — La peinture n° 47 représente une députation de la ville de Rodez, préservée de la peste. 1628.

Le 15 août 1628 vint à Garaison une députation de la ville de Rodez, composée de M. Antoine Rhodat, consul de Rodez, de deux pères de la compagnie de Jésus, nommés le père Michel Seguinau et Antoine Lalanne, et de deux bourgeois de la ville, Pierre et George Bualen. Ils vinrent offrir, au nom de toute la ville, à Notre-Dame de Garaison une chasuble de velours rouge, au fond satin bleu, avec les armes de la ville. C'était là une offrande en actions de grâces à Notre-Dame de Garaison, dont l'invocation avait jusqu'à ce jour préservé leur ville de la peste qui exerçait dans les lieux circonvoisins les plus affreux ravages.

Cette députation confirma un miracle qui avait été opéré un mois avant en faveur d'une jeune fille de Rodez. Cette personne était depuis deux ans retenue dans son lit par une complète paralysie de tout son corps. Ayant reconnu l'inefficacité de tous les remèdes, et voyant avec douleur combien elle serait à charge à ses parents, elle se fit mettre sur un cheval et conduire par deux hommes à Garaison. Sa confiance en la Mère de Dieu ne fut point déçue : pendant la messe qu'elle entendit dans la chapelle, elle recouvra miraculeusement la santé, en sorte qu'il ne lui fallut plus ni homme pour la soutenir, ni cheval pour la porter.

Avant de s'en retourner, elle fit la déclaration de la grâce reçue à M. Jean Labat, prêtre, de Condom ; et les députés envoyés un mois plus tard par la ville de Rodez, attestèrent que cette guérison miraculeuse était connue dans toute la ville. (*Lys du Val*, p. 465).

N° 48. — La peinture n° 48 représente M. Saserre, prêtre, guéri miraculeusement.

M. Dominique Saserre, prêtre, de Montdevézan, diocèse de Rieux, étant allé à la chasse, vers la fin du mois d'août de l'année 1613, fit, par un accident des plus malheureux, un effort si violent, que sa langue se fendit en deux de la longueur de deux travers de doigt. Il était dans ce triste état depuis trois semaines, et n'avait pu prendre pour toute nourriture qu'un liquide potage. Les médecins et les chirurgiens, après avoir pendant tout ce temps examiné soigneusement la blessure, déclarèrent que, pour obtenir la guérison, ils ne connaissaient d'autre moyen que de lui coudre la langue. M. Saserre ne put se résoudre à subir une opération si douloureuse. Il craignait aussi qu'elle n'aggravât son mal. Dans cette extrémité, il tourne toute sa confiance du côté du ciel ; il implore l'assistance de Notre-Dame de Garaison, et la conjure de demander la guérison de sa langue au souverain médecin. Il adresse à Marie cette fervente prière, un soir, avant de prendre son repos, et, pendant son sommeil, cette mère de bonté renouvelle en sa faveur la grâce qu'elle avait faite autrefois à saint Jean Damascène, en lui remettant la main droite que les hérétiques lui avaient coupée à cause de son zèle pour la défense du culte des saintes images.

Ce bon prêtre, à son réveil, se trouve parfaitement guéri; sa langue est remise dans l'état où elle était auparavant.

Toujours, depuis ce moment, il conserva précieusement le souvenir d'une faveur si extraordinaire; et, comme la publication de ce miracle pouvait contribuer à la gloire de Dieu, à l'honneur de la sainte Vierge et à l'édification des fidèles, il en fit dresser un procès-verbal, le 13 août 1625, par M. Bernard Sère, notaire royal, en présence de Jean Cabanes et de Raymond-Vital Couturier, qui déposèrent avoir été témoins oculaires du douloureux accident (ils chassaient avec M. Dominique Saserre), et s'être convaincus de la guérison miraculeuse. Cet acte public était, au temps de Molinier, dans les archives de la chapelle. *(Lys du Val,* p. 433).

N° 49. — La peinture n° 49 représente un religieux de l'ordre de St François, guéri d'une hydropisie. 1614.

L'année 1614, le père Guillaume Laville, religieux de l'ordre de St-François et gardien du couvent de Villeneuve-d'Agen, était attaqué d'une hydropisie qui l'avait rendu extrêmement enflé. Sa mort était imminente s'il ne trouvait un prompt remède à son mal. Il se fit transporter à Toulouse pour se faire mieux soigner. Les plus célèbres médecins qu'il appela, ne purent le soulager, et tous déclarèrent son mal incurable.

Il eut alors recours aux empiriques qui font de grandes promesses et qui se flattent de guérir toute sorte de maux. Mais la maladie du pauvre religieux, bien loin de céder à la multiplicité des remèdes, ne faisait qu'empirer tous les jours. Il ne trouve plus sur la terre de ressource contre une mort prochaine. Se voyant ainsi abandonné des hommes, il se jette entre les bras de Dieu qui a les clefs de la vie et de la mort ; il le conjure d'agréer encore les services d'une vie qu'il lui a déjà consacrée, et prie la sainte Vierge avec confiance d'intercéder pour lui, promettant de lui offrir ses vœux dans la chapelle de Garaison. L'effet suit de près sa prière : il n'a pas plus tôt fait son vœu que, contre l'attente de tous les médecins, l'enflure qui avait, depuis cinq mois entiers, fait les progrès les plus effrayants et présentait les symptômes de la mort, disparaît en un instant ; et le malade est rétabli en une parfaite santé. Il vint peu de temps après à Garaison pour accomplir son vœu, et, après y avoir fait sa dévotion, il y déposa la corde dont il était ceint pendant la maladie, comme une offrande commémorative de la grâce reçue, et y laissa une attestation écrite et signée de sa propre main, le 19 septembre 1714. (*Lys du Val,* p. 384).

N° 50. — La peinture n° 50 représente Antoinette Faveau, d'Agen. 1649.

Le 11 septembre 1649, Antoinette Faveau, d'Agen,

veuve de M. Baille, avocat au parlement de Bordeaux, vint à Garaison pour accomplir un vœu en reconnaissance d'une grâce extraordinaire qu'elle avait reçue l'année précédente, dans le mois de mars 1618. Elle voyageait sur un bateau avec un de ses enfants, âgé de 3 ans, deux servantes, et avec dix-huit autres personnes, hommes ou femmes ; elle courut, avec tout l'équipage, un danger extrême d'où elle échappa miraculeusement. Partie du port Sainte-Marie, elle remontait la Garonne vers Agen : la rivière avait été extraordinairement grossie par la fonte des neiges et par des pluies continuelles. Le bateau où elle était fut jeté avec tant de violence contre un grand bateau chargé de sel, qui était tiré par quarante hommes, que du contre-coup il fut submergé : on ne voyait plus sur l'eau qu'une petite pièce de bois. La dame Baille s'accrocha à ce bois avec l'une de ses servantes qui tenait l'enfant entre ses bras ; l'autre servante, le batelier et douze autres personnes de la compagnie furent accueillis dans le grand bateau ; tous les autres étaient, au milieu des flots, engagés dans le bateau submergé : on ne voyait que leurs têtes.

Dans cette extrémité, ils ne perdirent ni le jugement, ni l'espérance : Dieu, qui voulait les sauver, leur inspira de réclamer son secours par l'intercession de Notre-Dame de Garaison. Tous se jetèrent unanimement entre les bras de cette mère de miséricorde, sans que l'eau qui entrait dans leur bouche, à mesure qu'ils l'ouvraient pour prier, fût capable d'arrêter le zèle avec lequel ils poussaient tous ensemble leurs soupirs et leurs vœux vers le ciel. En même temps ceux qui étaient dans le grand bateau, pour la plupart hérétiques, qui ne veulent pas que la sainte Vierge et les saints puissent intercéder pour nous, bien loin de secourir ou du moins de regarder avec compassion ceux qui étaient sur le point de périr sous leurs yeux (ce que la vraie charité ne refuse jamais), insultaient au contraire à leur malheur par des railleries piquantes et par des blasphèmes horribles qu'ils lançaient contre la sainte Vierge. « Ils invoquent, disaient-ils avec dérision, » la Vierge de Garaison ; qu'elle les sauve donc et » qu'elle les délivre de ce danger. »

Dieu voulut faire voir dans cette occasion qu'il ne laisse jamais sans punition les outrages que l'on fait à sa sainte Mère, ni sans récompense l'honneur qu'on lui rend : car le grand bateau où étaient ces blasphémateurs qui semblait ne courir aucun danger, s'abîma tout-à-coup et périt avec toute sa charge, pendant que le petit bateau qui portait ceux qui invoquaient la sainte Vierge, après avoir été emporté plus de demi lieue sous les eaux, sans mâts et sans voiles, alla surgir à bon port avec la dame, l'enfant, la servante et tous les autres. Ils n'eurent aucun mal ; et la crainte bien fondée de périr tous en un si grand danger, fit place à la reconnaissance et à un concert unanime d'actions de grâces, qui s'élevèrent sur le champ vers la Reine du ciel.

Mme Baille déclara tout ce que nous venons de raconter en présence de M. Philippe Coquet, avocat au parlement de Bordeaux, de M. Antoine Regante, prêtre du lieu de Crizolles, diocèse de Toulouse, de M. Jean Verdier, lieutenant dans l'officialité d'Auch, de M. P. Geoffroy, supérieur de Garaison, et autres prêtres de la chapelle, qui signèrent tous avec elle l'attestation qui fut gardée dans les archives de la chapelle avec un acte dressé par un notaire royal, à la requête de Mme Baille pour certifier le même fait.

Pour confirmer cette merveille, noble Isabeau d'Estrade, dame de Guaize d'Agen, fit le lendemain, douze septembre, une déclaration devant les mêmes témoins, par laquelle elle protesta qu'elle était dans le même bâteau avec la dame Baille, et qu'elle avait échappé au même danger par la protection de Notre-Dame de Garaison. *(Lys du Val, p. 406).*

N° 51. — La peinture n° 51 représente M. Raymond de Baretge, guéri d'un ulcère. 1636.

L'année 1636, noble Raymond de Baretge, seigneur de Cérison, fut atteint à la jambe d'un ulcère si dangereux, que les médecins déclarèrent qu'il fallait se soumettre à l'amputation de ce membre, déjà gangrené, ou bien se préparer à la mort. La vie nous est bien chère; mais quand il faut la conserver par un supplice pareil et par le sacrifice d'un membre si nécessaire, on tremble, on hésite et on ne sait trop à quoi se déterminer.

Le gentilhomme effrayé pesait, d'un côté, les avantages de cette vie mortelle et si rapide, de l'autre, les douleurs qu'il lui faudrait souffrir et les incommodités qui allaient être la suite de la privation d'une jambe : il ne peut se décider à prendre un parti : il prie le médecin de différer l'opération et de lui laisser le temps de la réflexion. Dieu qui avait mis dans l'esprit de ce malade la pensée de ne rien précipiter en une chose dont on ne pouvait calculer les suites, lui offrit le moyen de conserver sa vie sans perdre sa jambe. Il aperçut sa femme en prière et il remarqua qu'elle priait avec une application et une ferveur extraordinaires : il lui en demanda la cause ; elle lui répondit qu'elle faisait un vœu pour lui à Notre-Dame de Garaison. Cette réponse le toucha sensiblement, et il se joignit sur le champ à sa vertueuse épouse pour ratifier le vœu qu'elle venait de faire. Ce vœu fut suivi d'un prompt effet : le malade fut soudainement guéri sans l'application d'aucun remède naturel, et on ne vit plus aucune trace de son mal.

Il vint à Garaison le 13 février 1637 pour accomplir son vœu et faire la déclaration du miracle. Elle fut signée par le déposant et MM. de Ribeiran, chapelain, Gay, sacristain, Pierre Lagrave et Jean Mallevilli, du lieu de St-Séré, en Quercy. (*Lys du Val*, p. 512).

N° 52. — La peinture n° 52 représente Domengé Labarthe, de Pouzac. 1614. »

L'année 1614, Domengé Labarthe, de Pouzac, en Bigorre, fut atteint d'une grave maladie qui le rendit tellement aveugle, qu'il ne voyait pas même les aliments qu'on lui mettait entre les mains. A force de soins il recouvra la santé, mais il demeura entièrement aveugle : il ne pouvait marcher sans guide, ni voir aucunement ce qu'il touchait. Quoiqu'il fût guéri depuis cinq semaines, il ne voyait point disparaître le triste reliquat de sa maladie : la cécité au contraire ne faisait qu'empirer de jour en jour malgré tous les remèdes. Sa patience commençant à se lasser, il fit un vœu à Notr-Dame de Garaison ; il lui promit de venir servir quelque temps dans sa sainte chapelle, s'il pouvait recouvrer la vue par sa puissante intercession. A peine eut-il formé son vœu, que ses yeux s'ouvrirent, que le nuage qui les couvrait auparavant fut dissipé. Ainsi celle qui par son enfantement a mis au monde l'auteur de la lumière et de la grâce, rendit par son pouvoir à cet homme affligé la lumière corporelle et le parfait usage de ses yeux.

Il vint peu de temps après à Garaison pour accomplir sa promesse, et après avoir déclaré la grâce qu'il avait reçue, il demeura un an et même plus au service de celle qui lui avait procuré un si grand bien.

Tout ceci est attesté par le procès-verbal qui fut dressé par M. Jean-Pierre Monduzet, protonotaire apostolique au lieu de Pouzac, le 17 janvier 1610, après qu'il eut entendu les dépositions de Jeannette Péré, femme de Domengé Labarthe, de Ménion Tourné et Laurent Péré, témoins oculaires du miracle. (*Lys du Val*, p. 403).

TABLE DES MATIÈRES

—

CHAPITRE I

Garaison avant les Apparitions. Les Apparitions

CHAPITRE II

La chapelle et la voyante

Chapitre III

Notre-Dame de Garaison et le Protestantisme

Chapitre IV

Notre-Dame de Garaison et son ouvrier

Chapitre V

Dernières luttes, derniers travaux et mort de Geoffroy

Chapitre VI

Difficultés après la mort de Geoffroy

Chapitre VII

Propriétés rurales et seigneuriales des chapelains

Chapitre VIII

Seigneurs et vassaux

Chapitre IX

Garaison et les chapelains

Etat primitif de Garaison. 1º Maison. Première habitation de Geoffroy. Ses constructions, Pierre Labesville son architecte. Constructions des chapelains, Pierre Souffron leur architecte. Personnel et chambres. Caves. Ecuries et chambres

Chapitre X

Les chapelains

Chapitre XI

Les chapelains et leur famille de Garaison

Chapitre XII

Les missions

Chapitre XIII

Notre-Dame de Garaison et les pèlerinages

CHAPITRE XIV

Dons — Fondations de messes et de lampes — Réductions

CHAPITRE XV

CHAPITRE XVI

CHAPITRE XVII

CHAPITRE XVIII

Les chapelains et la Révolution

Marche de la Révolution. Suppression de la *province*. Départements, districts, cantons, communes. Conseils et directoires. Garaison rattaché au département des Hautes-Pyrénées et au district de la Neste. Certains hommes des Quatre-Vallées à la tête du département et du district. Autres administrateurs. Trois observations préliminaires : 1º les biens du clergé ; 2º l'extension excessive du pouvoir civil ; 3º les formes de gouvernement et la liberté. La dette de la France et *le don patriotique :* don des chapelains. La générosité n'ayant pas donné un résultat appréciable, le clergé de France offre de contracter un emprunt sérieux ; la Révolution refuse. Abolition de la dîme, des vœux monastiques, des ordres religieux. Les biens du clergé *mis à la disposition de la nation.* Ce que la Révolution s'en promettait. *Constitution civile du clergé.* Aucun chapelain ne la jure. Premières demi-mesures relatives aux propriétés des chapelains. *Plaintes* contre les chapelains. Le directoire du département déclare les chapelains *fonctionnaires publics* et les *invite* à jurer *la constitution civile du clergé.* Menaces en cas de refus. Réplique des chapelains. Biens des chapelains déclarés *nationaux.* Inventaire confié au district de la Neste. Précautions ridicules. Notification aux chapelains et leur réponse. La municipalité de Monléon est substituée au district pour l'inventaire de la chapelle et de la maison. Inventaire des archives. Estimation

PIÈCES JUSTIFICATIVES :

www.ingramcontent.com/pod-product-compliance
Lightning Source LLC
LaVergne TN
LVHW051102060726
842525LV00003B/754